O SILÊNCIO DE UM OLHAR

O SILÊNCIO DE UM OLHAR

Pelo espírito Vinícius
(Pedro de Camargo)

Psicografia de
Eliane Macarini

LÚMEN
EDITORIAL

O silêncio de um olhar
pelo espírito Vinícius (Pedro de Camargo)
psicografia de Eliane Macarini

1ª edição – julho de 2014

Direção editorial: Celso Maiellari
Direção comercial: Ricardo Carrijo
Coordenação editorial: Sandra Regina Fernandes
Preparação de originais: Tatiana Tanaka
Revisão: Sandra Regina Fernandes
Projeto gráfico e arte da capa: Vivá Comunicare
Impressão e acabamento: Gráfica Paym

DADOS INTERNACIONAIS DE CATALOGAÇÃO NA PUBLICAÇÃO (CIP)
(CÂMARA BRASILEIRA DO LIVRO, SP, BRASIL)

Vinícius (Espírito).
O silêncio de um olhar / pelo Espírito Vinícius (Pedro de Camargo) ; psicografia de Eliane Macarini. -- São Paulo : Lúmen Editorial, 2014.

ISBN 978-85-7813-149-4

1. Espiritismo 2. Psicografia 3. Romance espírita
I. Macarini, Eliane. II. Título.

14-03742 CDD-133.93

Índices para catálogo sistemático:
1. Romances espíritas psicografados : Espiritismo - 133.93

LÚMEN EDITORIAL

Rua Javari, 668 - São Paulo – SP - CEP 03112-100
Tel./Fax (0xx11) 3207-1353

visite nosso site: www.lumeneditorial.com.br
fale com a Lúmen: atendimento@lumeneditorial.com.br
departamento de vendas: comercial@lumeneditorial.com.br
contato editorial: editorial@lumeneditorial.com.br
siga-nos nas redes sociais:
twitter: @lumeneditorial | facebook.com/lumen.editorial1

2014

Impresso no Brasil – Printed in Brazil

SUMÁRIO

PREFÁCIO

> Educação e trabalho são as únicas riquezas que os pais transmitem aos descendentes sem risco de induzi-los ao orgulho e à dissipação. Eduque suas tendências, optando por aquilo que traga alegria a seu espírito.
>
> *Pastorino*

Acredito, sincera e firmemente, que nossa sociedade conseguirá a felicidade de se saber responsável diante da vida, no momento exato em que houver dedicação ao processo de educação de seus infantes e, para tanto, procederá a sua própria educação, por meio de escolhas conscientes e lúcidas, sobre a maneira como idealiza seu futuro.

Sem a idealização de um amanhã assentado sobre valores morais elevados, nada será modificado, e estaremos caminhando em círculos, viciosos e desequilibrados, enganando a nossa necessidade de transformar dor em felicidade.

O processo de transformação moral da sociedade como um todo acontece por meio da aquisição de conhecimento, despertando a curiosidade sadia para novos questionamentos, os quais exigem novas respostas. Esse caminho de socialização cultural acaba desencadeando um excelente processo de evolução, que leva os seres a buscarem seu posicionamento ético dentro de seu grupo de origem, por intermédio de questionamentos saudáveis. Estes, por sua vez, possibilitam-nos a busca de respostas mais lúcidas, transformando dor em equilíbrio; assim, o ser ético necessita mais e mais de respostas que o desobriguem dos excessos exigidos como símbolos de enriquecimento e poder, pois sua visão alcança um mundo menos materializado ao perceber que a felicidade individual independe de acúmulos de posse, passando a visualizar o ser livre, sem amarras e vícios que o mantenham cativo de sua animalidade.

Sua visão exige a compensação emocional e moral diante de suas responsabilidades e direitos; inicia-se, assim, um complexo e ao mesmo tempo simples processo de educação integral, levando o ser a descobrir suas finalidades por meio de objetivos melhores e mais caridosos, consigo e com o próximo.

O trabalho que iniciamos visa levar tanto ao ser encarnado como aos amigos desencarnados, ainda em busca de sua verdadeira origem, algumas respostas para indagações sobre a necessidade do sofrimento que ainda impera com relação ao amado planeta Terra, nosso lar de redenção e aprendizado moral.

As situações descritas, vivenciadas por espíritos ainda imperfeitos, não visam à divulgação do escândalo, mas sim ao alerta, à informação necessária para tantos de nós, ainda ignorantes das lides das equipes das trevas, as quais, afinal, utilizam apenas o que lhes fornecemos de nossa imperfeição moral. Cada uma das vivências aqui narradas é verdadeira e consiste em um importante caminho para a evolução, pois, ao analisá-la diante das forças divinas do amor, também encontraremos diretrizes firmes para aqueles que buscam a felicidade pessoal e comunitária – a prova de que nunca estamos sós e de que precisamos apenas decidir como será o amanhã, a única maneira de modificar o estado doloroso em que nos encontramos.

É importante lembrar a todos que nos auxiliem com a leitura desta obra, uma vez que a divulgação de nossa amável Doutrina dos Espíritos é a maior caridade que podemos fazer para o nosso próximo, trazendo esperança e paz aos corações magoados por escolhas infelizes. O conhecimento aplicado encaminha-nos ao mundo da educação integral; erradicar a ignorância é acreditar em nossa origem, é atender ao eloquente alerta de nosso querido mestre Jesus: "Vós sois deuses, podeis fazer o que eu faço e muito mais".

Cada oportunidade que vivenciamos numa encarnação deve ser considerada por nós como um presente do Pai, o qual, se bem utilizado, pode nos permitir o aprendizado efetivo e transformador da nossa visão da vida.

Essa visão nova e lúcida é oportuna para o entendimento das questões a serem vivenciadas, já que nos proporciona mais ação diante de nossas limitações. Ela não nos transforma em aleijões diante dos problemas, mas sim em criaturas aptas a modificar e converter essas oportunidades em joias raras e valiosas para nossas mentes imortais, exercitando nosso princípio inteligente com olhar otimista e feliz, e não mais como amargurados e vítimas da própria sorte.

Caminhantes na seara do Senhor, prontos ao trabalho redentor através da ação caridosa para com o próximo e à edificante oportunidade da educação de nossa humildade, virtude latente, para nosso espírito imortal, dispomo-nos a compartilhar o aprendizado excelente que nos é permitido no mundo dos espíritos do Senhor. Deus os abençoe!

Vinícius (Pedro de Camargo)
Ribeirão Preto, 2 de abril de 2012.

CAPÍTULO I

Origem de Fogo

825. Há posições no mundo em que o homem possa gabar-se de gozar de uma liberdade absoluta?

– *Não, porque vós todos necessitais uns dos outros, tanto os pequenos como os grandes.*

(*O Livro dos Espíritos* – Livro III, Capítulo X – Lei de Liberdade, Item I – Liberdade Natural)

Os abismos de dor a cada dia assumem, para esse trabalhador do Senhor, novas aparências e finalidades; o entendimento que absorvo a cada instante em que vivencio o socorro a irmãos desajustados em seus sentimentos aclara minha mente, o que equilibra minhas emoções diante do objetivo principal de nossas vidas em contínuo aprendizado.

Os terríveis e horrendos charcos, local bendito onde irmãos sofridos acabam presos, adquirem luminosidade nunca antes imaginada. Os lamentos e gritos de horror são ouvidos como pedidos de socorro, abençoados pela dor latente, a qual cobra de cada um daqueles espíritos aprisionados em suas próprias dores a mudança de rumo do pensamento, a necessidade de enxergar além da escuridão.

Os andrajos e as armas de ataque, plasmadas pelo medo e pela ira descontrolada, são transformados por um simples e leve toque do pensamento que se retrai na escuridão e alcança a claridade característica de sua necessidade.

Os caminhos tortuosos percorridos por socorristas são entendidos de outra maneira, mais caridosa, que se assemelha a luzes diante da compreensão da vida eterna, das possibilidades de aprendizado e felicidade. O conceito teórico de nossa divindade expande-se em nossas mentes, e acabamos por entender que o mal é, realmente, transitório, e que o bem é nossa finalidade.

E, para tanto, precisamos ser persistentes em transformar a compreensão doente que temos da vida, converter escuridão em claridade, mal em bem, dor em instrumento de realização. O caminho é abençoado e venturoso, repleto de provas e expiações, à medida do nosso preparo e possibilidade, nada além do que podemos suportar e vencer.

Esse excelente exercício da nossa condição como seres humanos auxilia-nos a descobrir a crença em nós mesmos, despertando enfim a verdadeira fé, baseada na sabedoria e na razão. Esta acaba por acordar a crença no Pai, o caminho feliz da realização pessoal, que vem se somar a tantos outros bem-amados, que termina na transformação de nosso globo abençoado.

Caminhava lentamente pelos abismos do sofrimento enquanto refletia sobre a transformação bendita que vinha se instalando na minha mente, modificando a minha compreensão em relação às limitações de entendimento moral do meu próximo. Ao meu lado, amados amigos com os quais partilho, há certo tempo, experiências vivenciadas com a finalidade de exercer a caridade ao próximo, Maurício e Ineque.

Compadecia-me do sofrimento daqueles que via afundados em dor e desequilíbrio, mas também entendia a necessidade dessa vivência. Dirigia o meu pensamento para o futuro e procurava visualizar aquela criatura desperta e feliz, de forma que sentia meu coração pulsar com alegria e essa energia de esperança iluminar a escuridão. Encantado com as benesses desse entendimento cristão, sorri e percebi que meus amigos também sorriam diante da visão de um mundo melhor.

Dirigíamo-nos para as novas instalações da comunidade Origem de Fogo, agora sob o comando de Torquemada. Percebíamos uma intensa movimentação em todo o globo das comunidades umbralinas ligadas a projetos reencarnacionistas, o que explicava a urgência que pressentiam em suas ações.

O momento evolutivo do planeta acontece com o despertar de consciências, e o desespero dos seres menos evoluídos transparece nas situações de violência e dor que presenciamos em todos os lugares.

Um amigo do plano superior assumiu a coordenação das equipes socorristas, e novos objetivos e metas de trabalho foram estabelecidos. Recebemos instruções para visitar a comunidade Origem de Fogo e conversar com Torquemada sobre o momento histórico em que vivemos, com a intenção de auxiliá-lo a entender que o processo evolutivo pode ser retardado mas nunca impedido, e que chegará o momento em que deverá ser decidido o destino de parte dos espíritos – aqueles que não se adequarem à nova ordem moral. Passamos a trocar ideias sobre o assunto.

– Em *O Livro dos Espíritos*, Kardec questiona sobre o assunto na pergunta de número 781: "É permitido ao homem deter a marcha do progresso?" – falou Maurício.

– E recebe a resposta: "Não, mas pode entravá-la algumas vezes" – completei animado com o assunto a desenvolver.

– Na questão seguinte, a 781.a: "Que pensar dos homens que tentam deter a marcha do progresso e fazer retrogradar a humanidade?", há a seguinte resposta: "Pobres seres que Deus castigará; serão arrastados pela torrente que pretendem deter" – disse Ineque.

– Entendo que o progresso é fatal, nada o impedirá; aqueles que resistirem a isso poderão, por um certo tempo limitado, atrapalhar a marcha da humanidade, mas nunca invalidá-la. E mesmo contra a vontade do opositor o progresso acontece, e este acabará sendo levado a questionamentos morais de ordem pessoal e a reformular sua conduta. Caso isso não ocorra, viverá consequências de suas ações, que acabarão por despertá-lo para o futuro feliz da humanidade – concluí, satisfeito com essa afirmação.

– As oportunidades no mundo não cessam de acontecer, sempre objetivando a educação de seus moradores. A fatalidade do progresso, bem como o entendimento desse processo evolutivo, permite-nos escolher a maneira pela qual queremos vivenciá-lo: como coautores dessa obra magnífica ou como retardatários sofridos e desequilibrados, necessitados do auxílio do próximo, para alcançar um pouco da compreensão necessária e enxergar a luz que nos conduz ao mundo dos espíritos felizes? – questionou Ineque.

– As questões acabam por se multiplicar à medida que a vida acontece ao nosso redor; daí a compreensão da necessidade de vivermos em sociedade trocando informações, sejam elas teóricas ou já revestidas da prática que toca a sensibilidade e a inteligência – falei animado.

– O amigo disse algo muito importante para que possamos entender o processo de reeducação do espírito: o despertar por meio da aquisição de conhecimento, a teoria que nos leva a compreender o mundo em que vivemos. Somada à experimentação prática, modifica a nossa visão de mundo através da observação inteligente, a qual nos faculta a capacidade de educar emoções – completou Ineque.

– Já ouvi alguns comentários a respeito da negatividade de alimentar emoções em detrimento da razão – comentou Maurício.

– Caro amigo, quem seríamos nós sem as emoções? Apenas máquinas esculpidas com a finalidade de realizar tarefas. Ao usarmos a razão com equilíbrio e sabedoria, estaremos aptos a movimentar nossos sentimentos de maneira produtiva; ou seja, o equilíbrio está em conhecer e controlar a nossa mente, origem de toda manifestação do ser – afirmei cuidadosamente.

– Vejam, a cidade Origem de Fogo já está ao alcance de nossas vistas. Bendita oportunidade para cada um de nós no trabalho redentor! – disse Ineque.

Olhei emocionado para a imponente construção a nossa frente e lembrei-me de um poema ouvido na infância, que era repetido, sistematicamente, por um senhor vizinho de meus pais:

"Ah, Menino! Que bela casa,
Que jardim esplendoroso,
Será morada da terrível e negra asa
Ou será a luz na escuridão do Amoroso?"

CAPÍTULO II
Ideias distorcidas

826. Qual seria a condição na qual o homem pudesse gozar de liberdade absoluta?

– A do eremita no deserto. Desde que haja dois homens juntos, há direitos a respeitar e não terão eles, portanto, liberdade absoluta.

(*O Livro dos Espíritos* – Livro III, Capítulo X – Lei de Liberdade, Item I – Liberdade Natural)

Chegamos à estranha cidade. Logo na entrada, uma criatura exótica nos esperava. Com forma feminina, os cabelos presos na nuca, o rosto parecia uma máscara sem expressão; o que mais chamava nossa atenção eram os olhos, de uma cor alaranjada com pigmentações negras, semelhante à coloração dos olhos de felinos. O corpo era uma mistura de humano e serpente. Seu andar era sinuoso, movimentava a enorme massa com lentidão e alguma graça. A criatura nos olhou e falou sibilante:

– Mestre Torquemada aguarda-os na sala de repouso. Por favor, nos acompanhem!

Nesse instante, outras criaturas semelhantes à primeira aproximaram-se e nos rodearam. Apenas abaixamos a cabeça e agradecemos a recepção.

Ao longo de nossa passagem, outros irmãos em lastimável estado de deformação atravessavam nosso caminho. Seus olhares eram de indiferença, como se rejeitassem a interferência que poderia acontecer diante da nossa presença.

Adentramos aposentos particulares mobiliados com suntuosidade, similares aos gabinetes dos dirigentes da igreja. Objetos representando figuras santas adornavam móveis e paredes. A estranha figura indicou-nos um grande sofá grená e dourado, e falou com sua voz sibilante:

– Sentem-se e aguardem! Não saiam desta sala, são ordens de nosso grande mestre Torquemada.

Maurício observava com tranquilidade o ambiente e nos perguntou humildemente:

– Vejo a reprodução de grandes figuras da humanidade, exemplos de caridade e bondade. Como podem ser reverenciados por essa comunidade? As crenças defendidas por uns e por outros são totalmente antagônicas.

– Lembre-se, Maurício, de que cada um consegue entender e enxergar conforme sua capacidade. Apesar das discrepâncias, essa comunidade acredita que defende com fidelidade as ideias desses pilares de bondade para a humanidade, e as manifestam de acordo com seu entendimento – respondi ao amigo.

– Podemos citar as terríveis Cruzadas, consideradas guerras santas que eram empreendidas em nome de Deus. A história da humanidade está repleta de exemplos semelhantes. E mesmo após o desencarne desses irmãos, as ideias distorcidas permanecem em suas mentes. As mesmas maneiras de defender a sua crença acontecem no mundo dos espíritos, o que acaba por formar grupos de afinidades morais com objetivos semelhantes – afirmou Ineque.

– Você tem razão, a filosofia caridosa de Jesus tem sido distorcida de maneira cruel durante esses 2 mil anos, visando, principalmente, à divulgação de um poder santo que domina as grandes massas da população, mantendo-os na ignorância. Isso acaba por contribuir com os meios políticos que dominam as grandes comunidades, os quais não passam de cárceres mentais – falei introspectivo.

– Podemos deduzir que a ignorância moral na qual a humanidade transita, nesse momento histórico em que vivemos, também pressupõe a reflexão sobre os valores necessários para se alcançar uma moralidade capaz de terminar com a barbárie que ainda domina as mentes menos esclarecidas – concluiu Maurício.

– Bem lembrado, meu amigo. Assim voltamos ao conceito evolutivo que Kardec defendia e que tanto me encanta, ao alertar a humanidade sobre a ideia filosófica de evolução por meio de um processo educativo, ou seja, conhecimentos adquiridos colocados em prática – lembrei aos amigos queridos.

Ficamos em silêncio e passamos a observar os detalhes decorativos daquele luxuoso aposento. As cores predominantes eram o grená e o dourado, entremeados de tons amarelados. Várias imagens de santos canonizados pela Igreja Católica estavam distribuídas pelo ambiente. No canto direito havia a representação do túmulo de Cristo, semelhante àquela encontrada nas igrejas. Um forte cheiro de incenso misturava-se ao odor fétido característico dessas regiões umbralinas.

Uma música hipnotizante, executada com sons distorcidos, exigia de cada um de nós persistência em nossos objetivos, tamanho era o incômodo que nos causava.

Nesse instante, uma grande porta foi aberta. Entidades paramentadas por vestes sacramentais adentraram o ambiente carregando um sino, que badalava incessantemente; outras três entidades de alta estatura, com aspecto doentio, balançavam um turíbulo, um defumador de metal preso a três correntes, cheio de carvão ardente, o qual queimava estranhas ervas aromáticas que pareciam ter vida própria; cada crepitar parecia um lamento. Cada impulso dado ao objeto produzia um clamor terrível, como se ali, naquele movimento, dores inenarráveis fossem sentidas.

Atrás do estranho cortejo, Torquemada, envolvido em vestes festivas, surgiu sentado confortavelmente em uma sédia gestatória, trono portátil recoberto de cetim vermelho adornado por objetos dourados; era carregado por doze entidades que se assemelhavam a ursos de pequena estatura, os quais, por sua vez, estavam trajados com roupas luxuosas e extravagantes.

O trono foi colocado vagarosamente no chão. Torquemada levantou-se, auxiliado por uma mulher de aspecto belicoso. Ele nos encarou e, sorrindo com amabilidade, convidou-nos a acompanhá-lo. Conduziu nosso pequeno grupo para uma sacada, da qual podíamos observar grande parte da cidade Origem de Fogo.

Estendendo as mãos à frente do corpo, saudou aqueles que aguardavam impacientes a sua presença. A turba enlouquecida gritava em histeria, o que demonstrava o grande desequilíbrio que os acometia. Com um gesto, Torquemada fez que todos se calassem e, ao se dirigir à multidão, falou com voz firme e hipnotizante:

– Caros discípulos do grande dominador da nossa Terra, nossa instituição visa, acima de qualquer outro valor, defender a liberdade que todos nós merecemos. Não será um falso deus que nos limitará na ação efetiva de nossa fé. Onde mora o progresso planetário de que tanto falam? Quando a intenção daqueles que se dizem intermediários do Cordeiro é, apenas, a de aprisionar nossas vontades, acabando com a manifestação de nossa fé. Cada um que se prepara para renascer na grande fornalha de almas, Origem de Fogo, é um soldado do Cristo. Precisamos nos unir e fortalecer a nossa crença naquilo que sabemos ser a verdade. Em nome de Deus eu os abençoo.

Torquemada acenou com as duas mãos, e a multidão novamente delirou com as ideias distorcidas de uma suposta bondade divina. Então deu as costas ao povo que o aclamava e, como uma verdadeira majestade, voltou para o interior do aposento. A um sinal seu, a mulher estranha que o acompanhava ajoelhou-se diante de seus pés e passou a massageá-los; também o auxiliou a se sentar em seu trono.

Acompanhamos em silêncio a demonstração de poder que ele tanto queria que observássemos.

– Deixe-me ver o que poderei fazer por vocês – falou Torquemada, observando-nos atentamente. – Percebo que já possuem algum controle sobre as maravilhas da vida do espírito. Seriam, por assim dizer, excelentes seguidores em meu reino de Deus. Sei do esforço que despendem para destruir nosso trabalho e fazer que sejamos destruídos, mas será que ainda não perceberam que a vitória é certa? Não contamos mais com o retardo de uma era de ovelhas, submissas e apáticas, mas sim com o extermínio dessa ideia junto à humanidade. Observem os acontecimentos recentes, pais que matam seus filhos, filhos que trucidam seus pais, em troca de liberdade e dinheiro. A humanidade não pertence a esse falso Cristo que prega a submissão ao mal, mas sim ao Cristo que nos fortalece na luta por suas ideias. Vivo há muito tempo para defender a verdadeira igreja, aquela que dominará o planeta, o qual será povoado apenas pelos fortes e vencedores. Ofereço a vocês um lugar de destaque em meu exército cristão; caso contrário, começarei a minha ação entre vocês, e saibam que serão os primeiros exilados para o inferno.

Ineque deu um passo à frente, abaixou a cabeça em sinal de respeito e voltou a encarar Torquemada, falando mansamente.

– Acredito que realmente professa essa crença com as melhores de suas intenções, porém o mundo dominado pela violência e pela ignorância moral não mais existirá; essa era de dor está chegando ao fim, e uma nova maneira de compreender a vida surgirá das mentes mais educadas.

"Urge que as mentes endurecidas, ainda teimosas em manter um padrão de pensamento triste e revoltado, retomem o raciocínio lógico ao se educarem com base no princípio inteligente que deve estar em constante evolução, pois ainda podemos escolher entre o bem maior e o mal que nos trará o ranger de dentes não necessário. Agradecemos o convite delicado do amigo Torquemada, conseguimos entender as suas razões, mas não a ponto de segui-las como verdade. Voltamos e oferecemos o mesmo que nos foi oferecido, mas vivenciando um mundo melhor, que se origina em nossa mente e se expande para o todo.

Torquemada olhou-nos por baixo dos cílios e disse lentamente:

– Nada mais nos resta para confabular. Vocês acabam de assinar a sua sentença de morte; serão julgados e punidos, mas posso adiantar que a dor será varrida pelo fogo. Viverão mais uma vez essa terrível experiência, sentirão a punição por rejeitar a Santa Fé.

Vimo-nos cercados por entidades vestidas como os guerreiros das Cruzadas, com mantos de uma cor clara, mas não definida, sobre uma cota de malha; no peito a cruz vermelha desenhada; na cintura uma fita larga de pano escuro dividia a veste; a cabeça era coberta por um elmo cônico decorado com imagens santas; nas mãos uma cimitarra.

Torquemada instruiu seus seguidores com voz firme e forte:

– Prenda-os na masmorra mais profunda. Lá aguardarão o julgamento de sua traição a Deus.

Ineque instruiu-nos mentalmente a elevar o pensamento em nosso Pai de perdão e a nos unir aos amigos que chegavam ao grande aposento. Uma luz azulada de rara beleza envolveu a todos nós. Fortalecidos, unimo-nos em prece intercessora por todos aqueles que não mais queriam permanecer na escuridão. Emocionados pelo auxílio recebido de socorristas daquela área e que possibilitavam a nossa saída do núcleo Origem de Fogo, percebemos que alguns irmãos adentravam o perímetro iluminado que nos envolvia e acompanhavam nossa caminhada para fora da cidade Caos Profundo.

CAPÍTULO III
Tendências juvenis

827. A obrigação de respeitar os direitos alheios tira do homem o direito de pertencer a si mesmo?

– *Absolutamente, pois esse é um direito que lhe vem da natureza.*

(*O Livro dos Espíritos* – Livro III – Capítulo X, Lei de Liberdade – Item I, Liberdade Natural)

Voltamos à casa de orações, a casa espírita Caminheiros de Jesus. Estávamos sendo esperados por um querido amigo do nosso plano, o senhor Mauro.

– Bom dia, amigos! Fico feliz em vê-los bem-dispostos. Como foi a visita ao comandante Torquemada?

– Acredito que da melhor forma possível, não contávamos com a compreensão do amigo de imediato. Já previamos a sua reação diante de nossa oferta e esclarecimento; mas lá estivemos e trouxemos alguns filhos desgarrados – falou Ineque.

– Filhos que retornam à casa do Pai por meio do sofrimento. Haverá, em breve, uma forma mais feliz de modificarmos o nosso estado mental – comentou Mauro.

– Com certeza haverá, Mauro. Ando bastante otimista, pois percebo que as criaturas buscam com mais facilidade de entendimento uma verdade menos traumática; embora, os teimosos e orgulhosos ainda transitem pelas trevas – argumentei sorrindo.

– Benditas trevas que apenas prenunciam a volta à luz – falou Maurício.

– Isso mesmo, meu filho. O sofrimento e a dor ainda são necessários, pois são instrumentos da liberdade futura – disse Mauro. Ele continuou:

– Estou aqui a pedido de Fábio, que solicitou nossa presença; parece que Paulo passou a manifestar energia característica à sua moralidade. Adentra a adolescência e anda bastante nervoso e ansioso, não conseguindo dominar os ímpetos mais agressivos. Ontem juntou-se a um grupo de garotos e consumiu grande quantidade de alcoólicos.

– Quantos anos ele conta hoje? – questionou Maurício.

– Deve completar 12 anos na próxima semana. Como sabemos, o período da adolescência tem se manifestado de maneira precoce para nossos jovens. Amanda, na semana passada, alertou o marido, Sérgio, sobre os perigos dessa fase para o garoto – informou Mauro.

– Ela já observa alguns desvios de comportamento? – perguntei ao amigo Mauro.

– Observa sim. Anda arredio, insatisfeito com a situação financeira da família, agressivo o bastante para receber advertências escolares e recusa a companhia de antigos colegas que faziam parte de seu grupo de amizade – acrescentou Mauro.

– Ele justifica ou mesmo consegue enxergar essas mudanças? – perguntou Ineque.

– Não, apenas afirma que não é mais criança, que hoje ele faz as suas próprias escolhas. Classifica inclusive antigos companheiros de infância como medíocres e chatos – completou Mauro.

Nesse instante, Fábio adentrou a pequena e acolhedora sala de reuniões, onde nos encontrávamos, e feliz nos abraçou.

– Acredito que Mauro já os colocou a par dos últimos acontecimentos na vida de Paulo. Acabo de ser informado que o menino e seus amigos recentes, ainda espíritos ignorantes e atraídos por prazeres mundanos, combinam uma terrível ação contra uma menina de 12 anos que vem rejeitando o assédio de dois garotos desse grupo, considerados líderes – informou Fábio.

– Qual seria essa ação? – perguntei admirado.

– Ontem eles alugaram e assistiram a um filme em que um dos personagens da trama, uma garota, é estuprada e morta. Essa ideia não abandona o pensamento deles, e alguns irmãos infelizes teimam e permanecem ao redor dos desavisados jovens, incentivando essa nefasta e triste ação – disse Fábio.

– Mas... eles são muito jovens! – falou Maurício de forma enfática.

– São muito jovens, mas suas características de personalidade, formada até o momento a partir de outras experiências, acabaram por levá-los a situações de comportamento desequilibrado, gerando atitudes graves e que os comprometem há muito tempo. Reunidos, as coisas se agravam dia a dia e com muita facilidade, tal é a afinidade que os mantém unidos – comentou Fábio.

– Amanda ora e pede pelo filho, prevê os dissabores que serão gerados por essa mente desvairada. A mãe teme pelo futuro do menino – informou Ineque.

– E o pai, como reage a isso? – perguntei.

– Sérgio está cansado por vários motivos. Está desempregado há mais de um ano, consegue oferecer para a família apenas o básico necessário à sobrevivência. Amanda ajuda o marido com trabalhos artesanais que vende de porta em porta, não se queixa e mostra alegria pela vida que desfruta, mas... Paulo reage de maneira negativa e exige cada vez mais o que os pais não podem dar; então, revoltado, acaba por furtar objetos dos colegas, para satisfazer a sua vaidade e desejo – comentou Fábio.

– E essa ideia de estupro, como surgiu nessas jovens mentes? – indaguei ainda incrédulo.

– Infelizmente, o grupo do qual faz parte, embora formado por garotos muito jovens, manuseia revistas e *sites* eróticos, dessa forma despertando a libido bastante cedo, sem noções de consequência e responsabilidade. Essa menina que os incomoda, Anita, já foi assediada por eles, mas ela recusa esse tipo de relacionamento, visto não haver afinidade alguma entre eles. Isso os enfureceu a ponto de quererem vingar-se da menina de forma tão violenta e desequilibrada. E essa ideia tomou forma após assistirem ao filme que eu comentei, do qual eles pretendem copiar algumas cenas como se fossem grandes atores em um palco de horrores – concluiu Fábio.

– Inclusive a cena de assassinato? – perguntou Maurício, demonstrando preocupação.

– Inclusive a cena de assassinato, embora haja conflito nesse ponto entre o grupo, sendo que alguns se recusam a isso, mas os líderes tentam convencer os demais da necessidade desse ato horrendo, visto que a menina poderá denunciá-los – disse Mauro.

– O que podemos fazer para auxiliar e evitar esse mal? – perguntei.

– Eu, Mauro e Ineque ficaremos com o grupo de amigos de Paulo, observaremos o comportamento dos envolvidos, inclusive dos desencarnados. E proponho que Vinícius e Maurício observem Anita e seus familiares, a fim de encontrarem uma forma de alertá-los para o perigo.

Assim foi feito. Junto aos garotos, um grupo de espíritos arruaceiros comprazia-se em alimentar sentimentos e sensações abusivas produzidas por sua sexualidade em descontrole. A sintonia era suficiente para influenciar os jovens, que elaboravam, mentalmente, cenas de relações sexuais bastante grotescas, deixando os encarnados ávidos por consumar de qualquer maneira essa experiência.

Os espíritos contratados para engendrar a trama tinham a aparência juvenil, porém ao nos aproximar percebemos ser este um embuste para agradar aos obsediados, os quais, embora não os visse com os olhos da matéria, os pressentiam por meio de sua sensibilidade.

Ineque aproximou-se daquele que parecia ser o mais experiente nessas lides e o questionou:

– O que pretende agindo dessa maneira?

– Devemos ser muito interessantes para vocês, pois nos observam há bastante tempo. E quanto a nossas razões, não temos obrigação de responder a ninguém, somente ao nosso mestre das trevas.

– Mas... o amigo me parece bastante irritado para quem sabe exatamente o que está fazendo. Talvez essa irritação tenha origem na dor e na insegurança.

– Dor? Dor eu senti quando precisei do seu Deus omisso, quando implorei por socorro e ele me abandonou a minha própria sorte. Hoje minha filosofia de vida é toma lá, e dou cá, realizo um serviço em troca do que preciso para minha vingança. Aqui sim, sou ouvido e atendido.

– Você poderia nos dizer o que o magoou tanto?

– Você não é da turma dos bisbilhoteiros, então vai, corre atrás da informação, porque de mim nada terá. Não irei facilitar seu trabalho, pode crer nisso.

– Está bem, meu jovem, não queremos importuná-lo mais, apenas permita que o auxiliemos com esses ferimentos.

– E o que você quer de volta?

– Nada, apenas o prazer de auxiliar.

O estranho jovem olhou-nos com sarcasmo e disse:

– Bom, o que posso perder? Nada mais, apenas meus pensamentos, e eles ninguém irá modificar apenas com pretensa bondade. Aceito sua ajuda mas apenas isso, aproveito o que querem me dar de graça, sem comprometimentos maiores, que isso fique bem claro.

Emocionados diante da possibilidade de minimizar o sofrimento do irmão, erguemos nossos olhos aos céus e uma doce prece de amor saiu dos lábios de Fábio.

– Doce luz do amanhecer que nos cobre o manto dourado da Boa Nova, envolva em dúlcidas vibrações de paz esse irmão, que sofre as dores de sua inconsequência. Que a paz que nos fortalece o espírito em busca de nossa origem o penetre com sabedoria e felicidade plena, na aceitação de uma caminhada mais feliz como filho de Deus. Que suas dores possam ser minoradas e ele consiga perceber o benefício do recomeço lúcido; que o momento presente seja bálsamo vitalizador de serenidade. Assim seja!

Enquanto Fábio orava com desvelado carinho, irmãos socorristas atendiam a todos que, maravilhados pela bondade do Pai, aceitavam um novo modo de enxergar a vida.

O jovem que antes mostrava-se arredio a novas ideias em relação à condução de sua vida, admirado, observava os ferimentos antigos, como a sua própria ira, desaparecerem diante de belíssima energia que o envolvia. Olhou-nos com os olhos arregalados pelo espanto e, amedrontado, virou-se, proferindo palavras ofensivas e gesticulando obscenidades.

Nesse instante, Torquemada surgiu no ambiente. Sua expressão era bastante séria e, dirigindo-se ao jovem que auxiliamos, perguntou com voz firme:

– Quem permitiu a vocês essa aproximação?

– Nós o encontramos, Senhor das Trevas! Estamos aqui para lembrá-lo de seus compromissos, queremos apenas agradá-lo.

– Agradar-me? Vocês quase colocaram nossos planos a perder! Não admito que tomem decisões por conta própria e sem permissão – emitindo um estranho som, aguardou alguns segundos enquanto um grupo de servidores aparecia no ambiente. Em seguida, ordenou: – Leve-os para a masmorra onde deverão ser castigados!

Os espíritos que ali se encontravam choravam e gritavam por socorro, contra a vontade do Senhor das Trevas. O medo auxiliava-os a capitular suas antigas disposições. Torquemada encarou-nos e falou:

– Vocês os querem? – fazendo um gesto, ordenou que os prisioneiros fossem soltos. – Podem ficar com eles, para nós não servem para mais nada.

– Agradecemos a sua bondade em libertá-los, serão bem acolhidos na casa do Pai. – disse Fábio.

– Segundo a sua filosofia espiritista, esta aqui também é a casa do Pai – respondeu com cinismo e foi-se embora.

Agradecidos por esse momento de amor, oramos em benefício de nós mesmos, solicitando ao Pai sermos fortes diante daquilo que não entendíamos mais como verdade, e também tolerantes, amorosos e pacientes com um irmão que tanto sofria com a ignorância do Bem Maior.

Eu e Maurício passamos rapidamente pela casa de Anita, um lar simples e acolhedor. A menina entrou, deixou seus materiais escolares em cima de um sofá e dirigiu-se à cozinha.

– Mãe, que bom que ainda está por aqui – falou a menina, abraçando uma senhora de aparência frágil e gentil.

– Oh, minha filha! Eu que me alegro em poder beijá-la muito. Estou com muitas saudades – disse Sara – esse era seu nome –, abraçando e beijando o rosto da filha repetidas vezes.

– O que temos de almoço? – perguntou Anita, destampando as panelas.

– Fiz arroz, feijão, uma salada de chuchu e ovo frito – respondeu a mãe, sorrindo.

– Que delícia, vejo também alface e tomate na mesa, tudo que eu gosto – respondeu a menina, feliz.

– É muito fácil agradar você, minha filha. Agradeço a Deus todos os dias de minha vida pelo adorável presente que Ele me deu – comentou Sara, abraçando a menina. A mãe continuou:

– Preciso ir, senão vou chegar atrasada. Seu pai deve almoçar lá pelas duas horas da tarde e pega no outro serviço uma hora depois. Então, querida, esquente a comida para ele e faça um suco geladinho do jeito que ele gosta.

– Pode deixar, mãe. Você separou as roupas para passar? – perguntou a menina.

– Estão na cadeira lá da sala, mas se você tiver muita lição pode deixar, que eu passo quando chegar.

– Nem pensar, passo rapidinho e depois faço lição. Vá com Deus e fique tranquila.

– Obrigada, minha filha. Tranque a porta depois que eu sair, tenho tido alguns pressentimentos de que não estou gostando nada.

Sara saiu sorrindo e Anita trancou a porta. Logo arrumou seu prato, almoçou e foi realizar suas tarefas.

Então nos dirigimos à casa espírita que sempre nos acolheu com tanto amor.

CAPÍTULO IV
Planos maléficos

828. Como conciliar as opiniões liberais de certos homens com o seu frequente despotismo no lar e com os seus subordinados?

– São os que possuem a compreensão da lei natural, mas contrabalançada pelo orgulho e pelo egoísmo. Sabem o que devem fazer, quando não transformam os seus princípios numa comédia bem calculada, mas não o fazem.

(*O Livro dos Espíritos* – Livro III – Capítulo X, Lei de Liberdade – Item I, Liberdade Natural)

Eu e Maurício nos reunimos ao restante do grupo e passamos a trocar impressões sobre o inesperado aparecimento de Torquemada e, principalmente, sobre a interferência na ação daqueles jovens obsessores.

– Muito interessante a postura do comandante, pois pareceu que ele estava contra a ação de seus discípulos – falou Maurício.

– Foi também a impressão que me ficou da cena que presenciamos, falou mesmo em punição àqueles jovens – comentei, confirmando a fala de Maurício.

– A ação dos jovens desencarnados era estimular ações de violência, ocasião em que o jovem Paulo seria o líder, pelo que vimos na porta da escola e depois no encadeamento de pensamento dele. Acredito que isso não é interessante aos planos do Senhor das Trevas, visto que pretende estimular o recém-encontrado pupilo a realizar o seu planejamento encarnatório, enquanto membro da comunidade Origem de Fogo – esclareceu Fábio.

– Então ele apenas veio defender um projeto de vida para o jovem Paulo – falou Maurício.

– Exatamente, meu amigo. Caso Paulo transgrida as leis civis e sociais ainda muito jovem, como num futuro próximo ele poderá tornar-se um exemplo a ser seguido por outros jovens? – questionei ao amigo.

– Faz sentido, pois um jovem formador de opinião entre a juventude somente terá o aval dos pais caso apresente uma imagem imaculada. Sinto certa tristeza ao pensar nisso, pois a boa moral será apenas encenada e não vivenciada de maneira pura e simples, fazendo que essa encarnação seja produtiva aos envolvidos – comentou Fábio.

– Mas, caro amigo, devemos olhar a questão com mais profundidade, pois todas as experiências vivenciadas trazem algum aprendizado, mesmo quando rejeitamos ideias. Essas novas informações acabam por tocar nosso intelecto de maneira a deixar aí seus resquícios, mesmo que sejam apenas pequenas recordações, as quais, no momento, aparentemente, não trazem modificações importantes – falei animado.

– Você tem razão, Vinícius. Ainda temos o costume de querer ver essas transformações imediatamente; porém, como a própria Natureza nos ensina, tais mudanças acontecem conforme mostramos a capacidade de vivenciá-las. E essa capacidade vai sendo formada aos poucos, na somatória dos conhecimentos adquiridos e na experimentação destes, os quais vão modificando hábitos – concluiu Ineque.

– Essa encarnação do pequeno Paulo começou com o planejamento ainda na Origem de Fogo, com finalidades nem um pouco nobres. Graças à intervenção de irmãos melhores, conseguimos amenizar os danos quando foi gerado em uma família mais equilibrada; assim, a criança cresceu recebendo novas noções de moral e responsabilidade e, até o momento, Paulo tem aproveitado esses ensinamentos na medida de sua parca compreensão. Porém, já notamos sinais de conflitos emocionais até mesmo graves, como ontem, quando o menino sentiu o coração pulsar com violência assim que viu sua mãe. Isso demonstra certo receio do que anda tramando, ou seja, ele já pressente o que é errado – argumentei cuidadosamente.

– Mas ele ainda não consegue se livrar desses pensamentos e da influência menos nobre tanto de encarnados como de desencarnados – falou Maurício.

– Comparando com antiga encarnação, podemos avaliar o progresso que já fez. Fábio, você possui essas informações? – perguntou Ineque.

– Na última oportunidade que teve como encarnado, ele nasceu em família abastada, teve acesso à boa educação acadêmica, mas ainda foi produto de planejamentos do submundo espiritual. Formou-se em Direito, mas não tinha respeito algum pelos civis que defendia; chegou ao cargo de juiz de uma importante comarca, porém viveu de negócios escusos e de propinas, segundo exemplos do seu pai e do avô. E, quando questionados, recorriam a matadores de aluguel para se livrar de seus opositores. Quando desencarnou aliou-se de imediato a uma turba de espíritos de mesma índole moral, que logo foram absorvidos pela Origem de Fogo, retornando como herói – contou-nos Fábio.

– Ele não foi socorrido, ou mesmo não foi feita nenhuma tentativa de acordar essa consciência adormecida? – perguntei ao amigo..

– Sim, foram feitas várias tentativas de levá-lo a um raciocínio lógico, visto a praticidade com que esse espírito a tudo trata; porém, ele não consegue entender nada que o afaste do centro das atenções, ou que o objetivo não seja para satisfazer suas pseudonecessidades. Ele acredita realmente que tem o direito de fazer as coisas acontecerem da maneira pela qual deseja – informou Fábio.

– Uma personalidade bastante egocêntrica, por isso ideal para o planejamento da vida atual. Como formador de opiniões em massa, será bajulado ao extremo e se tornará o centro das atenções – falei pensativo.

– No caso imediato, será possível demovê-lo da terrível ideia de maltratar a menina Anita? – perguntou Maurício.

– Parece que nesse caso teremos o auxílio de Torquemada, afinal é de seu interesse que o menino continue livre para dar cumprimento ao planejamento encarnatório. Acredito que conseguiremos, sim, mudar o rumo dessa história terrível – falou Ineque, compadecido da menina, alvo dos planos maléficos desse grupo juvenil.

– Sei que temos um caso bastante difícil a ser auxiliado, mas também teremos uma outra lide, não menos importante, e também relacionada à comunidade Origem de Fogo e à cidade Caos Profundo – alertou Fábio.

– Do que se trata? – perguntei.

– O pai de Paulo, Sérgio, está desempregado há bastante tempo, com muitas dívidas e longe de uma solução satisfatória para sua família. Há alguns meses, num dia de muito desespero, entrou em um grande templo evangélico, dirigido por um membro da Origem de Fogo – contou Fábio.

– Esse membro da Origem de Fogo, quem é? – perguntou Maurício.

– Um espírito que se dispôs a atuar como pastor nessa encarnação para depois tornar-se um dissidente e fundador de uma nova seita evangélica. Ele prepara esse golpe há certo tempo e propôs a Sérgio aprender o ofício e se tornar um pastor a troco de muito dinheiro – continuou Fábio.

– Mas... por que o interesse em Sérgio? O que ele pode fazer por essa igreja? – perguntei curioso.

– Torquemada já havia descoberto o paradeiro de Paulo, e a única condição proposta foi que ele trouxesse o menino para ser instruído por eles – respondeu Fábio.

– O que um pastor de uma igreja evangélica pode fazer para que Paulo cumpra o terrível planejamento a que se propôs? – perguntou Mauro, que acabava de se juntar a nós.

– Esse pastor, de nome Albério, tem excelente oratória, é sedutor e bastante atraente fisicamente, sua aparência inspira confiança. Fala devagar e com firmeza, veste-se de maneira irrepreensível, sempre com cabelo arrumado e barba bem-feita, movimenta-se com leveza e graça. Seus discursos evangélicos são inflamados e inspiradores, levando a audiência a um estado de êxtase profundo. Mas... a sua vida particular é bastante desequilibrada, é casado porém somente na aparência, através de um acordo com uma jovem muito bonita e ambiciosa. Vive em grandes farras, ocasiões em que consome grande quantidade de alcoólicos e substâncias químicas alucinógenas, além de ter relações íntimas indistintas com homens e mulheres. É narcisista ao extremo e, quando sozinho, gosta de exibir uma aparência andrógina. A sua intenção é arregimentar um grande grupo de jovens e induzi-los a seguir seu exemplo. Sonha que no futuro não será mais necessário viver uma vida dupla, uma vez que ele se tornará o exemplar original de uma nova ordem moral e sexual, liberta de preconceitos e amparada pela aprovação divina – explicou Fábio.

– Mas... ele acaba por se relacionar sexualmente com essas crianças? – perguntou Maurício indignado.

– Não, até o momento o seu delírio não chegou a esse ponto, mas a cada dia ele se considera com direitos a mais e mais prazeres e facilidades materiais. Há um grupo grande de jovens que estão sob a sua tutela e com o aval de seus pais, que até mesmo se consideram honrados e abençoados por serem escolhidos. Albério os instrui a serem delicados nos gestos, na fala e no trato com as pessoas, o que encanta os adultos, que consideram isso como postura de educação e não percebem que essas crianças estão sendo despersonalizadas, manipuladas por uma falsa ambientação amorosa – concluiu Fábio.

– Quando poderemos visitar essa comunidade? – pergunto ansioso por iniciar esse atendimento de amor.

– Amanhã poderemos presenciar uma reunião entre Albério e os jovens recrutados. Sérgio já disse a Amanda e a Paulo que tem compromisso com o pastor – comentou Fábio.

– Eles não frequentavam uma casa espírita há bastante tempo? – perguntou Ineque.

– Frequentavam sim, Amanda ainda mantém seu compromisso duas vezes na semana, mas Sérgio, desiludido com a vida de privações materiais, procura os milagres propostos por algumas igrejas. Paulo não se importa com nada que se refere à religião, apenas aceitou acompanhar o pai para não ser atormentado, visto que Sérgio acredita que somente pela intercessão do pastor junto a Deus irá livrar-se do mal que se instalou em sua vida – informou Fábio.

– Ah! A fé de ocasião, que não auxilia a desenvolver a certeza de estar fazendo o certo, que relega a caridade e a crença real a um plano inexistente – comentei com tristeza.

– Mas ainda um caminho melhor do que a descrença total, meu amigo. A fé, por mais condicional que seja, ainda é um limite ao mal – falou Ineque.

– Sei disso, meu amigo, mas compadeço-me do sofrimento que vivenciamos até descobrir esse fato indiscutível; porém, também sei que esse sofrimento é um caminho certo para a descoberta da efetiva crença na criatura e no Criador – falei sorrindo.

– Bom, diante dos fatos expostos, só nos resta orar e acreditar em um amanhã melhor. Podemos nos encontrar na Praça da Paz para as orações matinais – combinou Ineque.

CAPÍTULO V
Anita corre perigo

828-a. Os princípios que professaram nesta vida lhes serão levados em conta na outra?

– *Quanto mais inteligência tenha o homem para compreender um princípio, menos escusável será de não o aplicar a si mesmo. Na verdade vos digo que o homem simples, mas sincero, está mais adiantado no caminho de Deus do que aquele que aparenta o que não é.*

(*O Livro dos Espíritos* – Livro III – Capítulo X, Lei de Liberdade – Item I, Liberdade Natural)

No dia seguinte, ao alvorecer, estávamos todos reunidos, novamente, para as orações matinais da colônia espiritual que nos acolhia. São indescritíveis as belezas naturais desse local. As cores e as formas são mais vívidas e harmônicas. Os pássaros nos brindam com uma sinfonia de alegria, uma ode ao amor verdadeiro; milhares de borboletas multicoloridas voejam entre as flores, dando ao cenário uma aparência harmoniosa e serena.

A cada dia que vivo nesse admirável mundo dos espíritos a minha admiração cresce em qualidade e felicidade. Consigo estar aqui presente e atento, sendo parte dessa maravilha de vida.

Sorrindo uni minha voz ao canto de amor, ao canto de louvor à vida, ao Pai Maior e a todos aqueles que vivenciam experiências inusitadas entre os dois mundos. Do alto surge uma luz amorosa e fortalecedora, a qual nos envolve em doces vibrações que nos garantem a esperança da presença perfeita do bem em nossas vidas.

De olhos fechados e com a sensibilidade pronta para captar as nobres vibrações a nós doadas, sinto uma felicidade nunca antes experimentada e sorrio mais uma vez, para a vida e para a perfeição da manhã, pois a cada dia sinto-me mais próximo de Deus.

Nesse instante, Ana, que andava ocupada em outros trabalhos, aproxima-se do nosso grupo e feliz abraça cada um de nós. A sua adorável doçura nos encanta os sentidos.

– Que bom revê-los! Estava com saudades de todos! – e olhando para Mauro, disse: – Estou aqui a pedido de nosso amigo Mauro; parece que precisaram, novamente, de minha companhia.

Feliz, corri para abraçar a doce menina, e disse alegre:

– Que beleza de notícia, minha amiga! Acredito que falo em nome de todos, estamos felizes de contar novamente com sua ajuda.

– Eu agradeço. Parece que existem crianças, pré-adolescentes, nesse atendimento que precisam de nosso auxílio – falou Ana.

– Isso mesmo, minha jovem, gostaríamos de contar com você ao lado de uma doce menina chamada Anita, que corre perigos terríveis, que, se chegarem a se concretizar, irão prejudicar um magnífico planejamento encarnatório – informou Ineque.

– Você pode partilhar essas informações conosco? – perguntei ao amigo.

– Anita é um espírito evoluído, de belíssima elevação moral, com capacidade de amar verdadeira e incondicionalmente. Nós soubemos de sua existência quando estivemos na comunidade Origem de Fogo, onde conhecemos Paulo – informou Ineque[1]

1 - O autor refere-se à passagem descrita no livro *Berço de luz*, do espírito Vinícius (Pedro de Camargo), psicografia de Eliane Macarini. São Paulo: Lúmen Editorial, 2013. 2. ed.

– Eu me lembro de, quando nos despedimos de Paulo, chegou até nós a informação sobre a existência de um espírito já reencarnado que iria fazer parte da vida dele e seria sua luz quando não mais conseguisse enxergar a vida de forma positiva – falei animado com a lembrança.

– Esse espírito é Anita, ela é dezoito meses mais velha que Paulo e tem maturidade emocional e moral para conseguir fazer diferença na vida do menino. Ela rejeita a companhia dos amigos dele mas presta bastante atenção em Paulo. Ao seu modo ainda bastante infantil, Anita percebe que ele é importante para ela, sente intensa atração quando o vê – informou Ineque.

– Que interessante! E os meninos cismaram justamente com ela, tornando-a alvo de seus sentimentos mais grotescos e rudes. Com certeza aí tem a influência do plano inferior – comentou Maurício.

– Sabemos disso, mas também já temos conhecimento de que Torquemada não permitirá que tal fato se concretize, pois atrapalharia os planos da comunidade, manchando de forma negativa a imagem de garoto modelo que pretendem criar para Paulo – concluiu Mauro.

– Diante dos fatos que sabemos, pressenti que já existe um atraso nesse planejamento, pois Paulo já conta 11 anos e ainda é um desconhecido – lembrou Maurício.

– Isso é um fato, e o amigo está certo, pois a ideia inicial era a de que o garoto fosse considerado um gênio musical desde tenra idade, mas com o direcionamento dado pela família na sua educação, isso foi relegado ao esquecimento – disse Fábio.

– Albério pretende propor ao menino a formação de um conjunto musical e teatral, encarregando-se de todo o custo advindo desse projeto – ressaltou Ineque.

– Então ele seria um artista evangélico, divulgando a sua religião? – perguntou Maurício.

– No início sim, mas depois seria encenada uma divergência com o direcionamento na carreira artística de Paulo, e ele se afastaria da congregação – informou Fábio.

– Já está tudo planejado? – questionou Ana.

– Sim, tudo está bem planejado. Inclusive Albério possui belíssimos instrumentos mediúnicos, os quais utiliza para se comunicar com o grupo de Torquemada, aliás, a sua origem – completou Ineque.

– E o que podemos fazer para impedir ou, pelo menos, minimizar os danos que serão causados? – perguntou Maurício.

– Já estamos fazendo, meu jovem amigo. Alertaremos os envolvidos nessa trama hedionda, começando por auxiliar Anita, talvez até mesmo impedindo que o mal maior a atinja – falei emocionado.

Ineque olhou-nos com preocupação e disse:

– Paulo e sua turma saíram da escola mais cedo e estão reunidos para engendrar terríveis planos contra Anita. Vinícius e Maurício, vocês podem acompanhá-los nesse momento, enquanto eu e Ana estaremos ao lado de Anita, tentaremos alertá-la. Mauro e Fábio, por favor, procurem alguma informação ou pessoas nas quais a menina confia, que possam notar nossa presença e ouvir a solicitação de auxílio para Anita – sugeriu Ineque.

Deslocamo-nos para perto dos meninos e logo percebemos a presença de alguns espíritos malfazejos, que estavam excitados com a conversa dos amigos.

– O que estamos esperando? Deveríamos fazer hoje mesmo, estou excitado demais, até sonhei com o caso – falou Lipe, um dos líderes do grupo.

– Também tô louco pra pegar aquela menina e ensiná-la a abaixar o nariz. Quem ela pensa que é? Mas... precisamos tomar cuidado com o Lipe e o Davi, hoje eles não quiseram nos acompanhar. Se a gente fizer tudo isso com a menina, eles podem dar com a língua nos dentes – Otávio gesticulava muito enquanto falava rápido demais.

– Menos, cara, menos. Você parece doido. Nós vamos pegar a menina sim, mas precisa ser bem-feito. Eu não quero depois ser preso; a gente precisa bolar um plano legal, descobrir um lugar deserto, e não quero ouvir falar de morte, ela vai ficar bem viva e lembrar da gente por muito tempo – falou Paulo, rindo com deboche, e terminou ameaçando os amigos – e de hoje em diante, eu sou o chefe, vocês não falam nem fazem nada sem eu deixar; se me contrariarem, podem crer, eu dou um fim nos dois.

– Oh, cara! Fica tranquilo, sabemos que você agora manda na gangue, mas perdemos dois pelo jeito, e eles sabem do nosso plano – alertou Lipe.

– Eu dou um jeito neles, pode deixar.

Apesar dos nossos esforços, não conseguimos nos aproximar do grupo. Enquanto isso, dois espíritos que também observavam a cena concluíram, após se retirarem do ambiente:

– É melhor avisar o chefe, ele não vai gostar nada disso!

Resolvemos acompanhar os dois jovens e logo nos vimos a caminho da cidade Caos Profundo. Adentramos o mesmo portal e em seguida já estávamos frente a frente com Torquemada.

– Parece que temos um problema em comum, proponho a união de nossos esforços para impedir os planos desses meninos idiotas – sugeriu o algoz.

– Mesmo sabendo que nossos propósitos são diferentes, você propõe uma união? – perguntei.

– Ora, caro amigo. O que realmente importa é este momento; juntos, podemos conseguir uma vitória, enquanto separados poderemos falhar. Para mim será apenas mais um problema a ser resolvido e contornado, enquanto para vocês será extremamente indigno permitir que a jovenzinha sofra essa violência desnecessária.

– Então se fosse interessante para sua causa, você permitiria esse mal?

– Mal? Por que você nomeia uma ação como maldosa? Se for necessária será feita em benefício de uma causa cristã.

– Causa cristã? Cristo veio ao mundo para nos ensinar a amar e perdoar, para sermos caridosos e nunca para ultrajar a vida de quem quer que seja. Você pode ter uma causa, mas cristã ela não é.

– Vocês entendem de maneira covarde as instruções recebidas, afinal Cristo disse que quem com ferro fere com ferro será ferido. Apenas seguimos as suas ordens, usamos as mesmas armas contra nossos inimigos. Essa é a nossa casa e não serão alguns loucos que nos dirão que seremos expulsos.

– O mundo está em franco processo de transformação, apenas isso; caso alguns espíritos não consigam entender a nova forma de vida e amor, eles terão a oportunidade de vivenciar excelentes experiências em outros orbes. Isso não é castigo, mas sim oportunidade.

– Há séculos empunhamos a espada em nome de Deus, travamos guerras santas, queimamos hereges nas fogueiras, e vocês vêm nos falar sobre direitos de permanecer por aqui?

Quem mais teria esse direito do que aqueles que representam o próprio Deus sobre a Terra? Eu sou fiel a Ele, mato e morro por Ele. Ele nunca fará essa farsa com seus discípulos. Vocês enlouqueceram e serão expulsos como hereges malditos.

– Queremos apenas que pense um minuto sobre a possibilidade de estarmos certos. Se for a verdade o que falamos, ainda é tempo de voltar ao caminho de luz e refazer a vida em benefício de si mesmo.

– Não admito essa possibilidade, se assim o fizer, estarei negando a minha própria fé, e isso não posso fazer.

– O amigo está apenas avaliando e refletindo sobre a instituição religiosa na qual baseou a sua fé, e não rompendo com Deus.

– Maldito herege, vou excomungá-lo, padecerá no inferno pela eternidade. Saiam da minha cidade, seus demônios.

Apenas curvei-me diante de sua ira e o abençoei em nome de Deus, bendizendo-o como filho do Pai, um irmão ainda equivocado em suas crenças, mas certamente a caminho da luz.

Voltamos à casa espírita Caminheiros de Jesus. Maurício estava sério e pensativo.

– O que o incomoda tanto, meu amigo?

– Estava pensando sobre os equívocos que a humanidade comete quando acaba por transformar as palavras de Jesus em dor e desatino. A era da escuridão, uma época triste envolta nas trevas. Quantas almas padeceram nas fogueiras, denominadas santas? Quantas vidas ceifadas por melindres e desacordos pessoais? O que há de Deus nessas circunstâncias?

– Querido amigo, não permita que o amargor tome conta de seu pensamento, o bem é essência divina, portanto é o destino de todos nós. Andamos tropeçando e meio desarvorados ao tentarmos encurtar o caminho do céu, manifestando materialmente nossas crenças ainda pagãs, e somente o sofrimento é instrumento capaz de nos fazer retroceder. Então a humanidade seria menos humana sem essas experiências. Elas são necessárias? Ainda sim, mas podemos projetar nossa mente para o futuro, quando estaremos plenos de sabedoria e amor, por causa do caminho que percorremos. Apenas veja tudo isso como um meio de chegar à felicidade.

Maurício me abraçou com carinho, e com lágrimas nos olhos apenas disse:

– Obrigado.

CAPÍTULO VI
O pastor Albério

829. Há homens naturalmente destinados a ser propriedade de outros homens?

– Toda sujeição absoluta de um homem a outro é contrária à lei de Deus. A escravidão é um abuso da força e desaparecerá com o progresso, como pouco a pouco desaparecerão todos os abusos.

A lei humana que estabelece a escravidão é uma lei contra a Natureza, pois assemelha o homem ao bruto e o degrada moral e fisicamente.

(*O Livro dos Espíritos* – Livro III – Capítulo X, Lei de Liberdade – Item II, Escravidão)

Ao amanhecer nos dirigimos para a escola que nossos jovens atendidos frequentavam. O dia estava nublado e frio; sentia certa pressão no ar, como se fosse o prenúncio de uma catástrofe. O ambiente energético do grande edifício escolar estava comprometido por vibrações densas. Observamos e percebemos que um número significativo de espíritos ignorantes andava por ali, todos desocupados e descompromissados com o bem.

Um grupo de irmãos desencarnados observava a movimentação dos jovens. Tinham a aparência deformada e demonstravam, por seu comportamento, comprometimentos morais graves. Emitiam opiniões de baixo padrão moral e emanavam densa energia originada em formas de pensamentos grotescas, representando cenas relacionadas com absorção de substâncias alucinógenas e prática de relações sexuais desequilibradas.

As crianças que adentravam o grande pátio mudavam de comportamento em instantes, juntando-se em grandes grupos que gritavam, riam alto e corriam desenfreadamente pelo espaço escolar. Lembrei-me de um trabalho realizado junto à Comunidade Educacional das Sombras; sentia ali a presença de espíritos semelhantes aos encontrados nesse pretenso educandário, hoje destinado ao Bem Maior.

O grupo de jovens agora liderado por Paulo reuniu-se e se aproximou disfarçadamente de Anita. Um deles fez um sinal para a menina, convidando-a a se juntar a eles, o que foi imediatamente recusado.

Anita olhou-os rapidamente e se afastou, já que sentia um forte mal-estar perto deles. Ciente de que gozavam de fama negativa, como arruaceiros e desrespeitosos com os colegas e os mestres, a menina pensava sobre a insistência em convidá-la para o grupo, visto que não tinham nada em comum; então preferiu acompanhar a professora de Português, que já se encaminhava para a sala de aula.

– Vinícius, essa moça, Helena, professora de Português, também é espírita e frequentadora de uma casa espírita séria. Trabalha como médium de psicografia; acredito que poderá intuir nossa presença – falou Maurício.

Seguindo a sugestão do amigo, aproximamo-nos de Helena e passamos a vibrar em sintonia semelhante; logo a moça percebeu nossa presença.

– Bom dia, queridos amigos. Estou à disposição, o que posso fazer para auxiliar? – questionou-nos a gentil professora, imediatamente tomando nas mãos um lápis e uma folha de papel.

"Querida amiga, pedimos que oriente a jovem Anita sobre os perigos que uma adolescente pode sofrer, advindos de mentes doentias, em busca de prazeres desequilibrados. Observe o jovem Paulo e o aconselhe sobre o futuro com responsabilidade e respeito. Exerça sobre esses jovens a boa influência de uma seguidora do Cristo. Deus a abençoe."

Helena tomou o pequeno texto nas mãos e o leu e releu várias vezes. Ao levantar o rosto viu a menina Anita se aproximar, enquanto o grupo de meninos a seguia, falando aos cochichos e rindo com deboche. Preocupou-se imediatamente, estendeu a mão para a menina e disse com carinho:

– Venha, meu bem, quero que se sente a minha frente a partir de hoje, está bem?

– Obrigada, dona Helena, eu ia pedir a senhora a mesma coisa.

– Algo a incomoda ou preocupa, Anita?

– Nada grave, apenas uma impressão ruim.

– Você poderia dividir essa impressão comigo?

– Paulo e os outros meninos insistem em me convidar para ficar com eles, eu não gosto disso, me sinto mal; mas, eles não fizeram nada de mal para mim, deve ser apenas impressão minha.

– Em todo caso, confie em sua intuição, muitas vezes são nossos anjos da guarda nos alertando para que não façamos nada de errado.

– Está bem.

– Moro perto da sua casa e passo por lá todos os dias, posso levá-la hoje, você gostaria?

– Não quero incomodar a senhora.

– Não é incômodo algum, apenas um quarteirão de distância.

– Então eu aceito sim. Obrigada, dona Helena.

Enquanto Helena conversava com Anita, os meninos observavam com maus olhos.

– O que essa idiota tá falando com ela? Vai ver quer estragar nosso plano – falou Jerson.

– Estragar o quê? Ela nem sabe de nada, ou você já contou para alguém? – Paulo retrucou.

– Eu não, você é doido?

– Então, cala a boca e não fala mais disso, senão quem morre é você.

Voltamos à casa espírita e nos encontramos com o restante do grupo.

– Precisamos visitar Albério, a equipe espiritual que cuida do templo em que ele trabalha está a nossa espera – falou Ineque.

Para lá nos deslocamos.

– Bom dia, meu amigo Saulo, como você está? – perguntou Ineque a um antigo companheiro socorrista.

– Graças ao bom Pai a cada dia melhor, aprendendo a ser feliz – respondeu Saulo sorrindo, exatamente como eu me lembrava dele.

– Você pediu auxílio para Albério, então estamos aqui – disse Ineque.

– Agradeço a todos por estarem conosco neste dia, estamos em busca de respostas para melhor atender às necessidades dessa comunidade; pois os membros desse templo têm adoração por seu pastor, Albério, eles o têm como exemplo para tudo em suas vidas; mas o caminho que segue o amigo tem-nos preocupado mais e mais. Tínhamos esperança de que, ao estudar os livros sagrados, ele aprendesse algo que o tocasse de maneira positiva, de modo a recapitular seus planos, porém mais e mais consegue torcer as verdades divinas em benefício próprio e de tal maneira que acaba por justificar seus desatinos – explicou Saulo.

– Ele é produto da comunidade Origem de Fogo, discípulo de Cipriano e agora de Torquemada, assim sua mente transita pelos ensinamentos divinos já com ideias fixas nessa direção, ou seja, de forma confusa e doente – comentei entristecido.

– E também temos notícias de que dividira com Torquemada o triste cargo de inquisidor da era sombria. Ainda traz em sua mente alguns conceitos bastante conflituosos de sua origem. Acredita, seriamente, ser um enviado de Deus sobre a Terra – completou Saulo.

– Que mente conflitante! Ele sente prazeres mundanos e carnais de forma intensa, planeja colocar essas ideias doentias em execução e ainda se acredita enviado do Senhor? – perguntou Maurício.

– Acreditam que são os eleitos de Deus sobre a Terra e não têm limites que os conduzam, e cada ato e cada pensamento são como se fosse a vontade de Deus se concretizando através deles. É difícil entender essas mentes doentes, visto que acreditamos em um Pai de amor, bondade e perdão – argumentou Ineque.

– Seria oportuno, em horário próprio, estudarmos um pouco essa era das trevas, para que possamos entender o direcionamento emocional e de pensamento dos irmãos que iremos atender – propôs Fábio.

– Você tem razão, Fábio. Que seja um momento em que nossa compreensão e tolerância estejam presentes, dada a gravidade dos atos praticados nessa época – falou Ineque.

– Quantos de nós não vivenciaram, pessoalmente, essa triste era das trevas? Tenho lembranças vívidas dessa encarnação, também sofri e aprendi através da dor infame da perseguição, estive perdido em panoramas de ódio e vingança como consequência de minha incompreensão. Pesquisar esse momento da história da humanidade para mim será como bênçãos de luz, alargando a pequena compreensão que tenho de tudo que vivi e que me mantém lúcido e livre de comprometimentos mais graves – concluiu Mauro.

– O irmão teve a oportunidade de acionar lembranças dessa época? – perguntei animado com a notícia, visto sempre estar curioso a respeito, principalmente, quanto à época da terrível Inquisição e as razões para tanto sofrimento.

– Quando retornei ao mundo dos espíritos após uma encarnação bastante sofrida e desequilibrada, em uma mente desarvorada, transitando entre o bem e o mal, esse conflito acabou por me levar a um período obscuro, envolvido pelos atos terríveis praticados em nome de Deus. Apesar de ceder aos apelos e exigências da Igreja, sabia que estava cometendo um erro, pois conseguia de uma forma bastante confusa entender um pouco as palavras de Jesus, o que acabou por gerar enorme conflito para mim – contou Mauro.

– Se houve conflito, então, de certa forma, foi benéfico, pois sabemos que apenas quando questionamos essas verdades dogmáticas é que estamos a caminho de transformar a nossa vida – concluí com lágrimas nos olhos.

– Sei disso, meu amigo, mas vivenciar esse conflito enquanto o medo e a vaidade nos dominam é bastante traumático. Lembro-me de uma ocasião, durante um julgamento de uma senhora considerada seguidora de Satanás, em que os inquisidores não permitiam sequer que ela estivesse presente; diziam que, se isso acontecesse, correríamos o risco de termos nossa alma devorada por ele. Insatisfeito com essas explicações, aventurei-me pelas masmorras e encontrei a cela da tal senhora; quando a vi, estupefato reconheci uma pobre coitada, ainda muito jovem, que limpava, por bondade, a nave da igreja. Olhei-a admirado, e ela, em pânico, perguntava por que estavam fazendo isso com ela... – Mauro silenciou por instantes e continuou – Indaguei desde quando ela estava presa e se havia acontecido algo para incriminá-la, e ela respondeu que apenas tinha se recusado a ser amante de seu senhor, respeitava muito a senhora que a acolhera quando ficara órfã. Indignado, prometi a ela esclarecer o assunto e libertá-la do cativeiro e do terrível julgamento.

– E você o fez? – indagou Ana.

– Confesso, meus amigos, que fiz apenas tênues tentativas, pois assim que iniciei minha campanha para libertar a jovem, fui advertido do perigo em contrariar a vontade do grande e rico senhor, que fora o idealizador de tal embuste. Calei-me, mesmo ciente da inocência da jovem, e eu a vi sendo condenada e sentenciada à morte. Penalizado, mas incapaz de defender a minha crença, assisti ao castigo indevido e atroz, eu a vi ser queimada viva e até hoje lembro da dor espelhada em suas faces e o desencanto de seus olhos que pediam socorro. Depois disso, isolei-me do mundo, fugi para a floresta e vivi sozinho, com o coração ferido pelo remorso e pela culpa. Gritava e pedia perdão à jovem, orava por ela sem cessar. Um dia eu a vi a minha frente, sorridente e livre, estendeu suas mãos em minha direção e, com carinho, convidou-me a acompanhá-la – falou Mauro.

– Ela o socorreu e o libertou de suas culpas? – perguntei emocionado.

– Ela se lembrava dos momentos derradeiros de outra maneira; viu em meus olhos a dor pela injustiça da qual estava sendo vítima, e disse que isso fez a diferença na sua passagem. Ela falou sobre a esperança que sentiu nesse momento e que soube que tudo daria certo. Ajudou-me muito após o desencarne, visto que eu não entendia que já havia terminado aquela encarnação, vivia sozinho e continuava sozinho, me punindo pelas minhas falhas – explicou Mauro.

– Que história linda, meu amigo – disse Ineque.

– Mas... confesso, meus amigos, que ainda me traz sofrimento e remorsos, e esse trabalho junto a esses irmãos, que ainda vivenciam esse época de trevas morais, será um bálsamo de resgate para mim. Pretendo fazer o máximo esforço para transformar esse sentimento menos nobre em força motriz e viver momentos de recuperação. Aprendi aqui, nesse maravilhoso mundo dos espíritos, que apenas a compreensão dos atos falhos e a boa vontade de recuperar esses momentos através do trabalho de amor poderão, realmente, modificar os meus sentimentos menos nobres – concluiu Mauro.

– Voltemos ao assunto que nos trouxe aqui – sugeriu Ineque.

– Pedimos auxílio a sua equipe de socorristas porque temos notado intensa movimentação de espíritos ignorantes no templo religioso que nos abriga. Antes conseguíamos manter certa distância, ou mesmo, modificar a maneira de ver a vida de alguns já cansados da dor; mas, nos últimos dias, eles acabam entrando com Albério e nos afrontam, ameaçando a segurança dos socorristas, por não entenderem que o perigo real é a sua disposição para o mal – explicou Saulo.

– E vocês conseguem nos dizer quais as intenções de Albério? – perguntei ao socorrista.

– Notamos mudança em seu comportamento, principalmente, quanto à sexualidade. Esse é o ponto que mais nos perturba e preocupa; percebemos que anda sentindo atração por jovens, adolescentes mesmo, e do sexo masculino. Seus olhares são de cobiça e desejos menos nobres. Sabemos de seu trabalho junto ao jovem Paulo, e Albério tem manifestado a vontade de trazê-lo para junto de si, inclusive envolvendo Sérgio, o pai do menino, com promessas de acabar com seus problemas financeiros – contou Saulo.

– Saulo está ligado à comunidade Origem de Fogo com compromissos de realizar alguns trabalhos para impedir a evolução do planeta, assim como Paulo. Daí a facilidade com que conseguem envolvê-los – comentou Fábio.

– Ele está chegando, observem atentamente o clima energético do templo após a sua chegada – aconselhou Saulo.

Em silêncio passamos a observar o recinto que nos abrigava, energias salutares envolviam a todos nós, alguns pontos mais escuros, mas nada que pudesse nos preocupar, apenas o normal para um planeta que abriga espíritos ainda imperfeitos.

Ouvimos ao longe o som de conversas e risadas debochadas e, conforme o grupo se aproximava, passamos a reconhecer o teor da conversa, que era entremeada de termos vulgares e de baixo calão. Uma entendida seminua que se mostrava com aparência muito jovem pulava em volta do pastor e falava obscenidades, excitando o desavisado irmão.

Conforme passavam a atmosfera fluídica iam se transformando e adquirindo a qualidade das mentes que chegavam. Saulo pediu auxílio à equipe de trabalhadores que o auxiliavam, mas apesar dos esforços deles, nada se modificava, pareciam alheios a sua presença. Riam e gritavam cada vez mais alto, e outros jovens, com a mesma aparência andrógina, juntavam-se ao cortejo. Albério, cada vez mais influenciado pelos espíritos em desequilíbrio, mudava a sua postura e sua maneira de caminhar. Notamos que a sintonia entre eles era quase perfeita, movimentavam-se no mesmo ritmo.

Nesse instante Torquemada veio em nossa direção e, com a voz empostada e as feições transformadas pela raiva, nos interpelou:

– Sei muito bem que acreditam ter o direito divino de atrapalhar nossos planos, mas vou esclarecer isso para vocês, como um favor concedido por Deus. O único representante de Deus na Terra e que está entre nós nesse momento sou eu. Eu sou o escolhido para dar continuidade ao seu reino, e Ele não quer vocês nessa falsa cruzada. Então, prestem bastante atenção, porque não repetirei mais isso: saiam daqui e não tentem mais interferir com os meus seguidores, nós sabemos qual é a vontade de Deus – e voltando-se para Saulo, o advertiu –; até agora o toleramos em nosso templo, e você nos traiu mais uma vez; nossa vingança será terrível. Façam uma escolha inteligente enquanto ainda há tempo. Sumam todos daqui.

Uma densa energia tomava conta do ambiente enquanto Torquemada falava, mas uma luz tênue e sutil foi se formando no centro do grande salão, vindo do mais alto ponto do local, e se expandia e iluminava os cantos sombrios.

Torquemada nos olhou com raiva e, colérico, tentou avançar em nossa direção; sem conseguir se mexer, vociferou:

– Vou matá-los! Vou matar a todos!

Uma explosão de luz varreu para longe a escuridão; socorristas aproveitavam o momento e realizavam seu trabalho de amor e perdão. Albério, que subia uma escada em direção a seu escritório, cambaleou e caiu sentado. Apalermado, olhava ao redor sem entender o que estava acontecendo.

CAPÍTULO VII
A índole de Paulo

830. Quando a escravidão pertence aos costumes de um povo, são repreensíveis os que a praticam, nada mais fazendo do que seguir um uso que lhes parece natural?

– O mal é sempre o mal. Todos os vossos sofismas não farão que uma ação má se torne boa. Mas a responsabilidade do mal é relativa aos meios de que se dispondes para o compreender. Aquele que se serve da lei da escravidão é sempre culpável de uma violação da lei natural; mas nisso, como em todas as coisas, a culpabilidade é relativa. Sendo a escravidão um costume entre certos povos, o homem pode praticá-la de boa-fé, como uma coisa que lhe parece natural. "Mas desde que a sua razão, mais desenvolvida e, sobretudo, esclarecida pelas luzes do Cristianismo, lhe mostrou no escravo um seu igual perante Deus, ele não tem mais desculpa.".

(*O Livro dos Espíritos* – Livro III – Capítulo X, Lei de Liberdade – Item II, Escravidão)

Após a visita que fizemos ao templo evangélico, dirigimo-nos à escola pública onde Paulo estudava. Ana veio nos alertar sobre o comportamento do menino, que andava arredio e bastante irritado. Acabara de discutir com outro garoto e sua reação tinha sido bastante violenta. Após conversar com a diretora e a psicopedagoga, recebeu um comunicado de suspensão por três dias.

Paulo saiu da sala da direção enfurecido, seus amigos o esperavam no pátio.

– O que aconteceu? – perguntou Jeferson.

– Aquela idiota me suspendeu, mas ela vai se arrepender do que fez, pode até demorar, mas vou me vingar.

Nesse instante, Anita sai da sala de aula e se dirige ao banheiro feminino; os olhos do menino brilham, e ele instrui os companheiros:

– Fiquem aqui fora e vigiem, não deixem ninguém entrar no banheiro.

Dizendo isso, correu e entrou no banheiro. Anita, que acabara de entrar, ficou assustada e se trancou dentro de um dos cubículos.

– Não precisa ficar com medo, não vou fazer nenhum mal a você. Só vim te dizer que gosto muito de você, que é muito bonita. Sei que somos muito novos, mas tenho certeza de que estou apaixonado e pode crer, ainda vou me casar com você.

Anita ficou quieta, tremendo, orou em silêncio, pedindo ajuda. Nesse momento, Helena saiu na porta da sala de aula onde estava trabalhando e achou suspeita a atitude dos meninos em frente ao banheiro feminino; então, avisou os alunos que sairia por instantes e foi até eles.

– O que vocês fazem aqui?

– Nada não, professora.

– Por que estão fora da sala de aula? Onde está Paulo?

– Não sabemos não, já estamos indo.

Os meninos se dirigiram à sala de aula. Helena, ainda insatisfeita, decidiu adentrar o local. Anita estava saindo e olhou meio ressabiada para a professora.

– Está tudo bem, Anita? Você parece meio assustada, alguém perturbou você?

– Não, dona Helena, está tudo bem, eu só fui ao banheiro.

– Você viu Paulo por aí?

– Não – respondeu a menina depois de certa hesitação, que não passou despercebida por Helena.

– Está bem, volte à sala de aula.

Anita saiu correndo e Helena entrou no banheiro. Paulo, escondido dentro de um dos cubículos, ficou imóvel. A professora olhou ao redor e, acreditando estar só, falou em voz alta:

– Alguma coisa está errada e eu vou descobrir.

No final do período escolar, Helena deu carona para Anita e tentou conversar com ela sobre o acontecido. Anita ficou irritada e falou com ênfase:

– Eu já respondi para a senhora, dona Helena, mas parece que não acredita em mim.

Helena se calou e olhou o rosto da menina, afogueado, e percebeu que ela estava mentindo; então, carinhosa, pensou:

– Que Deus a proteja, criança, que você consiga perceber os perigos a sua volta e saber a hora certa de pedir ajuda.

À tarde Sérgio mandou Paulo trocar-se para ir ao encontro de Albério. O menino resmungou, mas fez o que seu pai mandou.

– Boa tarde, Sérgio! Esse é Paulo, o nosso cantor?

– Cantor? – perguntou o menino.

– Isso mesmo, rapazinho. Outro dia, na escola, eu vi você cantando. Você canta muito bem, sabia? Nós temos interesse em te promover através da nossa igreja, torná-lo famoso. Isso te interessa? – perguntou Albério.

– Lógico que interessa, não é filho? – disse Sérgio.

– Promover de que jeito? – perguntou o menino.

– Contratando um professor de canto, alguém que saiba

promover a carreira pública, gravando suas músicas, que no início deverão ser sobre assuntos evangélicos etc. e tal – respondeu Albério.

– Músicas evangélicas? Você está brincando, não é? – disse o menino com desrespeito.

– Garoto, expanda suas ideias, todos devemos começar de alguma forma; o ritmo você escolhe, mas o tema escolho eu. Depois que ficar famoso, podemos expandir os horizontes. O que quero é que nossa igreja tenha uma presença maciça de jovens, e você é um condutor – argumentou Albério, olhando fixamente os olhos de Paulo.

– E o preço, qual é? – perguntou o garoto olhando com cinismo para Albério.

– De início divulgar a igreja, e o dízimo de sempre em cima do que você ganhar; depois, nós veremos alguns bônus pelo meio do caminho – respondeu Albério.

– Nós precisamos fazer um contrato sobre tudo isso – completou Sérgio, animado com a possibilidade do dinheiro fácil.

– Você não entendeu nada ainda, não é, pai? O moço aqui quer tudo debaixo dos panos, como diz a vó – respondeu Paulo, rindo alto.

– Isso mesmo, e quero silêncio sobre nosso acordo, eu os farei ricos como nunca sonharam, mas exijo que sigam minhas ordens, caso contrário, procuro outro garoto, por aí tem aos montes. E você, menino, fique na sua, longe de encrencas, não quero viver apagando incêndios. Livre-se desse grupo com o qual anda por aí aprontando, isso não é companhia para um modelo de retidão e que será exemplo para a garotada dessa igreja. Sua imagem tem que ser intocada, você pode até ter uma namoradinha, mas de cara limpa e olhar de anjo. Entendeu?

– Entendi sim, pode ficar sossegado, o meu interesse é só comigo – respondeu Paulo com firmeza.

– E quanto a sua mãe que vive metida dentro daquele centro espírita, a primeira providência é proibi-la disso. Nós não queremos ninguém envolvido com essa gente, eles acabam por se intrometer em tudo e estragar nossos planos. Se ela insistir, vocês devem se separar, já vai fazendo a cabeça do idiota do seu pai também. Tá entendido?

– Eu vou falar com ela e dar um jeito nessa situação.

Admirados, observávamos a cena, a índole moral de Paulo aflorava de forma intensa e rápida. Questionei a mim mesmo como um menino ainda tão jovem manifestava essa postura desonrosa a ponto de entender, perfeitamente, como conduzir uma conversa desse tipo.

– Vinícius, Paulo manifesta as características básicas de seu caráter, embora ainda saindo da infância, mas exposto a um mundo de afinidade como vem acontecendo nos últimos meses, ele acaba por se adaptar com facilidade, visto ser mestre nesses assuntos – concluiu Ineque.

– Sei disso, meu amigo, mas ainda me assusto com a falta de comprometimento de alguns espíritos com a sua natureza divina – respondi cabisbaixo.

– Há algum tempo nosso modo de expressão não era muito diferente, apenas nos assustamos porque depois que voltamos a elaborar modelos de perfeição moral, depois que nos voltamos para o bem, o mal nos parece longínquo e irreal. Isso é muito bom – falou Fábio.

– Ah! A verdadeira escravidão é a do espírito que nega a sua origem; são amarras, muitas vezes, imperceptíveis de início, mas que nos lançam a panoramas mentais de grande dor. A escravidão física, aquela praticada contra a liberdade de ir e vir, é apenas a manifestação de nossa recusa a ser feliz. A partir do momento em que acreditamos em nossa capacidade de realizar e transformar o nosso mundo interior, não há nada tão forte que nos obrigue a uma ação com a qual não concordamos. A liberdade de ir e vir tem origem em nossa mente – disse Ineque, emocionado.

Lembrei-me de um filósofo e dramaturgo austríaco de nome Franz Grillparzer, que eternizou a frase: "As correntes da escravidão só prendem as mãos. É a mente que faz livre o escravo".

CAPÍTULO VIII
A execução do plano

831. A desigualdade natural das aptidões não coloca certas raças humanas sob a dependência das raças inteligentes?

– Sim, para elevá-las, e não para embrutecê-las ainda mais na escravidão. Os homens têm considerado, há muito, certas raças humanas como animais domesticáveis, munidos de braços e de mãos, e se julgaram no direito de vender os seus membros como bestas de carga. Consideram-se de sangue mais puro. Insensatos, que não enxergam além da matéria! Não é o sangue que deve ser mais ou menos puro, mas o Espírito. (Ver itens 361-803).

(*O Livro dos Espíritos* - Livro III - Capítulo X, Lei de Liberdade - Item II, Escravidão)

Algumas semanas se passaram. Embora as razões de Albério não fossem nem um pouco saudáveis, ajudaram a controlar as manifestações mais agressivas no comportamento de Paulo, que agora só pensava em sua futura carreira. Os antigos companheiros foram afastados por ele, que procurou mudar seu comportamento, até mesmo se desculpando com as pessoas a quem havia ofendido. Anita era cortejada com delicadeza pelo rapaz e sentia-se atraída por ele; apenas a educação que havia recebido a mantinha distante, pois se considerava jovem demais para assumir um namoro; isso, porém, propiciou também o surgimento de uma amizade entre as duas famílias, principalmente Amanda e Sara, que dividiam as mesmas crenças religiosas, embora a segunda não fosse uma frequentadora assídua, somente uma leitora das obras espiritistas.

Embora afastada de Paulo, sua antiga turma ressentia-se disso e continuava com a terrível ideia de estuprar e matar Anita; ideia que se fortalecia e ganhava nova força diante da necessidade que sentiam em se vingar do amigo que começava a ganhar fama dentro da igreja.

Helena continuava a dar carona para Anita; estacionava junto à calçada, em frente à porta de sua casa e esperava a menina entrar e trancar a porta para depois ir embora. Aquele dia sentia-se mais insegura do que o normal, pediu a Anita se podia entrar e tomar um copo de água.

Helena entrou, observou tudo para garantir que nada estava errado e foi embora.

Anita trancou a porta e foi cuidar de suas atividades rotineiras. Limpou a cozinha, colocou roupas na máquina de lavar; depois sentou-se à mesa e abriu um livro para estudar. Nesse instante, Álvaro, seu pai, chegou do serviço e sorriu feliz para a filha, que se levantou, abraçou-o e o beijou. Rapidamente arrumou um prato de comida quentinha e um copo de suco gelado para ele. Ambos conversaram animados e logo Álvaro se despediu, já estava atrasado para o segundo emprego.

Anita voltou a pegar o livro nas mãos, mas sentiu muito sono, e pensou:

– Vou deitar um pouco no sofá, depois eu estudo.

Profundamente adormecida, não percebeu que sua casa estava sendo invadida por três homens mascarados. Acordou somente quando sentiu mãos fortes machucando seus braços, ainda tentou gritar, mas foi calada por adesivos sendo colados em sua boca.

Adentramos a pequena e bem-cuidada residência, onde o barulho era ensurdecedor. Uma turba de espíritos dementados pulava e gritava em redor da violenta cena. Maurício saiu para a rua tentando intuir algum transeunte a prestar atenção ao barulho que vinha do interior da pequena casa. Uma senhora de estatura mediana aproximou-se da janela e colocou o ouvido; infelizmente, alertados pela sombra que se formara, os meninos se mobilizaram, apertando, fortemente, a boca de Anita, que acabou desmaiando.

Entristecidos, presenciamos a cena de violência extrema contra a jovem. Os três meninos abusaram de sua inocência repetidas vezes. Depois, saciados e ao mesmo tempo amedrontados, decidiram que Anita deveria ser morta. Passaram a chutar o corpo inerte da menina até que ficasse deformado pela violência; diante disso, eles a abandonaram jogada no chão da sala. Sorrateiramente, saíram pelos fundos da casa, pulando o muro da vizinha e fugindo pela rua de trás.

Alguns minutos se passaram e a mãe da menina chegou em casa. Ao adentrar o pequeno ambiente, logo viu a filha no chão. Desesperada, começou a gritar por socorro. Em instantes, inúmeras pessoas acorreram para auxiliá-la. O resgate foi chamado e o corpo da menina levado com urgência ao hospital mais próximo. Ela mal conseguia respirar.

Os infelizes meninos autores da violência observavam a cena do outro lado da rua e, inconformados, não acreditavam que Anita ainda estava viva.

– Seu desgraçado, eu perguntei se ela tava morta mesmo. Foi você que disse que ela estava.

– Mas ela não estava respirando nem se mexia. E agora? E se ela viver e contar que fomos nós?

– Não pode, seu burro, nós estávamos de máscaras e ela desmaiou logo. Reza aí para a idiota morrer logo, aí nós estamos livres.

– Eu tenho medo do Paulo, eu já falei isso, quando ele souber logo vai pensar na gente. Ele é doido, vai querer nos matar.

– Nós somos três e ele um só, e se denunciar a gente nós dizemos que o plano era dele e acaba com a cara de bom moço que ele anda usando.

Sara acompanha a filha dentro do veiculo de resgate, ora e chora desesperada, enquanto o médico e o paramédico tentam manter a menina respirando. Logo a maca é transportada rapidamente pelos corredores da emergência, e uma equipe passa a cuidar da jovem.

Sara telefonara para Álvaro e contado a ele a triste história acontecida com Anita. O pai desesperado correu pelas ruas da cidade. Ao chegar à porta do hospital encontrou Paulo e sua mãe, que também souberam do acontecido.

Amanda abraçou o homem angustiado e se colocou à disposição para o que fosse necessário.

– Dona Amanda, não sei direito o que aconteceu, Sara me ligou, mas ela estava confusa e não disse coisa com coisa, eu só sei que algo de muito ruim aconteceu com Anita.

– Ali está Sara, meu amigo – falou Amanda.

– Sara, o que aconteceu com Anita? – perguntou Álvaro.

– Não sabemos ao certo, ela está morrendo, está tão machucada! Algum desgraçado invadiu a casa, a estuprou e bateu muito na coitadinha. Quando cheguei em casa, ela estava caída no chão numa poça de sangue. Minha filha, minha filha... – lamentava Sara aos gritos.

Enquanto Sara descrevia o que havia acontecido, os olhos de Paulo mudavam de expressão, ele sabia tratar-se de ação dos companheiros.

Amanda, compadecida, orava em silêncio, pedindo a Deus pela menina Anita e para que seus pais tivessem equilíbrio para superar essa dor extrema.

Sara e Álvaro, abraçados, choravam e rezavam pela filha. Algum tempo depois, uma médica muito simpática, de aparência serena, veio conversar com a família.

– Dona Sara e sr. Álvaro, por enquanto Anita ainda está em estado gravíssimo, mas estável. Ela vai precisar fazer uma cirurgia, há hemorragias importantes acontecendo e não conseguimos identificar o local exato; então, optamos por levá-la ao centro cirúrgico, essa é a única forma de conseguir mantê-la viva. Precisamos que assinem alguns documentos e teremos que avisar a polícia diante da gravidade do assunto. Tudo bem?

Sara e Álvaro, incapazes de falar, apenas acenaram com a cabeça. Sara tocou o braço da médica que já se afastava e pediu entre lágrimas:

– Doutora, salve minha filha, por favor.

A médica emocionada abraçou a mãe desesperada e falou carinhosa:

– Faremos o que for preciso, dona Sara. Ore bastante, confie em Deus, Ele é bom demais para nós.

Albério ficou sabendo do acontecimento triste e logo pensou na reação de Paulo. O menino já depositava confiança no novo amigo e acabou por confidenciar os planos que tinha sobre Anita, e depois de conhecer as novas oportunidades, até via na menina a companheira ideal, visto que atendia a descrição feita por ele, da namoradinha ingênua e simples, de origem familiar idônea.

Albério pegou seu aparelho celular e ligou para Sérgio.

– Onde está Paulo?

– Ele foi atrás da namoradinha no hospital, parece que algo aconteceu com ela.

– Seu imprestável, eu não dei ordens de vigiar esse menino 24 horas por dia? Por que você acha que eu te dou tanto dinheiro? Esse é seu trabalho, seu inútil.

– Ele está com Amanda, o.k.?

– Esse é outro assunto pendente de sua incapacidade, essa desgraçada continua indo na macumba; mas depois nós acertamos esse ponto.

Irritado, desligou o telefone e decidiu ir ao hospital. Logo localizou Amanda e Paulo, que faziam companhia para os pais de Anita.

Amanda viu Albério se aproximando e logo sentiu um desagradável calafrio percorrendo seu corpo; uma sensação de pânico ameaçava descontrolar suas emoções. Firme, orou e pediu auxílio a seu mentor espiritual, que se aproximou amável, tranquilizando sua pupila.

Paulo levantou a cabeça e viu Albério a sua frente, logo imaginou porque ele estava ali.

– Sinto muito pelo que aconteceu, acabei de falar com Sérgio e ele me contou, estou aqui à disposição dos senhores e para orar pela menina Anita – disse Albério com falsidade.

Amanda e Álvaro agradeceram e voltaram a ficar em silêncio. Oravam com fé, mas também tomados pela ansiedade e pelo medo do que aconteceria a sua filha.

Albério fez um discreto sinal a Paulo, pedindo que o acompanhasse. Paulo levantou-se e o seguiu até um lugar onde puderam conversar sem serem ouvidos.

– O que você quer? – perguntou o menino de maneira belicosa.

– Sei muito bem o que você está pensando, mas isso não está em nosso acordo. Espero que você se lembre disso.

– Eles é que fizeram isso com a Anita, eu vou me vingar. Mas isso eu não aceito discutir, nem mesmo com você.

– Tudo bem, eu prometo que vou providenciar a sua vingança, mas você não vai fazer nada pessoalmente.

– Mas eu quero ver essa vingança acontecer, posso até aceitar a sua interferência, mas quero olhar na cara daqueles idiotas.

– Combinado, mas você não vai abrir o bico sobre esse assunto, você pode até saber, mas ninguém mais precisa dessa informação.

– Está bem. Quando vai ser?

– Calma aí, garoto! Preciso recorrer a uns amigos que me prestam alguns serviços, planejar direitinho para que ninguém possa ser acusado depois. Está bem? E lembre-se direitinho de que nós temos muito a perder, então, vê se você se controla. Faz cara de bom menino e só.

Ao se juntarem novamente ao casal e a mãe de Paulo, eles perceberam que Amanda os havia seguido e observava-os desconfiada. Albério despediu-se e voltou a afirmar a sua solidariedade.

– Paulo, o que esse homem queria com você? – perguntou Amanda.

– Nada de mais, falar sobre o *show* de domingo, parece que um empresário importante, da área de gravadoras, virá para me ouvir cantar.

– É só isso mesmo, meu filho? Eu não confio nesse sujeito.

– Por que, mãe? Afinal ele é um homem de Deus – falou Paulo com certo cinismo.

Amanda o observou e novamente seus sentimentos eram contraditórios, por todas as maneiras tentava enxergar algo de bom em tudo que acontecia, mas não conseguia se furtar da sensação de perigo que a invadia.

Após algumas horas de espera, a mesma médica foi ao encontro dos pais de Anita. Sara, ao vê-la se aproximando, fechou os olhos e pediu a Deus em silêncio que sua filha estivesse bem.

– Dona Sara, sr. Álvaro, a cirurgia correu bem, conseguimos estancar a hemorragia que, realmente, estava muito grave; mas durante a cirurgia, precisamos tomar algumas decisões de imediato, visando salvar a vida de sua filha.

– O que houve, doutora? – perguntou Álvaro com lágrimas nos olhos.

– Anita recebeu muitas pancadas no baixo ventre, chutes, o que ocasionou a ruptura do útero e das trompas, enquanto que os ovários ficaram edematosos. Tentamos suturar e acabar com a hemorragia, mas não foi possível; então, optamos por retirar o útero, um ovário e as trompas. Conseguimos manter um ovário, pensando no desenvolvimento hormonal de Anita – falou a médica.

– E como está minha filha, doutora? – perguntou Sara.

– Ainda sedada, está na recuperação; decidimos mantê-la inconsciente, pelo menos, até o amanhecer, evitando assim que sofra muitas dores. Ainda se encontra em estado grave, mas estável. Acreditamos que ficará bem, mas irá precisar de muitos cuidados, inclusive psiquiátricos e psicológicos, visto a violência da qual foi vítima. Agora preciso ir, já fui informada de outro caso grave a nossa espera.

– Obrigada, doutora – agradeceram os pais.

– Graças a Deus, minha amiga, tudo irá ficar bem, você verá – disse Amanda, abraçando Sara.

– Mãe, eu não vou embora até a Anita acordar, está bem? – comentou Paulo.

– Nós agradecemos, Paulo, mas devemos descansar essas horas, inclusive eu e Sara iremos para casa. Assim, quando Anita acordar, estaremos descansados e prontos para ajudá-la a passar por esse pedacinho triste, está bem? Vocês já fizeram bastante, ficando conosco esse tempo todo, e isso nos fez muito bem.

Os amigos se separaram, dirigiram-se até suas casas para descansar, preocupados e angustiados com as horas de luta de Anita, mas também com a fé renovada e acreditando que no final tudo daria certo.

Enquanto os observávamos durante as horas de espera para saber da saúde de Anita, emocionados, percebemos que os sentimentos de aflição demonstrados por Paulo eram verdadeiros. Isso era o início de uma era de renovação que estava surgindo para o jovem. Onde estiver o amor, a esperança é a luz que ilumina o caminho.

CAPÍTULO IX
Escolhas

832. Há homens que tratam os seus escravos com humanidade, que nada lhes deixam faltar e pensam que a liberdade os exporia a mais privações. Que dizer disso?

– Digo que compreendem melhor os seus interesses. Eles têm também muito cuidado com os seus bois e os seus cavalos, a fim de tirarem mais proveito no mercado. Não são culpados como os que os maltratam, mas nem por isso deixam de usá-los como mercadorias, privando-os do direito de serem senhores de si mesmos.

(*O Livro dos Espíritos* – Livro III – Capítulo X, Lei de Liberdade – Item II, Escravidão)

Decidimos acompanhar Albério, que havia se comprometido com Paulo na vingança pelo horror sofrido por Anita. Percebemos certo descaso da parte do pastor, mas os pensamentos eram calculistas e bastante desprovidos de emoção.

– E agora essa. Com tudo encaminhado, o garoto fazendo sucesso, convidado a participar de programas na televisão, tudo indo da melhor maneira possível e me acontece essa farsa. E o pior é que se eu não providenciar a vingança contra esses moleques, o próprio Paulo é capaz de executar a sentença que ele já deu aos desgraçados. O Santos era bom nessa lide, será que ainda pega algum servicinho extra? Vou ligar para ele – decidiu o infeliz.

Albério, cauteloso, fechou a porta do seu escritório e trancou-a com chave. Pegou o aparelho telefônico em cima da mesa e já ia fazer a ligação, mas pensou que alguém poderia ouvir sua conversa na extensão; então, pegou o aparelho celular e localizou o número na agenda.

– Santos, aqui é Albério. Preciso de um favor seu, um daqueles especiais. Você ainda pega encomenda?

– Depende das vantagens que o serviço vai trazer, né, pastor?

– Você sabe que sempre cuidei direitinho de você e de sua família. Sua filha é uma das obreiras mais importantes da igreja, e seu filho já foi encaminhado aos cursos de formação para pastor. Você cuida das necessidades que forem aparecendo, e que podem atrapalhar o progresso de Deus no mundo, enquanto isso eu me encarrego para que você e sua família façam parte dessa comunidade, e com muitas vantagens.

– Tá certo, pastor. Hoje à noite vou ao culto, então deixa um envelope com endereço e nome das pessoas que preciso visitar. Em poucos dias cumpro suas ordens.

– Dessa vez tem algo diferente, nós queremos ver o serviço sendo feito.

– Então é vingança particular – falou, gargalhando, o meliante.

– Algum gosto a gente tem que ter na vida, não é? – respondeu Albério, rindo alto.

– Mas assim o preço sobe, já tô pensando em alguma coisa que quero. Poderia ser a sua casa na praia – sugeriu o chantagista com cinismo.

– Minha casa na praia, você está exagerando, não acha, não? E como vou justificar isso para minha mulher?

– Ora, pastor, passa a mão na caixinha, pega um dinheirinho e compra uma maior – respondeu Santos, sarcástico. – Se o trato tá feito, já vou reservar o lugar para o acerto de contas e depois descobrir onde vou desovar esses presuntos.

Albério desligou o telefone e satisfeito cruzou as pernas, apoiando-as em cima da mesa. Pensou, sorrindo:

"Isso vai me dar maior controle sobre o pirralho e sua família. Quanto ao Santos, dou uma merreca a mais e ele fica satisfeito, a Mirela estava reclamando mesmo da casa de praia, que está ficando pequena para o número de amigos que temos. Bom... tudo encaminhado, acho que vou tirar uma soneca."

Albério recostou-se na confortável poltrona, apoiou os pés na mesa e fechou os olhos. Em poucos minutos dormia. Desdobrado pelo sono, logo localizou Torquemada, que o aguardava.

– Está tudo caminhando conforme nossos planos, meu senhor – falou Albério, de cabeça baixa, com a voz enfraquecida pelo medo.

– Mas está demorando muito, precisamos de mais ação e mais rapidez. O outro lado se mobiliza para dificultar o nosso controle sobre Paulo. Não me desaponte, senão será trazido a mim através da mais terrível morte, e depois conhecerá todos os demônios do inferno – vociferou Torquemada.

Albério tremia convulsivamente; o medo o transformava em uma criatura pequena e esquálida. Todo o viço e pompa até então presentes no corpo físico desapareciam. Entristecidos, oramos em benefício desses irmãos desajustados. Torquemada nos olhou por baixo dos cílios e sorriu com ironia; mentalmente, nos desafiou a interromper seu domínio sobre Albério.

Ineque olhou-o com carinho e disse amoroso:

– Não se apresse, irmão, não temos essa necessidade, um dia entenderá o verdadeiro sentido do amor de Deus. Enquanto isso, aceite os nossos mais nobres sentimentos de paz.

Saímos do ambiente impregnado de maus fluidos e ganhamos a rua clara e ensolarada do bairro de alta classe onde morava o pastor. Passamos a percorrer uma extensa alameda ladeada de belíssimos ipês perfumados e floridos, onde sentimos a diferença energética; a leveza nos tomou o sentido e, felizes, dirigimo-nos à casa espírita que nos acolhia com tanto amor.

Era final de tarde de uma sexta-feira, dia em que um grupo de trabalhadores dedicava-se ao atendimento fraterno. Pessoas com semblante sofrido aguardavam no salão a hora de serem atendidas; enquanto isso, um trabalhador conversava sobre a Lei de Ação e Reação, relacionando o aprendizado espiritista com o cotidiano de nossas vidas.

– O senhor está querendo dizer que todas as nossas atitudes têm consequências, mas e quando nós sofremos pela ação de outra pessoa? – perguntou uma jovem senhora.

– Não acreditamos em casualidade, toda ação que nos atinge mais ou menos intensamente tem uma única e invariável finalidade, que é a de fazer amadurecer nossos sentidos e conhecimentos. Mesmo a ação de outra pessoa sobre nós poderá ser aceita ou não, e a maneira como reagimos dará qualidade às nossas escolhas – disse Luis.

– Mas se somos ofendidos, devemos nos calar? – voltou a perguntar a senhora.

– Diante de uma ofensa, temos a oportunidade de exercitar nossa humildade, em um primeiro momento refletindo se há algo verdadeiro nas palavras ouvidas, caso haja algum fundo de verdade que nos sirva de alerta. Caso contrário, então não há motivos para nos sentirmos ofendidos, pois o pretenso ofensor nada falou sobre nós. Estamos falando sobre perdão, estamos falando sobre tolerância, estamos falando sobre paciência e amor.

– Mas como podemos amar a quem nos ofende? – perguntou um rapaz de aparência franzina.

– Como o grão de mostarda, a menor das sementes, torna-se uma árvore frondosa, assim é o amor no nosso coração. Pensar antes de agir, compreender que aquele que sofre nem sempre consegue ver o bem, pois sua mente gira num turbilhão enegrecido; caso nos juntemos a ele em uma contenda desnecessária, estaremos prejudicando a nós mesmos e alimentando sua ira insana; se pararmos para olhar os olhos do sofredor, veremos que não há necessidade de contribuir para manter a escuridão, mas devemos olhar com carinho e fazer uma prece. Se sairmos em silêncio, deixaremos luzes no lugar de trevas.

– Como é difícil o que o senhor nos pede – comentou a mesma senhora.

– Não, minha irmã, eu não vos peço nada, apenas falo daquilo que preciso exercitar, também transito entre a luz e as trevas, mas procuro vigiar meus pensamentos e exercitar minha inteligência em busca do meu lado feliz e puro. Vamos pensar dois minutos sobre o motivo que nos trouxe a essa casa em busca de atendimento fraterno. O quanto dessa razão está vinculado ao nosso próximo? Quanto de nosso sofrimento é ocasionado pela ação do outro? E esse outro, como ele está? Feliz ou infeliz? Em doce equilíbrio de amor ou na escuridão da inconformidade e do ódio?

Luis fechou os olhos e convidou seus companheiros de reflexão a fazer o mesmo exercício. Passado o tempo combinado, ele abriu os olhos e percebeu lágrimas nos olhos das pessoas ali ao seu lado. Emocionado, sugeriu a todos:

– Oremos por nossos companheiros e por nós mesmos.

Nesse instante, Amanda adentrou o recinto; seu rosto estava afogueado e triste. Luis levantou-se imediatamente, percebendo que algo estava errado.

– Boa tarde, dona Amanda! Posso ajudá-la?

– Oh, sr. Luis, pode sim. Preciso conversar com algum dos atendentes, mas não posso esperar muito. Meu marido me proibiu de vir aqui, e ele anda meio estranho, estou com medo. Disse a ele que iria ao mercado e voltaria em minutos.

– Fique sossegada. Pedirei aos companheiros que aqui já se encontram para permitirem que seja atendida na frente.

As pessoas ali presentes, percebendo a angústia de Amanda, logo concordaram em permitir que ela fosse atendida antes deles.

Sandra terminou o atendimento que fazia e foi até o salão; informada das necessidades de Amanda, logo a introduziu na sala de atendimento fraterno.

– O que aconteceu, Amanda? Você está muito tensa.

– Ah! Sandra! Estou angustiada mesmo, o Sérgio com essa história de ir a essa igreja tem me deixado muito preocupada. Eu não confio naquele pastor, ele parece estar sempre vigiando a gente, e mais essa história de o Paulo virar o símbolo da juventude evangélica... não sei não, mais aí tem coisa e não é boa.

– Você viu algo errado?

– Ver eu não vi, mas o Sérgio agora deu para aparecer com maços de dinheiro, ontem mesmo veio com um carro novo e disse que o pastor está gostando muito do serviço dele e o presenteou. O Paulo já me preocupava bastante, agora então... ele só pensa em ficar famoso. Isso tem me assustado muito.

– Mas... você disse que o Paulo tinha melhorado, estava mais calmo.

– É verdade, até andava meio de namorico com a Anita, uma menina muito boa, lá do bairro. Apesar de muito jovens, eu preferia ele ao lado dela do que andando por aí em más companhias; mas, há dois dias aconteceu uma desgraça, a menina foi agredida e estuprada dentro da própria casa. A mãe chegou a tempo para levá-la ao hospital, mas ela ainda está em coma induzido; parece que está melhorando.

– Que tristeza, Amanda!

– Eu senti bastante o ocorrido, mas algo está me preocupando muito. No dia em que Anita foi agredida, eu e Paulo ficamos no hospital com os pais dela, até sair da cirurgia. O pastor Albério esteve lá. Depois de uns minutos vi que ele fez um sinal para Paulo acompanhá-lo. Fiquei desconfiada de alguma coisa, então fui pelo corredor do outro lado e consegui me aproximar deles sem ser vista, não dava para escutar direito, mas ouvi muito a palavra vingança e o pastor prometendo ao meu filho que faria o que ele queria.

– Você não tem certeza de nada, não é?

– Não, Sandra, mas essa ideia anda martelando minha cabeça, nem estou conseguindo dormir direito.

– Amanda, seja o que for, o seu papel de mãe zelosa é aconselhar seu filho, falar de amor e de perdão. Falar sobre consequências de nossas escolhas, frisando que o bem alimenta o bem, mas que o mal somente agrava o mal. Ore bastante, peça ajuda a esses irmãos amados que sempre nos auxiliam, para que possam acompanhar Paulo, intuindo-o sobre o que é certo.

– Eu queria muito ter uma resposta, saber se é verdade ou

não o que ando pensando, mas também sei que aí mora nosso livre-arbítrio. Eu dou conta das minhas escolhas, mas sempre temi pelas opções de Paulo. Desde pequeno percebo nele uma... maldade controlada, sinto que ele vive andando em uma corda bamba, e estou com muito medo dessa fase adolescente, pois até mesmo o seu olhar mudou.

– Confie em Deus, confie nas noções morais que você ensinou a Paulo. Seja o que for que venha por aí, só podemos encarar como oportunidade de aprendizado, não é mesmo?

– É sim, minha querida amiga. Eu precisava conversar com alguém, e aqui encontro amparo e amor. Obrigada, eu sei o que preciso fazer, mas também sei que vem vindo por aí uma tempestade.

– O que seria da Terra sem a renovação necessária? Após a tempestade tudo brilha com uma luz mais pura, lembre-se disso, e também que estamos por aqui.

Amanda saiu da sala mais calma, mas ao voltar ao salão encontrou Sérgio encostado na porta de entrada, esperando por ela com o rosto congestionado pela raiva. Luis, atento, observou o casal.

– Sua desgraçada, o que você quer? Acabar comigo? – falou Sérgio, agarrando Amanda pelos braços e a sacudindo com violência.

Luis aproximou-se, tocou de leve o ombro de Sérgio e falou com firmeza.

– Peço que o irmão me acompanhe.

Sérgio já ia retrucar, mas sentiu muita fraqueza e cambaleou. Apoiado por Amanda e Luis, foi levado à sala de atendimento fraterno.

Sandra esperava-os na porta; logo Sérgio foi acomodado em uma poltrona, e Sandra pediu a presença de Ismael, outro atendente.

Ela possui a mediunidade da dupla vista. Assim que viu o grupo se aproximando, percebeu a presença espiritual maligna que acompanhava Sérgio. Preferiu então pedir auxilio a Ismael.

Nesse momento, já nos encontrávamos à disposição para auxiliar. Aproximei-me da entidade que envolvia Sérgio, mas não conseguia definir sua aparência; estava envolto em panos negros como a noite; garras compridas e afiadas saíam pelas laterais da tosca vestimenta; no fundo do enorme e pesado capuz notei um par de olhos vermelhos e enlouquecidos; o manto pesado a cobria por inteiro e parecia fazê-la flutuar no ar.

A ligação mental entre Sérgio e a entidade foi sendo enfraquecida. O infeliz irmão olhou-nos assustado, como se não entendesse o que fazia naquele local. Encolheu-se em um canto e gemia enlouquecido por dores inimagináveis.

Aproximamo-nos da estranha criatura, que se esquivava do nosso toque carinhoso. Oramos em silêncio pelo socorro divino. Assim que adormeceu, encaminhamos a entidade ao local necessário ao seu refazimento. Sérgio pareceu acordar de um pesadelo, olhou-nos desconfiado e, dirigindo-se a Amanda, questionou:

– Por que me trouxe aqui dentro? Se o pastor Albério souber, sentirá ter sido traído e nos abandonará.

– Calma, Sérgio! Está tudo bem, você passou mal e nós o socorremos, assim que melhorar você irá embora – falou Sandra, pausadamente.

– É esse antro que me faz mal, o pastor avisou que, se eu entrasse aqui de novo, os demônios iriam tomar conta de meu corpo. Vamos embora, Amanda – Sérgio levantou-se ainda trôpego, agarrou a mão de sua esposa e saiu da sala de atendimento, praguejando e murmurando palavras desconexas.

Sandra, Ismael e Luis propuseram-se a uma prece intercessória por essa família. Torquemada uniu-se a nós e, ao observar o ambiente, falou entre os dentes:

– Apenas aviso que na próxima interferência irei deliberar a excomunhão de todos, irão padecer no inferno e não terão mais perdão.

Dizendo essas ameaças se foi, envolvido por uma névoa escura e densa. Permanecemos juntos aos companheiros unidos numa prece de amor.

Terminados os trabalhos de atendimento, alguns trabalhadores ainda permaneceram na casa espírita, em alegre conversa edificante.

– Quando atendemos a Amanda e seu esposo, consegui visualizar no final uma entidade de grande porte, com vestimentas religiosas. Ouvi, claramente, ameaça de excomunhão – contou Ismael.

– Também consegui perceber essa mesma cena. Acredito que nos vê como antagonistas em sua crença, daí a ameaça – concordou Sandra.

– Excomungar... seria exatamente o quê? – perguntou Sheila, outra colega da casa.

– Excomungar quer dizer deixar alguém fora da comunhão, de partilhar a mesma ideia religiosa; mas, em certas religiões, tem um sentido mais grave e amplo, que é a banição e condenação espiritual de um membro, ou mesmo de um grupo todo – explicou Ismael.

– Na Igreja Católica é uma das mais graves punições que um crente pode receber, o qual inclusive fica proibido de receber a comunhão, que seria a cerimônia de perdão por meio de alguns rituais. No judaísmo também acontece como punição, e recebe o nome de Chérem – completou Sandra.

– É... são os enganos de interpretação dos textos sagrados pelos homens, dando a Deus uma aparência bastante humana, inclusive a capacidade de punir e se vingar se seus filhos não seguirem regras rígidas e, não raras vezes, ilógicas. – disse Ismael.

– Essa interpretação relaciona-se também com o desenrolar da própria história da humanidade; podemos citar aqui Moisés e os dez mandamentos, o qual, diante do povo enlouquecido, precisou apresentar também um Deus punitivo, para que a lei fosse cumprida – lembrou Sandra.

– E tudo foi resumido nos mais importantes princípios cristãos, os dez mandamentos. No *Livro dos Espíritos*, livro III, As Leis Morais ou Leis Naturais, temos uma correlação do capítulo 2 ao 11, que é bastante interessante.

A conversa continuou entre esses queridos irmãos e nós nos dirigimos à casa de Paulo, avisados por Fábio de que havia uma grande discórdia entre os familiares.

CAPÍTULO X
Desavenças

833. Há no homem qualquer coisa que escape a todo constrangimento, e pela qual ele goze de uma liberdade absoluta?

– É pelo pensamento que o homem goza de uma liberdade sem limites, porque o pensamento não conhece entraves. Pode-se impedir a sua manifestação, mas não aniquilá-lo.

(*O Livro dos Espíritos* – Livro III – Capítulo X, Lei de Liberdade – Item III, Liberdade de Pensamento)

Torquemada aguardava-nos do lado de fora da residência, ladeado por um pequeno exército de servidores paramentados em vestimentas de guerra. Logo que nos avistou, notamos que se preparara para um enfrentamento violento.

Olhamos para ele e paramos nossa caminhada. Ele veio em nossa direção com fúria, seus passos eram firmes e produziam leve tremor no pavimento. Parou diante de nós, empunhando uma longa espada trabalhada com pedras preciosas e sinais religiosos.

– Ordeno que retire seu exército desse local, aqui chegamos primeiro, temos o direito sagrado de proteger nossa herança pascal. Nada nos deterá, então os aconselho a bater em retirada – sua voz ecoava longe, uma tempestade se aproximava e raios e relâmpagos cortavam o céu enegrecido por nuvens pesadas.

– Estamos junto ao Pai Maior em busca de paz, para que o amor vença todas as desavenças, para que o perdão e a caridade iluminem as mentes mais enegrecidas por sua dor latente. Nada impedirá o progresso da humanidade, a hora é chegada para aqueles que capitularem seus enganos. O irmão é convidado para a santa ceia de paz – falou Ineque.

– Vocês são muito prepotentes por acreditarem que uma fala incoerente com a mensagem de Deus irá modificar a minha crença. Sou um enviado de Deus, um representante Dele sobre a Terra. Sou sua espada fiel, que será empunhada contra os hereges. Sintam minha fúria! Ajoelhem-se diante de minha presença santificada. A Espanha deu-me a graça de ser seu inquisidor, e eu os colocarei frente à corte de justiça, serão julgados como infiéis e traidores do Cristo. Prendam os hereges! – vociferou para os esquálidos irmãos de todos nós.

Nesse instante, raios e trovoadas ecoaram acima de nossas cabeças. Trabalhadores socorristas desciam de veículos estacionados a pouca distância dali; uma energia poderosa impregnada de amor e paz formava ondas que vinham em nossa direção. Criaturas assustadas fugiam aos gritos e lamentos, o amor de Deus socorria aqueles perdidos de si mesmos.

Torquemada olhou-nos com ódio e falou num fio de voz:

– Aliados do demônio, vocês não tardam por esperar. Serão crucificados e queimados na fogueira da purificação.

Ouvimos o toque de uma corneta anunciando a retirada do exército infeliz; trôpegos e tristes afastaram-se da casa que abrigava a família de Paulo, mas o mal já alcançara corações em conflito.

Adentramos o ambiente e percebemos que a família se dividia. Amanda tentava fazer que Sérgio e Paulo entendessem a gravidade do momento que viviam, das escolhas que faziam para suas vidas.

– Se você não quer nos acompanhar, pode ir embora. Eu e meu pai já escolhemos ficar ao lado do pastor Albério, ele poderá me tornar famoso e rico. Você só reclama e nos atrapalha. Se ele souber que você ainda frequenta aquele lugar, irá nos abandonar. Eu não vou perdoá-la nunca. Vá embora, não é mais bem-vinda nesta casa.

– É isso mesmo, Amanda. Você só nos critica e não nos ajuda em nada. Está na hora de fazer uma escolha séria, se quiser ficar terá que nos apoiar em tudo o que fizermos daqui para frente. Quando foi que tivemos tanto, como agora? Já troquei até os móveis da casa, temos carro na garagem, comida da melhor, roupas de marca, e isso é só o começo. O pastor nos prometeu uma casa maior para breve, e você nem mesmo conversa com o santo homem.

– Santo homem, Sérgio? De santo aquilo não tem nada. Sinto medo dele, arrepios de pavor. E você, meu filho, por que tanta ganância? Isso nos traz desgraça. E que história é essa de vingança que você falou com esse homem? Eu ouvi a conversa.

Paulo olhou-a com raiva, avançou sobre a mãe, apertou com força seu braço e falou com ódio:

– Não abra essa boca nojenta, escutando atrás de paredes, vigiando como se fosse dona da verdade. Você não viu nada nem ouviu nada. Se atrapalhar minha vida, dou um jeito de afastá-la para sempre.

– Como? Também vai mandar me matar?

– E por que não? – respondeu o menino com um meio sorriso nos lábios. – Ou você acredita que essa história de amor filial faz alguma diferença para mim?

– Paulo! Não fale assim com sua mãe. Você está me assustando! – replicou Sérgio.

– É bom mesmo ficar assustado, assim aprende de vez quem manda aqui. E o mesmo que falei pra ela serve pra você. Bico calado que vocês ganham mais. Agora eu vou dormir e não quero mais saber dessa conversa. Se não quiserem ficar comigo, vou morar com Albério.

Paulo saiu da sala, deixando Amanda e Sérgio petrificados diante da atitude do menino.

– Amanda, o que aconteceu com nosso filho?

– Você, ao apoiar as atitudes desequilibradas desse menino, acabou de acordar a besta que estava adormecida. Agora só Deus para nos ajudar. Daqui para frente, Sérgio, as coisas serão muito piores, e eu não sei se terei coragem de passar por isso.

– Mas você podia ter cooperado com a gente. Afinal, não há nada de errado com a igreja que andamos frequentando, lá a gente ora para Deus também. Mas não, você tinha que ficar atazanando o menino, ameaçando tirar dele um futuro brilhante. Isso é inveja. Você tem inveja de seu filho.

– Olha aqui, Sérgio, nem tente inverter as coisas, ou mesmo se safar de suas irresponsabilidades e de sua ganância, ainda sou livre para manifestar minha fé da maneira que achar melhor. Sempre tememos essa fase na vida de nosso filho e estávamos de acordo na forma de conduzi-la, até o momento em que esse homem interferiu em nossas escolhas, por meio do dinheiro fácil, da vida fácil.

– Mas a gente estava passando fome.

– Não estávamos não, apenas não tínhamos facilidades financeiras e o supérfluo que tanto os atrai. Nunca passamos fome, eu trabalho duro o dia todo, limpando, cozinhando, cuidando da casa de pessoas que me respeitam muito, mas nunca passamos fome. Você também poderia estar ganhando pouco, mas o suficiente para ajudar nas nossas necessidades básicas, porém o seu orgulho não permite isso.

– Eu tenho uma profissão, não vou ser servente de pedreiro nem jardineiro, serviçal na casa alheia, submisso como você.

– Para mim essa conversa está encerrada, nada de bom mais sairá daqui. Vou pensar no que vou fazer de minha vida. Apenas tenha certeza de que não desistirei de meu filho jamais, ainda vou estender as mãos e resgatá-lo do mal. Eu o amo acima de tudo e nunca vou abandoná-lo, nem mesmo anular a minha fé diante de tanta iniquidade.

– Você é doida mesmo!

Paulo escutava a conversa dos pais atrás da porta. Percebemos que seu semblante sarcástico alterou-se diante do amor de Amanda por ele. Sua expressão emocionada trouxe-nos a esperança de que, em breve, estaria livre de seu passado pernicioso.

Amanda saiu da sala e foi para a cozinha preparar o jantar para a família. Lágrimas de tristeza caíam de seus olhos, os pensamentos tumultuados a incomodavam. Fez um esforço enorme e passou a orar pedindo ajuda ao Pai. Aos poucos, sua mente foi se acalmando e ela, em estado de êxtase, passou a entoar uma canção de amor.

Admirados diante da força desse coração, a envolvemos em doces vibrações de carinho e fortalecimento.

CAPÍTULO XI
Desejo de vingança

834. O homem é responsável pelo seu pensamento?

– Ele é responsável perante Deus. Só Deus, podendo conhecê-lo, condena-o ou absolve-o, segundo a sua justiça.

(*O Livro dos Espíritos* – Livro III – Capítulo X, Lei de Liberdade – Item III, Liberdade de Pensamento)

Anita continuava internada no hospital. Embora estivesse melhor, seu estado de saúde ainda inspirava cuidados. A menina muito pálida estava deitada na cama hospitalar com os olhos fechados, sua expressão era de dor, física e moral. Lembrava-se de tudo o que havia acontecido, cada segundo de pavor e humilhação, as risadas de escárnio e pouco caso com seus pedidos para que parassem aquela funesta ação não saíam de sua mente. Vez ou outra uma lágrima escorria de seus olhos; inerte, a menina permitia que rolasse até alcançar a fronha.

Paulo adentrou o quarto acompanhado de sua mãe, aproximou-se do leito e segurou, delicadamente, as mãos da menina. Anita, apavorada, gritou alto e, em pânico, encolheu-se entre os lençóis. Sara, que estava no banheiro, saiu correndo em socorro da filha.

– Anita, querida, o que foi?

– Desculpe, dona Sara, eu apenas encostei na mão dela – desculpou-se Paulo.

– Anita anda amedrontada, Paulo, e qualquer ação que ela não espera a assusta demais.

– Desculpe, eu apenas quis fazer um carinho.

– Está tudo bem, não é, minha filha?

Anita abriu lentamente os olhos e os fixou em Paulo, então perguntou em um fio de voz:

– Eles disseram seu nome, por quê?

Paulo arregalou os olhos e ficou sem saber o que responder. Amanda, ali ao seu lado, empalideceu, e também perguntou ao filho:

– Paulo, você sabe quem fez isso à Anita? Se sabe, meu filho, fale e nós vamos à delegacia.

– Isso mesmo, Paulo. Não precisa ter medo, eles precisam pagar por essa brutalidade que fizeram à minha filha – reforçou Sara.

– Eu não sei de nada mesmo, nem imagino porque falaram meu nome, talvez alguém que tenha ciúmes do sucesso que tenho feito e quis me atingir através de Anita – falou o menino, encenando grande surpresa.

– Pode ser isso mesmo, mas isso é parte de uma mente doentia e que ainda é capaz de fazer mal a você, Paulo. Vocês precisam ir à delegacia e denunciar o fato – falou Sara.

– Vou falar com Sérgio e vamos tomar alguma providência, essa história é assustadora – reforçou Amanda.

– Anita, você não pensa que eu possa ter algo com essa história, não é? Você sabe o quanto gosto de você.

Anita olhou para o menino, uma lágrima escorreu por seu rosto abatido, e falou baixinho:

– Você não sabe que nunca poderei ter um filho? Você é uma pessoa normal, pode ter uma família normal, então é melhor me esquecer.

Paulo empalideceu e perguntou:

– Por que você está dizendo que nunca mais vai poder ter filhos?

– Mamãe, conte a eles, eu não quero falar disso – pediu a menina, fechando os olhos.

– Anita recebeu muitas pancadas no abdômen ao ponto de romper o útero, que precisou ser tirado – respondeu Sara.

– Meu Deus! Que maldade desses monstros! – falou Amanda.

Paulo segurou a mão de Anita entre as suas e falou aos prantos:

– Eu nunca vou ficar longe de você, não me importa se não pudermos ter filhos, nós adotamos, tem um monte de crianças sem pais por aí, precisando de adoção. Eu não quero ouvir você falar disso de novo.

– Você é um menino agora e tudo é simples, mas depois você vai ter vontade de ter seus próprios filhos, e eu nunca vou poder ter um – falou Anita, chorando.

– Não interessa, eu tenho 14 anos e sei muito bem o que falo e o que eu quero. Eu amo você de verdade, se tem uma verdade na vida é isso. E eu não vou viver sem você – dizendo isso, o menino a abraçou com carinho e cuidado. E continuou: – Eu a amo, eu a amo, eu a amo.

Sara e Amanda, emocionadas, abraçaram-se chorando.

Amanda pensou:

– Senhor Deus, meu pai de amor e bondade, será através desse amor puro e verdadeiro que meu filho irá conhecer a verdade?

Saímos do prédio hospitalar em silêncio, refletindo sobre a cena que acabáramos de presenciar.

– Vinícius, será que Paulo possui sentimentos tão puros assim em relação a Anita? Ou será culpa pelo acontecimento, pois ele sabia da existência desse plano?

– Maurício, esperemos o desenrolar dessa história, não raras vezes somos surpreendidos pela ação do amor que transforma e fortalece as pessoas. No mundo nada é impossível, basta lembrar nossa origem divina, somos criaturas do bem, apenas perdidos em alguns momentos, mas o amor é o ponto máximo de nossa felicidade, e sem sabermos acabamos caminhando em sua direção.

Nesse instante, Fábio veio a nosso encontro.

– Amigos, Albério deve entrar em contato com Paulo ainda hoje. Seu capanga acaba de informar que irá pegar os meninos amanhã bem cedo, quando estiverem a caminho da escola. Eles já estão com tudo planejado.

Voltamos para ficar ao lado de Paulo, a tempo de presenciarmos o telefonema entre ele e o pastor Albério.

– O seu pedido foi atendido, menino. Amanhã passo para te pegar às seis horas da manhã. Fala para os seus velhos que irá a uma aula de canto.

– Você está falando dos idiotas que fizeram mal para a Anita?

– Isso mesmo, mas não precisava falar assim, as paredes têm ouvidos.

– Estou sozinho, quando vi seu número vim ao banheiro.

– Está certo, mas não dá bobeira. Senão estraga tudo, entendeu? Você vai ter sua vingança, depois tem que esquecer essa história, temos um futuro pela frente, não se esqueça disso.

– Combinado.

Paulo desligou o celular e, sorrindo, imaginava a cena de sua vingança, então pensou:

– Pena que não posso contar para a Anita, ela é meio careta, é até capaz de não gostar; mas, eu vou ficar satisfeito assim que acabar com aqueles desgraçados.

Aproximamo-nos do campo vibratório de Paulo e passamos a energizá-lo com fluidos de amor. Nossa intenção era apenas que pensasse nas consequências de seus atos, no comprometimento moral com aqueles espíritos ainda tão ignorantes do bem como ele mesmo. Nesse instante, Torquemada se fez presente, aproximando-se violentamente do menino; esse, imediatamente, sentiu a vibração familiar e rejeitou nossa interferência de amor.

Afastamo-nos, mas sem desistir de chegar à mente de Paulo e impedir o ato insano que o comprometeria de maneira grotesca.

Fábio lembrou-se de Anita, ainda no plano espiritual, de seu comprometimento na recuperação do espírito Paulo.

– Vinícius, sei que a menina Anita anda fragilizada com tudo que vivenciou nos últimos dias, mas acredito ser a única pessoa capaz de tocar o coração de Paulo e fazê-lo capitular sua decisão.

– Vejamos com os socorristas que a têm acompanhado na área hospitalar. Se for possível, podemos tentar uma aproximação – respondi ao amigo.

Adentramos o corredor que levava ao quarto que abrigava Anita; admirados, percebemos que a atmosfera energética do local havia se modificado de forma perniciosa. Um número razoável de espíritos ignorantes se movimentavam, tentando causar desconforto aos internados.

Chegamos ao quarto de Anita e a menina gritava de dores de cabeça. Foi então que percebemos ao seu lado um espírito deformado, que tinha extenso ferimento na área craniana. Este a abraçava em prantos, pedindo ajuda e lamentando o desatino cometido; ele havia atirado contra a própria testa com uma arma de fogo.

Fábio passou a tratá-lo com passes calmantes, enquanto amigos socorristas o auxiliavam a adormecer. Por fim foi encaminhado ao hospital no plano dos espíritos.

Anita acalmou-se, sentindo imediato bem-estar, e adormeceu, desdobrada pelo sono. Ela olhou em nossa direção, e então percebemos que podia nos ver e ouvir.

– Oh, meu Deus! Quem são vocês?

– Amigos pedindo autorização para auxiliá-la – respondi sorrindo.

– Não entendo direito o que acontece comigo, mas sei que não preciso temer nada. Sinto-me muito bem – respondeu a menina.

– Apenas ore, minha amiga, estamos aqui porque precisamos de sua ajuda para Paulo – falei com carinho.

– O que posso fazer? Estou aqui presa a essa cama – lamentou Anita.

– Apenas que exija a presença de Paulo amanhã bem cedo, aqui no hospital – sugeriu Fábio.

– Por quê? Ele pretende se vingar daqueles meninos, não é? – perguntou com carinho.

– A vingança é um dos maiores males que podemos impingir ao nosso espírito, as consequências sempre serão muito dolorosas – comentei com serenidade.

– Mas... estou dormindo, como vou me lembrar do que preciso fazer? – perguntou Anita.

– Estaremos por aqui e nos esforçaremos por intuí-la daquilo que precisa recordar – prometeu Fábio.

– Agora descanse – aconselhei com carinho.

– Só uma pergunta, por favor – pediu Anita.

– Está bem – respondeu Fábio.

– Por que aqueles meninos me agrediram daquela forma? Eu nunca os provoquei – falou Anita.

– São espíritos ainda ignorantes da bondade do Criador, ainda atraídos por prazeres intensos e desequilibrados em suas escolhas – respondeu Fábio.

– Isso eu entendo, mas será que em outra encarnação eu os ofendi de alguma forma? Minha tia fala que só vivemos o que precisamos para educar nosso espírito, será que Deus planejou isso para mim, para que eu aprenda alguma coisa? – questionou Anita.

– Minha querida criança, Deus nunca nos prepararia para fazer o mal, o mal é um desvio em nossa origem divina. O mal decorre de escolhas desvairadas, dos sentimentos contraditórios e vaidosos, originados no orgulho. E nem sempre sofremos o mal como decorrência de nosso passado, mas podemos estar nos comprometendo pela primeira vez, em determinadas circunstâncias – expliquei à menina.

– Mas... eu fui vítima nessa situação, será que em passado distante fui eu a praticar esse mal? – ainda questionou Anita.

– O que importa no que vive hoje é a maneira como irá reagir a isso; como irá conduzir esses momentos a nível emocional, com raiva ou com perdão às ofensas sofridas como nos aconselha o Mestre Jesus? Esses momentos são divisores de águas em nossas vidas; se nos forçarmos à reflexão, sem alimentar sentimentos negativos, estaremos evoluindo como espíritos eternos. São os tesouros amealhados em nossas vidas – respondi com lágrimas nos olhos.

– É muito difícil pensar nesses meninos sem sentir raiva, meu coração aperta e dói, sinto faltar o ar, parece que vou morrer; nesses momentos, preciso fazer uma força muito grande para mudar meus pensamentos, pois se me alimento dessas ideias sinto enorme prazer em pensar na vingança; já pensei até mesmo em incentivar Paulo na revanche maldosa – confessou Anita, que continuou – não me sinto mais como uma adolescente, cheia de sonhos e esperanças, sinto-me velha e sem ilusões, eles acabaram com meus sonhos.

Aproximei-me da menina e a abracei com carinho, falando pausadamente:

– Tudo é muito recente, você sofreu grave violência, mas sobreviveu; aí sim, acredito em compromisso reencarnatório, o bom compromisso, que visa transformar dor em força e aprendizado saudável. Dependendo da maneira como conduzir a sua dor, será exemplo de bondade e firmeza a ser admirado e seguido por muitos, inclusive modificando o comportamento desequilibrado de muitos que convivem com você – comentei amoroso.

– Você está se referindo a Paulo? E como Deus pôde permitir que alguém planejasse algo tão terrível, eu não entendo isso – questionou Anita.

– Também a ele, que precisa escolher como será a vida daqui para frente, e que sofre tentações intensas nos últimos tempos, e você poderá fazer diferença no resultado disso tudo. E lembre-se em seus questionamentos da lição magnífica de Jesus: "Ai do mundo por causa dos escândalos; porque é mister que venham os escândalos; mas ai daquele homem por quem o escândalo vem!" (Jesus, no Evangelho Segundo Mateus, capítulo 18, versículo 7). Lembre-se de que todas as ações e pensamentos se originam de nosso querer, portanto desfrutamos do livre-arbítrio, instrumento de nosso crescimento – expliquei para Anita.

– É muita responsabilidade para mim – reclamou com os olhos marejados de lágrimas.

– Ninguém recebe responsabilidades acima de sua capacidade – enfatizei sorrindo.

Ela olhou-me nos olhos e pediu:

– Posso descansar um pouco? Estou muito cansada.

Fábio e eu passamos a energizá-la com carinho. Anita adormeceu e continuamos ali junto à menina, introspectivos e pensativos, buscando respostas e soluções que pudessem auxiliar esses amigos amados.

CAPÍTULO XII
Dragões do Cristo

835. A liberdade de consciência é uma consequência da liberdade de pensar?

– *A consciência é um pensamento íntimo, que pertence ao homem como todos os outros pensamentos.*

(*O Livro dos Espíritos* – Livro III – Capítulo X, Lei de Liberdade – Item IV, Liberdade de Consciência)

Albério recebeu a visita de um de seus congregados, um crente de nome João.

– Boa noite, pastor. Desculpe ter insistido para que me recebesse, mas preciso muito de um conselho do senhor – falou João.

– O que posso fazer pelo senhor?

– Eu estou bem, mas o que me preocupa é minha filha de 17 anos, ela anda namorando um sujeito de outra fé, de quem não gosto nada. Ele fica falando sobre livre-arbítrio e que cada um tem o direito de frequentar a religião que quer. A menina anda meio esquisita, arredia e vive ameaçando ir embora, eu e minha esposa não sabemos mais o que fazer.

– Você tem que ser firme com sua família, o marido é quem decide o destino de todos. Traga ela até aqui, vou dar um jeito nessa rebeldia. E como vai seu comércio?

– Vai bem, pastor, graças a Jesus estamos em franco progresso.

– Para incentivar a ajuda de Jesus, faça um agrado a ele, faça uma contribuição extra, algo simbólico.

– Já vim pensando nisso, pastor. Fiz um cheque, aqui está. Não é muito mas é de coração, que esse dinheiro sirva para nossa causa.

– Dez mil reais? Está bom, Jesus se regozija com seu presente, construiremos mais e mais templos para divulgar a palavra dele. Traga a menina amanhã, lá pelas onze horas.

O senhor retirou-se e Albério sorriu e beijou o cheque em suas mãos, pensando alegre:

"Mais umas meninas desobedientes assim e logo compro outra casa de veraneio sem botar a mão no dinheiro guardado. Acho que estou lembrando da jovenzinha, será um prazer pôr umas ideias naquela cabecinha, ela é muito atraente." – pensava o meliante, já imaginando o que poderia desfrutar nesse convívio infeliz.

Cristiano, companheiro espiritual de Albério, aproximou-se de nós e, triste, comentou:

– A cada dia ele se afasta mais e mais do bom caminho. Já não consigo penetrar seu campo energético ou intuí-lo em nada. A cada tentativa que faço, encontro uma barreira densa alimentada por ele e fortalecida por Torquemada.

– Não desista, meu amigo, muitas vezes somos surpreendidos em como as coisas acabam acontecendo da maneira correta.

– Sabia ser uma causa difícil e aceitei acompanhar Albério, é antigo companheiro de aventuras desequilibradas. Graças a Deus, consegui enxergar o caminho doloroso que trilhava, agora preciso auxiliar o amigo a enxergar além dos prazeres mundanos.

– Persistência e alegria no trabalho cristão de socorro são imprescindíveis, isso nos mantém alertas e prontos a aproveitar oportunidades que não conseguiríamos enxergar na depressão da dor – falei, olhando os tristes olhos de Cristiano.

– Sei disso, amigo Vinícius, esse é apenas um momento de introspecção que, com certeza, não vencerá o otimismo daquele que acredita no Pai.

Continuamos a conversa saudável, quando Maurício veio a nossa procura.

– Boa tarde, amigos. Ineque pediu que os avisasse sobre uma excursão à comunidade Origem de Fogo.

– Torquemada permitiu nossa entrada? – perguntei.

– Não, iremos anônimos e invisíveis, parece que há intensa movimentação de espíritos preparados para agir junto a nossos adolescentes, sendo enviados a algumas comunidades juvenis, como escolas, clubes, locais públicos etc. – respondeu Maurício.

– Sabemos qual a finalidade dessa movimentação? – perguntou Fábio.

– Incentivar a ligação mental com Paulo, que fará um grande *show* beneficente, no qual está sendo considerado o lançamento dele como condutor da massa jovem. E também grupos de trabalhadores ligados a comunidades de incentivo ao consumo de drogas – informou Maurício.

– Deus Pai, nos fortaleça e ampare nesse trabalho – falei emocionado.

Encontramo-nos com Ineque e Mauro num Posto de Socorro perto da nova localização da comunidade Origem de Fogo.

– Há alguns anos, assim que Torquemada assumiu o comando da cidade Caos Profundo, instalou junto a Origem de Fogo um prédio destinado à formação intelectual dos membros de sua comunidade reencarnacionista. Em uma das atividades ali desenvolvidas, a matéria sobre hipnose, eles têm conseguido excelentes resultados com seus alunos. Isso acabou por chamar a atenção de outros comandantes umbralinos, que encaminham alguns de seus membros para adquirirem conhecimentos sobre essa prática. Iremos observar essa atividade, sem interferir em nada, apenas observar – explicou Ineque.

Adiantamo-nos pela íngreme estrada, localizada entre dois morros. O chão era arenoso, entremeado por grandes pedras, e o caminho nos levava até perto do mar. Podíamos ouvir o barulho que faziam as ondas sobre as rochas; o sibilar do vento entre as pedras parecia mais um lamento triste.

Uma tempestade aproximava-se pelo mar; de quando em quando o céu era iluminado por clarões azulados, e logo o ribombar de um trovão podia ser ouvido a distância. Ao observar a manifestação da beleza da natureza diante de nós, senti-me forte e feliz, pois sabia estar tudo certo; o auxílio proposto por nosso Pai Amado estava a caminho.

Estávamos próximos à entrada da cidade Caos Profundo. Espíritos iam e vinham numa constante movimentação; percebemos que havia ali uma ansiedade frenética, como se estivessem esperando o acontecimento de algo muito importante.

Adentramos a cidade, o povo estava todo na rua, um burburinho era ouvido a cada esquina; então, ouvimos o toque de uma sirene, e os moradores do local dirigiram-se para a grande praça central.

Ouvimos o tropel de animais que se aproximavam, e ficamos atentos; logo avistamos uma grande matilha de lobos enormes que vinham em disparada, entraram na praça e foram dispostos em círculo em volta da multidão. Em seguida, Torquemada e seu cortejo adentraram o espaço público. Sentado em trono móvel, o líder foi acomodado em um palanque. A multidão urrava, pulava e ouviam-se lamentos e gritos de medo ecoando pelo espaço.

Na sequência, um grupo de comandantes, cada qual sentado em seu trono, adentrava a praça. Uns eram acomodados ora à direita de Torquemada, ora à esquerda. Contamos nove Dragões do Cristo, maneira como eram ovacionados pela turba enlouquecida.

Acomodados os comandantes, um cerimonialista subiu ao palanque e, levantando as mãos, pediu silêncio à plateia.

– Agora iremos ouvir nosso mestre, nosso senhor abençoado pelo próprio Deus: nosso papa Torquemada.

Pomposo, Torquemada levantou-se do estranho trono e, dirigindo-se à multidão, falou com voz firme e sonora, mas que nos soava triste e insegura diante da grandeza do Pai:

– Com as bênçãos de Deus estamos aqui reunidos para direcionar nossos esforços conjuntos em benefício de uma causa única e imutável como o próprio Deus. Seguindo suas regras para a nossa sociedade humana: quem com ferro ferir com ferro será ferido.

E continuou:

– Convidei os senhores comandantes para que formemos uma Liga em benefício de uma causa comum, que denominamos de Dragões do Cristo, um pacto que nos fará mais fortes e mais invasivos, com condições de defender a liberdade dos enviados de Deus. Estão aqui, caros senhores da fé: Fernando, Guilhermo, Inocencio, Roberto, Miguel, Juan, Isabel, João e Henrique, para juntar-se a mim, e declararmos guerra aos ímpios e hereges que desejam nos expulsar de nossa casa. Hoje, vocês conhecerão nossas instalações educacionais e preparatórias para os guerreiros da fé; nossos exércitos se unirão e não permitiremos o roubo de nossos direitos e o desrespeito a nossa dignidade. Juntos, todos nós construiremos o edifício da Santa Sé, que será o símbolo de nossa união e de nossa força. Faremos dele um local sagrado, onde sempre nos reuniremos para vencer os inimigos da nossa Santa Sé dos Dragões do Cristo.

E concluiu:

– Levantem-se e juntem-se a mim, nos tornaremos um só, e nossas mentes trabalharão em uníssono, sem interferência daqueles que querem derrubar nosso poder divino.

A um sinal do líder infeliz, os oito comandantes da dor levantaram-se e uniram as mãos erguidas a um céu impregnado de miasmas e formas de pensamentos desequilibrados e doentios.

Os nove infelizes ergueram os olhos a sua cúpula de horror e gritaram, levando a multidão a um êxtase terrível.

– Dragões do Cristo, unidos em nome do Cordeiro de Deus!

Repetiam e repetiam essas palavras, de modo que a psicosfera do lugar foi se transformando a ponto de construir, em volta daquela praça, um edifício que mais se assemelhava a um monumento à dor e à demência.

Observamos, atônitos, esse acontecimento. Nossos corações, pesados pela tristeza de reconhecer nesses irmãos a mais terrível ignorância, aquela que se perpetua por meio da crença errônea dos valores morais cristãos.

Ineque tocou-me de leve o ombro, e vi nos olhos de meu amigo a mesma emoção que me tocava a mente. Maurício e

Fábio aproximaram-se e nos abraçamos com carinho. Ineque falou-nos com mansidão e com serenidade:

– Contenhamos a nossa vontade de auxiliar, ainda não chegou a hora. Apenas olhemos para todos os irmãos que habitam esse abençoado pedaço de aprendizado, com carinho e serenidade, visualizando o futuro desse espaço divino.

Voltamos à casa espírita que sempre nos acolhia com tanto amor, silenciosos e introspectivos. Nossos companheiros de labor socorrista nos receberam também em silêncio, respeitando nossa necessidade de reflexão.

CAPÍTULO XIII
Pressentimentos

836. O homem tem o direito de opor entraves à liberdade de consciência?

– Não mais do que à liberdade de pensar, porque somente a Deus pertence o direito de julgar a consciência. Se o homem regula pelas suas leis as relações de homem para homem, Deus, por suas leis naturais, regula as relações do homem com Deus.

(*O Livro dos Espíritos* – Livro III – Capítulo X, Lei de Liberdade – Item IV, Liberdade de Consciência)

Silenciosos, permanecemos por um bom tempo, apenas desfrutando a paz daquela casa abençoada. Fábio olhou-nos com carinho e falou:

– Mesmo diante das informações esperançosas que recebemos dia a dia, vivenciando experiências maravilhosas no mundo dos espíritos, amparados pela Doutrina de Amor de nosso Mestre Jesus, permitimo-nos ser envolvidos pela tristeza e até mesmo por certa depressão diante do que observamos. Questiono a mim mesmo: quando será o momento de minha mente entender com clareza que os caminhos do Pai estão corretos e que somente nós mesmos podemos definir o momento de expurgar dores desnecessárias através da compreensão de nossa origem divina?

– A história da humanidade já nos provou a necessidade de vivenciar momentos dolorosos para, realmente, necessitarmos da transformação do pensamento. O que observamos são ações ainda originadas em uma época amarga e dolorosa, na compreensão deturpada das palavras de nosso amado Jesus, mas que teve sua origem no orgulho e na vaidade de muitos que se recusaram e ainda se recusam a entender o valor do perdão e do amor; e ainda, se comprazem com o sofrimento que enlouquece para sentir-se como o condutor de uma massa disforme e infeliz – falou Ineque.

– Torquemada, em seu discurso desarvorado, citou alguns nomes, como sendo os dos outros comandantes, ou dragões, como se refere aos companheiros. Serão personagens da famigerada época da Inquisição ainda presos a conceitos errôneos sobre a vida? – perguntei aos amigos.

– Ele citou oito nomes: Frederico Guilhermo, Inocencio, Roberto, Miguel, Juan, Isabel, João e Henrique, e ele mesmo, Torquemada, que seria o nono dragão. Reconheço alguns nomes citados na história da Inquisição espanhola, romana e italiana – lembrou Fábio.

– E de onde virá a ideia de nomear esse grupo de Dragões do Cristo? – questionou Maurício.

– Em algumas passagens do Velho e do Novo Testamento, o dragão é citado como se fosse o próprio Satanás, como aquele que se refere ao nascimento de Jesus: "Viu-se grande sinal no céu, a saber, uma mulher vestida de sol com a lua debaixo dos pés e uma coroa de doze estrelas na cabeça, que, achando-se grávida, grita com as dores de parto, sofrendo tormentos para dar à luz. Viu-se, também, outro sinal no céu, e eis um dragão, grande, vermelho, com sete cabeças, dez chifres e, nas cabeças, sete diademas. A sua cauda arrastava a terça parte das estrelas do céu, as quais lançou para a terra; e o dragão se deteve em frente da mulher que estava para dar à luz, a fim de lhe devorar o filho quando nascesse. Nasceu-lhe, pois, um filho varão, que há de reger todas as nações com cetro de ferro. E o seu filho foi arrebatado para Deus até o seu trono". (Apocalipse 12.1-5) – narrou Ineque.

– Mas... qual a relação entre esses espíritos, que se comparam ao próprio demônio citado na Bíblia, Jesus e a sua causa? – questionou Maurício.

– Provavelmente, deve-se à interpretação desequilibrada dos fatos narrados nos testamentos, e afinal a própria sequência dos acontecimentos que deram origem à Inquisição são a prova disso – concluiu Fábio.

– Desculpem a minha insistência, mas ainda não consigo entender a relação feita por esses espíritos, afinal quando falamos do assunto compreendemos também a união deles em favor do Cristo – reafirmou Maurício.

– A história da humanidade está repleta de acontecimentos desse tipo, podemos citar aqui as chamadas guerras santas; no Catolicismo podemos encontrar as Cruzadas, no islamismo encontramos *jihad*, que quer dizer luta – comentou Ineque.

– As guerras santas sempre se originam das diferenças religiosas entre nações, ou mesmo dentro da mesma nação, ao manifestar várias formas de promessa à mesma filosofia religiosa. Sobretudo se origina da intolerância e do desrespeito às diferenças sociais entre membros dessas sociedades, que acabam por entrar em conflito dando início às guerras, uma forma equivocada de divulgar essas ideias através da força bruta e da violência. Sabemos que as guerras santas se originaram na Antiguidade diante do conceito novo do Deus único, e na

Idade Média surgiu a ideia de que aquele que defendesse suas crenças através do aniquilamento dos seus oponentes, ou inimigos, ganharia uma bênção especial de Deus, teria direito ao caminho celeste, eliminando assim os hereges. A história mostra que se trata de recursos extremistas utilizados pelas religiões para defender e proteger dogmas ou lugares considerados sagrados – explicou Fábio.

– Inclusive o símbolo desse movimento na Igreja Católica era a cruz, aludindo à crucificação de Jesus, e grandes expedições foram idealizadas para divulgar a religião católica pelo mundo; quando não era conseguido esse feito pacificamente, recorriam-se às sangrentas batalhas – são as Cruzadas, momento da história em que milhares de pessoas foram mortas em nome de Deus – completei a fala do meu amigo.

– Aqui no submundo espiritual, onde nessas épocas de trevas encontramos espíritos desencarnados e ainda crentes na maneira de conduzir esse entendimento distorcido, não me surpreendo com o nome escolhido para designar esse grupo. Acredito mesmo que, no entendimento dos mesmos, no julgamento histórico da humanidade sobre essa época, sejam seres injustiçados e incompreendidos em seus propósitos, daí a escolha pelo nome Dragões do Cristo – sugeriu Fábio.

– Seria como defender o entendimento que possuem diante do assunto, julgados como verdadeiros demônios pela história, e que hoje estão tentando provar a sua razão? – perguntou Maurício.

– É meio confuso, mas acredito ser isso mesmo, são nossos conflitos se manifestando em nossas ações – opinou Ineque.

– Precisamos ir ao hospital logo que o dia amanhecer, Paulo irá visitar Anita. Depois da visita, Albério irá buscá-lo para ver o assassinato dos meninos – falou Ineque.

– Temos ainda algumas horas antes disso, acredito que seria prudente ficarmos de vigília junto a Anita e tentarmos uma aproximação de Paulo durante o desdobramento pelo sono – sugeriu Fábio.

– Vinícius, você poderia acompanhar a menina Anita? Enquanto isso, Fábio e eu estaremos junto a Paulo. Cristiano também estará por lá e nos auxiliará nessa empreitada – propôs Ineque.

Maurício e eu adentramos o quarto ocupado por Anita; sua mãe dormia ao seu lado. A menina permanecia atenta ao mundo dos espíritos. Assim que nos viu, sorriu mais tranquila. Estava tudo bem, o ambiente impregnado de energias salutares beneficiava a cura do corpo material da jovem. Ficamos em prece, pedindo ao Pai Amado que nos iluminasse a mente para que, no dia que se iniciava, pudéssemos realizar o bem.

Na casa de Paulo, Ineque e Fábio encontraram um ambiente bem diferente, várias entidades se compraziam com o padrão de afinidade com os encarnados. Apenas Amanda destoava daquele local. Tentamos várias vezes aproximação com o campo energético do jovem, mas nada conseguimos; sua sintonia vibratória estava voltada ao seu grupo de afinidade moral. Torquemada se fez presente no ambiente, apenas olhou-nos com sarcasmo e aproximou-se de Paulo, sussurrando em seu ouvido:

– Não se afobe, apenas aproveite esses momentos tão esperados, estarei junto a você, meu filho. Permitirei que sinta o prazer da vingança, sentirá tamanha força a dominá-lo que nunca mais sentirá insegurança. Será forte e poderoso! Forte e poderoso! Forte e poderoso! Forte e poderoso!

A triste figura começou a se transformar conforme repetia incessantemente as palavras hipnóticas. Ao final de alguns poucos minutos assemelhava-se a um réptil que se arrastava sinuoso pelo chão. Apenas oramos em benefício desses irmãos em desequilíbrio e dor.

Amanhecia. O dia estava quente, o ar pesado e abafado, nem uma leve brisa aliviava o calor abrasador. Já nas primeiras horas da manhã, as pessoas pareciam cansadas e tristes. Ao longe era possível ouvir o som de trovões; olhamos ao norte da cidade e percebemos nuvens carregadas que prenunciavam tempestade.

Nesse instante, Albério estacionou o carro em frente à casa de Paulo e, com pressa, apertou a buzina do carro; no mesmo instante, Paulo levantou-se, rapidamente, da cadeira onde estava sentado, olhou para os pais e disse:

– Esqueci de avisar a vocês, o pastor veio me buscar, vou com ele a um professor de canto que irá me ajudar a melhorar minha afinação nos tons mais agudos.

– Mas... e a escola? – perguntou Amanda.

– Depois eu converso com os professores, eles sabem de meus problemas profissionais e me ajudam. Tchau! – respondeu Paulo.

– Espere um pouco, só vou trocar o sapato e eu vou com vocês – falou Amanda, sentindo forte mal-estar.

– Nem pensar, o pastor não gosta de você, com suas histórias de Espiritismo. Não vou deixar que estrague minha vida. Fica aí lavando louça, afinal é para isso que você serve mesmo – Paulo respondeu com maus modos.

– Paulo, isso é maneira de falar com sua mãe? – repreendeu Sérgio, levantando-se da cadeira.

– Qual é? Vai bancar o marido fiel agora? Como se eu não soubesse de suas tramoias – falou o menino, já saindo da cozinha e rindo alto.

Amanda olhou para Sérgio e perguntou:

– O que ele quis dizer com isso?

– Sei lá, esse menino está ficando cada dia mais insolente.

– Você toma jeito, hein? Não vou tolerar ser desrespeitada dentro de minha casa. E o Paulo está assim, principalmente, pela falta de limites, e você o apoia em tudo o que ele anda fazendo. E eu não sinto nada de bom nessas coisas que andam acontecendo.

– Lá vem você de novo. O pastor só tem nos ajudado a melhorar de vida, isso sim, e poderia ser melhor se você cooperasse com a gente. E ainda por cima vem me ameaçar? Quem tá na corda bamba é você! – respondeu Sérgio, saindo da cozinha.

Amanda fechou os olhos e grossas lágrimas escorreram por seu rosto. Angustiada, pensou:

– Meu Deus, o posso fazer mais? Ninguém me dá atenção, parecem cegos diante do mal que se aproxima de nossa casa. Só posso orar e pedir ajuda. Por favor, amigos, me intuam do que posso fazer por meu filho.

Ineque se aproximou, carinhosamente, da mãe aflita e com mansidão falou:

– Querida amiga, sossegue seu coração! Momentos difíceis se aproximam para serem vivenciados com esperança e fé; fé, principalmente, na capacidade que tem de amar e perdoar. Não esmoreça, não se deixe abater, apenas acredite que o futuro será sempre melhor do que o dia de hoje. Siga sua intuição, apenas isso.

No mesmo instante, Amanda pega a bolsa sobre a mesa e corre para a garagem, entra no carro a tempo de ver o veículo de Albério virando a esquina. Amanda segue-os de longe, mas o motorista do pastor, acostumado a ficar atento a isso, logo percebe a mãe de Paulo.

– Pastor, a mãe do menino tá seguindo a gente, o que faço?

– O de sempre, homem, dá uma perdida nessa abelhuda! – e olhando fixo para Paulo, continua: – Vê se dá um jeito na sua velha, senão dou eu.

Em poucos minutos, eles conseguem despistar Amanda, que, inconsolável, chora; ela sabe que algo de muito grave está para acontecer.

Anita sentiu um calafrio e disse aflita:

– Preciso falar com Paulo.

Imediatamente, pede a sua mãe que ligue no telefone celular do menino.

– Oi, Anita! Você está bem?

– Estou sim, onde você está?

– Indo para a escola, por quê?

– Você não está indo para a escola. Eu sei disso, ninguém precisa me dizer, eu sei. Não faça nada de errado, por favor.

– Do que você está falando? Tem alguém com você aí?

– Você sabe do que eu estou falando, de vingança.

– Você deve estar delirando e não está bem, chame sua mãe.

Anita entregou o telefone para a mãe.

– O que foi Paulo, por que Anita está tão ansiosa?

– Não sei, dona Sara. Disse a ela que estou a caminho da escola, mas antes vamos a uma aula de canto, preciso treinar alguns sons que não sei trabalhar, e ela ficou dizendo que não é verdade. Ela está bem?

– Está sim, Paulo! Fica sossegado, vou conversar com ela.

Desligaram o telefone, e Sara voltou-se para a filha.

– Anita, o que está acontecendo?

– Não sei, mãe; mas, tenho certeza de que Paulo foi atrás daqueles meninos que me maltrataram. Não sei como, mas eu tenho certeza. Liga para a dona Amanda, por favor.

– Anita, eu não vou preocupar Amanda só porque você teve essa ideia, minha filha.

– Por favor, mãe, liga para ela e só pergunte se está tudo bem.

Sara olhou para os olhos angustiados da menina e resolveu falar com Amanda.

– Oi, Amanda! Está tudo bem?

– Eu estou bem sim, e Anita, como está?

– Ela está um pouco preocupada com Paulo, como ele está?

Amanda se calou por alguns segundos e falou:

– Ele saiu com aquele pastor, dizendo que ia fazer uma aula de canto, tentei segui-lo, mas acabei perdendo-os de vista.

– Você fez o quê?

– Não sei, Sara. Eu tive um pressentimento ruim e acabei saindo atrás deles, mas os perdi.

– E o Sérgio?

– Ah! Aquele lá está deslumbrado pelo dinheiro e pelo sucesso do filho, nada do que acontece o acorda para a realidade.

– Eu vou ficar por aqui o dia todo, se precisar de ajuda me ligue. Você vai trabalhar hoje?

– Vou sim, estou indo para a casa da dona Inês nesse momento, devo terminar meu trabalho lá pelas dezessete horas, então passo aí e conversamos mais.

– Vou rezar por todos.

– Obrigada, Sara. Até mais tarde.

Anita olhava a mãe com ansiedade.

– Não se preocupe, ele foi mesmo na aula de canto.

– Mas você falou algo estranho, o que foi, mãe?

– Não foi nada, a Amanda estava distraída e pegou o caminho errado para o trabalho, só isso.

– Tem certeza, mãe?

– Fique sossegada, minha filha, você precisa se concentrar em melhorar, está bem?

Anita olhou para a mãe e, apesar das explicações recebidas, pressentia que algo de muito ruim estava para acontecer.

CAPÍTULO XIV
Violência desmedida

837. Qual é o resultado dos entraves à liberdade de consciência?

– Constranger os homens a agir de maneira diversa ao seu modo de pensar, o que os tornará hipócritas. A liberdade de consciência é uma das características da verdadeira civilização e do progresso.

(*O Livro dos Espíritos* – Livro III – Capítulo X, Lei de Liberdade – Item IV, Liberdade de Consciência)

Paulo estava eufórico, não via a hora de chegar ao local escolhido por Albério e consumar a sua vingança contra os colegas de escola.

– Vai demorar muito? – perguntou ansioso.

– Calma, garoto! Precisei escolher um lugar retirado, longe de qualquer ser vivo. Então demora para chegar, mas logo, logo, você vai ter sua vingança.

Os olhos do garoto brilhavam diante da ideia que o dominava. Torcia as mãos e ria alto, olhando de um lado para outro.

– Isso mesmo, garoto. Curta o momento, porque depois vão ser só lembranças – falou Albério, também rindo alto.

Chegaram à entrada de uma fazenda abandonada. O motorista saiu do carro, abriu uma porteira caindo aos pedaços, voltou ao veículo, entrou e deu partida. Quando ia saindo, Paulo o antecedeu e falou:

– Deixa que eu fecho, assim vamos mais rápido.

Nós os acompanhávamos, tentando entrar em sintonia vibratória com o menino, porém esse se fechava a qualquer coisa que pudesse interferir aos seus propósitos. Tristes, vimos o carro estacionar junto a um velho celeiro.

– O que é aqui?

– Um antigo crente doou essas terras para a igreja. Como fica perto da cidade, estamos esperando valorizar para lotear, assim ganhamos mais. Até lá serve para alguns propósitos, como o de hoje.

– Eles estão aí?

– Estão, entre e faça do jeito que quiser, mas antes vista esse macacão. Essas coisas fazem muita sujeira – sugeriu Albério, rindo com desfaçatez.

Paulo entrou no celeiro e logo avistou Santos sentado, calmo, em um canto e os três meninos amarrados e suspensos pelas mãos, presos a uma viga do teto, amordaçados. Assim que o viram, tentaram falar. Paulo se aproximou, olhou para eles com ódio e disse:

– Eu mandei ficarem quietos e vocês aprontaram o que aprontaram, agora vão pagar pelo estrago que fizeram com minha namorada.

Santos levantou-se devagar e se uniu a Albério e ao motorista, que se aproximaram segurando alguns pedaços de madeira. Albério estendeu um para Paulo que, se divertindo, falou:

– Vamos brincar de pinhata, garoto?

Consternados, acompanhamos a cena de violência desmedida, em pouco tempo havia apenas três corpos mutilados e ensanguentados. Uma equipe de socorristas presente no local ainda tentou auxiliar os meninos vitimados pela fúria dos quatro homens; porém, apavorados e comprometidos moralmente, saíram em desabalada carreira, fugindo daquele lugar.

Paulo, Albério e o motorista, exaustos, deixaram-se cair sentados no chão. Com os olhos vidrados e os sentimentos de fúria ainda a dominá-los, pareciam monstros, tamanha deformação se apresentava em seu perispírito.

Paulo levantou-se do chão e, sem demonstrar qualquer arrependimento ou culpa, perguntou:

– E agora, o que fazemos com esse lixo?

– Ele vai cuidar de tudo. Tira esse macacão e vai se lavar lá atrás, tem uma bica de água. Lava bem, porque cheiro de morto é triste. Santos, você e o motorista dão um jeito nisso, de modo que não haja nada que possa nos comprometer.

Paulo seguiu as ordens de Albério, voltou a vestir suas roupas, entrou no carro e adormeceu imediatamente.

Torquemada o esperava. Satisfeito abraçou-o e o encaminhou à Origem de Fogo.

Albério juntou-se a eles em pouco tempo, e os três infelizes ficaram discutindo o acontecimento terrível que protagonizaram, acreditando ser um grande feito.

Após alguns minutos, Torquemada alertou-o sobre a necessidade de voltar ao corpo material.

– Você hoje cumpriu a sua função no mundo, em nome de Deus castigou o mal e já estamos atrás deles, serão seus escravos. Agora precisa voltar.

O motorista voltou ao carro, novamente vestido com seu uniforme, entrou e falou:

– Tudo limpo, patrão. Ateei fogo no lixo, como diz o garoto, e também nas roupas. Ninguém vai descobrir o que aconteceu aqui. Santos já foi embora, mandou lembrar do trato, ele quer a escritura da casa em suas mãos.

Paulo, ainda adormecido, não pôde notar o olhar de Albério sobre ele. Percebemos naquele momento que o menino acabara de se tornar escravo do pastor.

A violência é algo terrível para quem a pratica, transforma a própria identidade daquele que violenta a sua própria origem. Sabíamos que depois do acontecido não teríamos mais como modificar a dor causada, que se desdobraria em consequências terríveis. A psicosfera que envolvia cada um daqueles homens dementados estava se transformando, se adaptando a uma nova ordem psicológica. O pouco que ainda restava a Paulo de inocência e bondade latente, nesse momento, estava soterrado sob miasmas perniciosos, que o alimentavam em terríveis padrões mentais.

Sua mente acordou lembranças de um passado tenebroso, via-se como combatente em guerras santas, atravessando corpos com sua lança, como torturador infringindo dores inenarráveis a outras criaturas, como o carrasco ateando fogo a corpos vivos, ou soltando a lâmina de guilhotinas, ceifando vidas.

Observamos seu corpo reagindo favoravelmente a esses estímulos terríveis, chegando a um terrível orgasmo. Assustado, abriu os olhos e encontrou Albério fitando-o.

– Hoje você tornou-se um homem de verdade, agora é só aproveitar.

Paulo sorriu, estendeu a mão direita a Albério e falou com firmeza:

– De hoje em diante, você será meu mentor.

Albério riu alto, dando ordens ao motorista:

– Vamos, o menino precisa ir para a escola.

Amanda estava limpando a cozinha da casa onde trabalhava quando sentiu um terrível mal-estar. Sentou-se na cadeira, colocou o rosto entre os braços e respirou fundo.

– Amanda, você está bem? – Perguntou Inês.

– Nossa, dona Inês, estou me sentindo muito mal. É como se alguém estivesse apertando minha cabeça e meu estômago com muita força.

Inês, trabalhadora da casa espírita Caminheiros de Jesus, olhou a sua volta e vislumbrou uma entidade de aparência truculenta e que vibrava em baixa sintonia.

– Vamos orar, minha amiga, vamos orar. Um irmão perdido de sua própria origem tenta nos afligir com pensamentos ruins. Ofertemos a ele o melhor de nossos corações.

Dizendo isso, Inês abraçou Amanda com carinho e ambas passaram a orar o Pai-Nosso. Torquemada avançou violentamente sobre as duas mulheres, mas foi contido pela doce energia que as envolvia. Tornamo-nos visíveis a ele.

– O que querem? Já não provei que os domino?

– Para nós você não precisa provar nada, apenas exigimos que respeite o livre-arbítrio daqueles que professam a fé verdadeira, aquela que está assentada no amor e no perdão, tão bem exemplificados pelo Mestre Jesus – falei com calma.

– Eu represento Deus na Terra, a mim vocês devem obediência e respeito, e aquele que me afrontar com ideias erradas sobre o valor de meu reinado sobre os homens será punido pelo fogo purificador.

Torquemada olhava-nos enlouquecido. Juntando as mãos, condensou densa carga energética, que se assemelhava a uma bola de fogo, e a lançou em nossa direção. Uma equipe de amigos socorristas juntou-se a nós e conseguimos transformá-la em doces vibrações de amor. O pretenso adversário, aturdido pelo bem-estar recebido, observou-nos por baixo dos cílios e foi se rastejando pela vida.

Voltamos a nos reunir na casa espírita que nos acolhia com tanto amor.

– Vinícius, ainda me questiono, como um espírito com tanto conhecimento teórico consegue distorcer os valores morais a ponto de entrar nesse triste processo de demência? – perguntou Maurício.

– O conhecimento, meu amigo, é apenas a teoria na qual deve estar fundamentada a compreensão ética de nossos atos, mas enquanto presos ao orgulho daquilo que acreditamos ser, enquanto a vaidade for o norte que orienta nossas escolhas básicas, não estaremos transformando conhecimento em atitudes moralizadoras. Seremos apenas repositórios de informação – respondi ao amigo.

– Além do mais, mistificar os ensinamentos do Cristo, transformar os seus exemplos de amor e perdão em instrumentos de dor e sofrimento, vai além do nosso compreender – enfatizou o amigo.

– Ah! Se apenas aceitássemos a nossa condição inferior, cientes da necessidade de aprender e modificar as nossas atitudes, perceberíamos que é sempre mais fácil ver a trave nos olhos dos outros – falou Ineque, sorrindo.

Maurício nos olhou e sorriu, dizendo-nos, bem-humorado:

– Já entendi o recado, mais uma vez obrigado pelo alerta. Sei que não podemos julgar o outro, pois entendemos tão pouco ainda da própria vida, da visão que temos de nossos deveres e direitos; mas, perdoem esse amigo, pois os fatos presenciados acabaram por acordar o meu lado trevoso.

Abraçamos o jovem e Ana, que acabara de se juntar a nosso grupo e nos convidou para a prece do final da tarde.

CAPÍTULO XV
Paciência e tolerância

838. Toda crença é respeitável, ainda mesmo quando notoriamente falsa?

– *Toda crença é respeitável quando é sincera e conduz à prática do bem. As crenças reprováveis são as que conduzem ao mal.*

(*O Livro dos Espíritos* – Livro III – Capítulo X, Lei de Liberdade – Item IV, Liberdade de Consciência)

Albério deixou Paulo na escola, depois de conversar com a diretora e explicar a seu modo o atraso do menino. Então, voltou à sede do templo evangélico, pois havia lembrado de seu compromisso com João e sua filha.

– Desculpe o atraso, João, mas precisei resolver alguns problemas bastante sérios. E essa menina bonita é sua filha? Como ela se chama?

– Essa é Kelen, minha filha mais nova, que anda aprontando umas boas por aí.

Enquanto João falava, a menina passou a encarar o pastor com cinismo, que percebeu e, malicioso, falou:

– Se o senhor confia em mim, poderia retirar-se por uns instantes? Gostaria de conversar com ela sozinho.

– Claro que confio, pastor. Que Deus o oriente para ajudar essa menina.

João saiu e Albério, mais que depressa, trancou a porta da sala; olhando para Kelen, perguntou:

– Como nós vamos acertar isso?

Ela olhou para ele e, sorrindo, deu a volta por ele e, com um olhar malicioso e sensual, falou:

– Se me arranjar umas festas do jeito que eu gosto, eu deixo meu pai te sustentando por um bom tempo, mas eu quero alegria.

Albério aproximou-se da menina, que contava 15 anos e, tocando seu rosto, falou:

– Podemos fazer uma festa juntos, adoro mulheres novinhas como você. Você curte uma droga também?

– Demais, o que você tem para mim?

Albério abriu uma gaveta e tirou uma caixinha dourada, da qual mostrou uma cápsula de cocaína para a menina. Cristiano, que nos acompanhava, estava com os olhos marejados, e falou num fio de voz:

– Vamos, não precisamos presenciar essa cena, ele não nos permite a aproximação.

Voltamos à casa espírita, consternados com o comportamento daqueles infelizes irmãos que se comprometiam mais e mais a cada dia.

– Cristiano, nessa congregação não há um trabalhador que possa nos auxiliar? – perguntei ao amigo.

– Há um pastor iniciante que nos parece ter boa moral e realmente acredita estar a serviço do bem. Atende as pessoas com carinho e respeito, e tem auxiliado bastante com ideias renovadoras. Ontem mesmo eu o acompanhei num momento de prece, ele acredita no Pai, e é sincero em suas atitudes e pensamentos. Albério tem permitido a ação de Clóvis até o limite que o interessa, e ele já está meio desconfiado da índole moral do pastor, mas, por enquanto, apenas observa. O que poderíamos fazer através da cooperação desse irmão? – respondeu Cristiano.

– Há outras jovens que são seviciadas por Albério, não é? – perguntei.

– Infelizmente, sim. Elas têm medo ou agem como se devessem ser submissas a ele, mas sofrem porque no fundo entendem que há algo errado – respondeu Cristiano.

– Nós poderíamos intuí-lo sobre o que anda acontecendo com os frequentadores da casa, e também a essas jovens, para que conversem com alguma pessoa de sua confiança – levantei a hipótese.

– Há uma jovem, hoje, com 19 anos, foi uma das primeiras a serem importunadas por Albério. Ela até tentou falar com a mãe, mas a mulher é fanática por ele, não acreditaria nem se acontecesse com ela mesma. Essa menina anda bastante incomodada com essa situação, ela passou a observar o pastor e percebeu que ele faz a mesma coisa com outras meninas e, a cada dia, procura as mais jovens – informou Cristiano.

– Bom, temos aí uma oportunidade de fazer algo a respeito desse assunto. Fábio, você poderia acompanhar Cristiano nessa tarefa? – perguntei ao amigo.

– Posso sim, Vinícius. Manteremos vocês informados.

Amanda estava bastante insegura sobre o comportamento de seu filho, orava e pedia ajuda, estava muito aflita. Resolvemos nos deslocar para junto dela. A mãe aflita estava sentada na beira de sua cama, com o corpo dobrado pelo cansaço; sentia-se perdida, não sabia por onde começar a sua batalha em benefício de seu filho.

Aproximei-me, intuindo-a a se recostar na cama e relaxar; em pouco tempo ela se encontrava entre nós.

– Seja bem-vinda, Amanda – cumprimentei-a com amabilidade.

– Minhas preces foram atendidas? Estou entre os anjos do Senhor?

– Os pedidos de boa vontade que visam acolher e auxiliar os que sofrem na ignorância do amor sempre são ouvidos, e somos apenas cumpridores do bem, à procura de nossa própria redenção através do trabalho de amor. Meu nome é Vinícius e este jovem ao meu lado é Maurício.

– E o meu filho? Ele cometeu um crime hediondo, não foi?

– Amanda, livre a sua mente por instantes dos problemas que tanto a atormentam, você está aqui no momento para receber um pouco dessa energia bondosa do Pai. Os atos de Paulo serão cobrados um dia pela sua própria consciência, e não adianta sofrer antecipadamente por algo. O seu papel de mãe e condutora no processo de educação desse espírito está sendo feito, mas o que ele irá absorver a ponto de compreender as consequências de suas escolhas está assentado no grau de evolução moral desse espírito. Não adianta querer que ele compreenda mais do que pode, que escolha como você escolheria. Na realidade, cada um de nós vive o que precisa para trilhar o caminho do bem.

– Sinto uma agonia muito grande em relação ao meu menino, estou vendo que ele se afasta do caminho reto, e não percebe o mal que faz a si mesmo. Quanto mais falo no assunto, mais ele foge de mim, eu o estou incomodando com minha preocupação. O que devo fazer? Deixar que ele aprenda por sua própria conta, escolhendo certo ou errado e vivendo as consequências? Mas, diante dos fatos mais recentes, isso não seria omissão? E se ele praticou um crime hediondo, como tenho intuído? Como devo agir?

– Paciência e tolerância, nada do que acontece fica sem serventia, vivemos para aprender o caminho da evolução, e a dor é dileta ferramenta nesse processo. Assim como o remorso e a culpa são o primeiro sinal do arrependimento saudável.

– Gostaria muito de conseguir eliminar essa ansiedade e medo que tenho do futuro, principalmente, nos últimos tempos, depois que conhecemos o pastor Albério. Eu me sinto muito mal ao lado dele, uma sensação de repúdio e medo. Muitas vezes eu me questiono sobre minhas razões, se não é ciúmes de ver a afinidade de meu marido e meu com ele; mas acredito que não seja isso, e assim fico mais e mais temerosa quanto ao futuro.

– Pedimos a você que tenha fé em sua capacidade de superar as dores que porventura atravessem seu caminho, para manter-se forte e firme em seus propósitos, acima de tudo confiando em Deus, que apenas nos permite vivenciar o que nos é necessário. Mesmo nos dias mais trevosos devemos ter a certeza de que a luz divina nos envolve a cada instante. Como filhos de um Pai amoroso e de perdão, nunca estaremos sós.

– E meu filho, o que será dele?

– Viverá consequências de seus atos, sofrerá e aprenderá a ser melhor a cada dia como todos nós; apenas o ame incondicionalmente, esse amor é que o auxiliará a despertar a própria luz. Nesse dia, você entenderá a bondade do Pai que permitiu a você vivenciar essa experiência edificante. Agora você precisa voltar. Vá em paz e ame, ame muito, principalmente nos momentos de maior conflito. Olhe para sua família visualizando o futuro de cada um como espíritos do Senhor.

Amanda movimentou-se na cama, acomodando seu corpo cansado, e adormeceu mais tranquila. Ficamos por um tempo ao seu lado e depois nos deslocamos para o hospital onde Anita permanecia internada. Ao chegarmos ao corredor dos quartos hospitalares, encontramos Ineque e Fábio conversando.

– Que bom que vocês vieram. Anita piorou bastante, seu estado físico é preocupante. Uma grave infecção atinge vários órgãos, e ela está bastante debilitada e com muita febre. Os médicos, dos dois planos, estão auxiliando-a no processo de recuperação, mas nos pareceu que a menina não sente mais vontade de viver – comentou Ineque.

– No momento da violência praticada por Paulo, Albério e o motorista, ela conseguiu desdobrar-se e foi até o menino. Acabou por presenciar uma boa parte do triste acontecimento. Ao voltar, auxiliada por Ana e por Ester, sua companheira espiritual, não quis mais abrir os olhos e deixou de lutar por sua vida, dando assim espaço aos micróbios terrenos que invadiam seu corpo – explicou Fábio.

– Eu a vi, mas foi uma visão rápida, acreditei que não conseguiria absorver nenhuma informação do que estava acontecendo – repliquei admirado.

– Infelizmente, ela conseguiu entender a violência do momento e acabou por se culpar pelo fato – falou Ineque.

– O que podemos fazer por ela? – perguntou Maurício com a voz angustiada diante do sofrimento da menina.

– Estamos apenas esperando o momento certo para auxiliá-la, levando-a conosco para a clínica psicológica – informou Fábio.

– Inácio já sabe disso? – perguntei aos amigos.

– Já sim, olhem, ele está chegando.

Inácio nos cumprimentou e, amoroso, adentrou o quarto ocupado por Anita na Unidade de Terapia Intensiva. Médicos da espiritualidade o aguardavam para que pudessem proceder ao desligamento parcial da menina. Assim feito, a encaminhamos para uma sala de recuperação no plano invisível. Enquanto isso, no plano material, Sara, desesperada com a piora do estado de saúde da filha, pediu ajuda a Amanda. Esta solicitou auxílio a uma equipe de trabalhadores da casa espírita Caminheiros de Jesus, que imediatamente deslocou-se para o hospital. No momento em que auxiliávamos Anita, esses amigos caridosos impunham suas mãos sobre o corpo da menina, e a energia de amor penetrava cada célula, transformando e vitalizando a matéria adoecida.

Tales de Miletto disse que a esperança é o único bem comum a todos os homens, e que aqueles que nada mais têm ainda a podem possuir.

Esperançosos em auxiliar a desvendar essa trama de sofrimento, acompanhamos nosso amigo Inácio, lembrando uma passagem encontrada no Evangelho Segundo o Espiritismo, Capítulo XIX, "Instruções dos Espíritos; A fé: mãe da esperança e da caridade (José, Espírito Protetor)".

> 11. A fé, para ser útil, deve ser ativa. Ela não pode adormecer no coração. Mãe de todas as virtudes que conduzem a Deus, ela deve desdobrar-se ativamente para desenvolver as suas próprias filhas. A esperança e a caridade são frutos da fé. Elas, juntas, formam uma trindade inseparável. Não é a fé que nos alimenta a esperança de vermos cumpridas as promessas do Senhor? Se não tivermos fé, o que nos dará o amor? Se não tivermos a fé, que gratidão seria a nossa e, por consequência, qual seria o nosso amor?
>
> A fé, divina inspiração de Deus, desperta todos os sentimentos nobres que induzem o homem ao bem. Ela é a base da regeneração humana. É necessário, portanto, que essa base seja sólida e durável, pois se a menor dúvida a abalar, que será do edifício de princípios

que construiremos sobre ela? Levantem, portanto, esse edifício sobre fundações que não sofram mudanças. Que a sua fé seja mais sólida do que os argumentos falsos e as zombarias dos incrédulos, pois a fé que vacila diante do ridículo dos homens não é a verdadeira fé.

A fé sincera é empolgante, contagiosa. Ela se transmite aos que não a tenham ou, mesmo, aos que não desejariam tê-la. Ela encontra palavras persuasivas que vão ao fundo da alma, enquanto a fé aparente apenas se serve de palavra com sons e sem espírito, que deixam frios e indiferentes aqueles que estejam à sua volta.

Preguem pelo exemplo de sua fé, para transmiti-la aos homens. Preguem pelo exemplo de suas obras, para que vejam o mérito de fé. Preguem pela sua esperança inabalável para que vejam a confiança que lhes dá energias e, ao mesmo tempo, que lhes dá estímulo para que vocês enfrentem todas as dificuldades da vida.

Tenham, portanto, a fé com tudo o que ela contém de belo e de bom, na sua pureza, com a força de seu raciocínio. Não admitam a fé sem comprovação, essa cega filha da cegueira. Amem a Deus, mas sabendo por que amam; creiam nas suas promessas, mas sabendo por que acreditam nelas. [...] Creiam e esperem sem desfalecimento: os milagres são obras da fé (José, Espírito protetor - Bordéus, 1862).

CAPÍTULO XVI
Reequilíbrio

839. Somos repreensíveis por escandalizar em sua crença aquele que não pensa como nós?

– *Isso é faltar com a caridade e atentar contra a liberdade de pensamento.*

(*O Livro dos Espíritos* – Livro III – Capítulo X, Lei de Liberdade – Item IV, Liberdade de Consciência)

Anita estava internada na UTI há dois dias e, nas horas de visita autorizada pelos médicos que a acompanhavam, sempre havia dois trabalhadores da casa espírita, que lá estavam para auxiliar com a aplicação de passes magnéticos.

Naquele dia, Sandra e Sheila ficaram encarregadas do trabalho de amor. Após o horário de visita, ficaram conversando com Sara e Amanda na recepção do grande hospital.

– Amanda, você está bastante abatida, nós podemos ajudá-la de alguma maneira? – perguntou Sandra.

– Eu estou muito preocupada com meu filho e meu marido. Depois que se aliaram com aquele pastor, tudo tem sido muito complicado e eu ando desconfiada de algumas coisas – respondeu Amanda.

– Engraçado, também não gosto dele. Ele veio com Paulo, algumas vezes, visitar minha filha, muito educado e solícito, mas não consigo nem mesmo olhar nos olhos desse senhor – comentou Sara.

– Mas aconteceu alguma coisa para que vocês sentissem isso ou é só intuição? – perguntou Sheila.

– Vou contar a vocês uma coisa bastante grave, peço apenas que não a divulguem. Há dois dias o pastor veio bem cedo na minha casa, dizendo que o Paulo precisava de uma aula de canto, por isso chegaria atrasado à escola. Eu não fiquei convencida disso, e acabei seguindo-os por um tempo, depois os perdi no trânsito. À noite, quando o Paulo chegou em casa, perguntei a ele sobre a aula; ele desconversou e não contou mais nada; mas, hoje fui à escola a pedido da diretora, para falar sobre a frequência dele, e ela contou que três antigos colegas do meu filho, meninos arruaceiros e perigosos, estão sumidos e ninguém sabe deles. Um dia escutei uma conversa entre o Paulo e o pastor Albério falando sobre vingança, e eu acho que quem fez essa maldade com Anita foram esses meninos – contou Amanda.

– Eu e Amanda temos conversado bastante sobre nossos problemas, então andei investigando lá perto de casa, e parece que uma van, que sempre é vista dentro do estacionamento do templo que o pastor dirige, pegou os meninos pela manhã, há exatamente dois dias – completou Sara.

– E vocês acreditam que eles são os responsáveis pelo desaparecimento desses garotos? Isso é muito grave – disse Sandra.

– No dia em que isso aconteceu, Anita telefonou desesperada para Paulo, pedindo que ele não fizesse nenhuma besteira, isso depois de acordar muito aflita e falar que tinha sonhado algo muito ruim. Ele a acalmou e ela dormiu. Foi um sono muito agitado e esquisito, depois disso ela piorou muito, até chegar a esse quadro médico preocupante – continuou Sara.

– Ela está com septicemia, não é? – perguntou Sheila.

– Está sim, vem recebendo uma carga alta de antibióticos de amplo espectro, e esperamos que ela apresente melhoras a partir de amanhã – respondeu Sara.

– O que é exatamente essa doença? – perguntou Sheila.

– O médico nos explicou que a septicemia é uma infecção generalizada por todo o corpo, e o que a causa é a alta de bactérias que acabam por infectar o sangue. Atinge, principalmente, os rins, os pulmões e o coração. Graças a Deus, no caso de minha filha ainda não tinha chegado ao músculo cardíaco. Isso pode ter acontecido durante a cirurgia, ou mesmo no dia em que ela foi espancada – explicou Sara.

– Ela ficará bem, você verá! É uma boa menina e tem direito a ser feliz – completou Sandra.

– Nós estamos com receio de tudo, se meu filho participou de algo tão grave, como ele poderá estar perto de Anita? O que poderá oferecer a essa menina? Que ele gosta dela, eu tenho certeza, mas ele a merece? – questionou Amanda.

– Querida, não adianta ficar matutando tanto sobre algo cuja certeza nós nem temos, vamos direcionar toda essa energia em benefício da saúde da menina. Deixe cada problema para ser resolvido na hora certa. Quando surgir alguma informação mais correta sobre o fato, aí sim nós saberemos o que fazer, não esqueçamos de que Deus não desampara os seus filhos – falou Sandra. E continuou: – Tenho uma ideia, nessa igreja que eles frequentam tem outro pastor? Um que seja de sua confiança, Amanda?

– Tem um rapaz que chegou há pouco tempo, parece ser uma boa pessoa, tem um olhar amoroso para com todos – respondeu Amanda.

– Mas... vocês não são espíritas? Sempre achei que havia

certa divergência entre as duas religiões – comentou Sara.

– Todos os caminhos levam a Deus, indiferente da forma como nossa fé é demonstrada; o que realmente importa é a intenção atrás dos atos que praticamos, se houver amor está ótimo. Admiro o trabalho dos religiosos abnegados à humanidade, isso é que importa. Amanda, você tentaria conversar com ele? Quem sabe ele tem alguma ideia para ajudar – sugeriu Sandra.

– Vou fazer isso, depois nós conversamos, está bem?

As amigas continuaram a trocar ideias e nós adentramos o cubículo ocupado por Anita na UTI.

Inácio e mais dois trabalhadores traziam a menina de volta para junto de seu corpo material. Pareceu-nos mais calma, e pontos bastante escurecidos de seu perispírito haviam clareado através da absorção de energia vital e magnetismo renovador para as células adoentadas.

Ficamos por ali, observando o trabalho realizado na recuperação dos doentes e auxiliando-os na medida de nossa compreensão.

Cristiano convidou-nos a ouvir um coral que se apresentaria no espaço ecumênico da instituição hospitalar. Dirigimo-nos para o local animados com o evento.

O espaço físico era acanhado, mas o espaço espiritual era de uma beleza surpreendente. A luz do sol brilhava no firmamento e iluminava cada canto que podíamos observar. Havia algumas cadeiras suspensas de material rosado que resplandecia como uma pedra rara, os espíritos adentravam o ambiente e se acomodavam. Quinze profissionais da saúde, no plano material, entre encarregados da limpeza, enfermeiros e médicos posicionaram-se no palco, e logo uma melodia suave encantava nossos sentidos; equipes de servidores espirituais aproveitavam a energia emanada da doce comunhão e a armazenavam em recipientes próprios.

Emocionados, juntamos nossa voz à doce melodia que encerrava aquele evento, a música "Aquarela", do compositor encarnado Toquinho, letra admirável que me encanta pelo colorido harmonioso. Sempre que a ouço sinto o mundo vibrar em uma frequência mais amorosa, tamanha a esperança que invade meu coração.

CAPÍTULO XVII
Santuário de vidas

840. Será atentar contra a liberdade de consciência opor entraves às crenças que podem perturbar a sociedade?

– Podem reprimir-se os atos, mas a crença íntima é inacessível.

Reprimir os atos externos de uma crença, quando esses atos acarretam qualquer prejuízo aos outros, não é atentar contra a liberdade de consciência, porque essa repressão deixa à crença sua inteira liberdade.

(*O Livro dos Espíritos* – Livro III – Capítulo X, Lei de Liberdade – Item IV, Liberdade de Consciência)

Fábio veio nos procurar, ele tinha informações a respeito da movimentação das equipes umbralinas engajadas no trabalho reencarnacionista.

– Bom dia, amigos! Um amigo dirigente de um posto de socorro junto a uma comunidade reencarnacionista denominada Santuário de Vidas, conduzida por um dos nove dragões mencionados por Torquemada em seu discurso, veio nos informar que será levado a termo um projeto reencarnacionista preparado por eles há muito tempo. E a providência do Pai irá permitir-nos uma sutil interferência para que esse espírito não se prejudique ainda mais.

– Santuário de Vidas? Esse o nome da instituição umbralina? – perguntou Maurício.

– Também fiquei bastante surpreendido, pois esse nome caberia a uma instituição de luz, mas lembremo-nos que esses irmãos acreditam estar obedecendo ordens de Deus, creem que são seus representantes diretos – lembrou Fábio, sorrindo.

– Essa não seria uma ideia confusa devido ao próprio caminhar de determinadas religiões? Afinal, apresentam Deus como um ser vingador, que castiga ao menor deslize, condenando seus filhos ao padecimento eterno – comentou Maurício.

– Com certeza isso acontece, mas a ideia de punição é compreensível diante da ignorância moral da maioria dos espíritos moradores desse orbe. Ideia que foi implantada primeiramente por Moisés diante da barbárie que encontrou ao descer do Monte Sinai e apresentar os mandamentos de amor. Com o passar do tempo ele entendeu que seria necessário um motivo para que fossem obedecidos, então apresentou a seu povo um Deus que os puniria diante da desobediência de suas leis – falei animado com a conversa que iniciávamos.

– E essa ideia de punição acabou sendo absorvida por vários outros segmentos religiosos, pois, diante da incompreensão do que é certo ou errado com base na moral irrepreensível, descobriu-se que o medo do castigo controlaria multidões de fiéis – completou Ineque.

– E refletindo sobre a história da humanidade, somente há um século e meio a Doutrina dos Espíritos veio apresentar a lei de ação e reação, como consequência direta de nossas escolhas pessoais, que sempre estão assentadas na evolução moral de nosso espírito. Somente há pouco tempo estamos a falar sobre autoconhecimento, autotransformação por meio de um processo natural de aquisição e prática de conhecimento; como também o conhecimento das múltiplas vivências apoiando a ideia do espírito eterno – reflexionei com carinho.

– Isso mesmo, Vinícius. Esses amigos ainda se apegam a ideias ultrapassadas, baseadas nas religiões criadas pelo homem, e, não raras vezes, conhecimentos cristãos foram adequados ao interesse de dominação do poder; não mais visando à evolução da humanidade, mas à estagnação das massas como ferramenta de controle das mesmas – disse Fábio.

– E com isso ideias foram distorcidas e perdidas ao longo do tempo, e o Espiritismo tem como meta acordar consciências adormecidas e impulsionar a humanidade a caminhar com mais lucidez – comentou Ineque.

– Haverá um dia em que a moral baseada no amor universal imperará no planeta, e não será mais necessário nenhum segmento religioso para unir as massas e direcionar comportamentos, pois agiremos naturalmente pela transformação de nossos ideais – falou Maurício.

– Isso mesmo, Maurício. Nesse momento estaremos caminhando para as comunidades de espíritos felizes – concluí emocionado.

– E o que mais me encanta é que, nesse momento, nossa visão se ampliará e descobriremos novas metas para a caminhada evolutiva – afirmou Ineque.

– Também acredito que apenas cumprimos uma parte de nossas metas, uma parte mínima de acordo com a capacidade de compreensão que desenvolvemos. Imaginem as maravilhas que a nossa ignorância nos priva de conhecer – lembrou Fábio, que então nos avisou. – Elenir nos avisa que podemos ir.

Passados alguns minutos, aproximamo-nos de uma comunidade em terras norte-americanas; a paisagem era bastante inóspita, e percebemos que éramos vigiados por entidades de aparência hostil.

Caminhamos por uma estrada barrenta e malcheirosa; de um lado e de outro, havia quantidades enormes de lixo que pareciam montanhas íngremes e perigosas. À nossa frente, um portal nos indicava a entrada da instituição reencarnacionista. Dirigimo-nos para um prédio central. A aparência era a de uma grande escola terrena; ao seu lado uma edificação de menor porte, que abrigava os espíritos em processo terminal para o renascimento.

Elenir pediu que o acompanhássemos, alertando-nos sobre a qualidade de nossos pensamentos, visto que estaríamos invisíveis aos moradores locais por todo o tempo da visita.

Adentramos o prédio menor e nos encaminhamos a uma sala no fundo de um longo corredor, que apresentava inúmeras portas estreitas em sua extensão, as quais, segundo nos informaram, eram câmaras de redução perispiritual e de preparo do espíritos reencarnantes. Ao chegarmos ao nosso destino observamos o aposento, hermeticamente lacrado; o interior era redondo, de paredes lisas e escuras, e o teto apresentava uma abertura por onde uma espiral em contínuo movimento descendente inundava o ambiente com energias bastantes densas.

No centro uma câmara de pequeno porte abrigava um corpo, já no formato fetal. A impressão sentida foi de extrema agonia e dor. O corpo se contorcia e gemia, num lamento incessante.

Uma entidade com vestes episcopais adentrou o ambiente acompanhada pelo comandante da comunidade. Seu semblante taciturno espelhava a triste realidade que vivia.

Aproximaram-se do espírito reencarnante e passaram a executar determinados rituais, semelhantes aos utilizados pelos cléricos da Igreja Católica na extrema-unção. O discurso feito em latim era proferido por voz aguda e alta, que mudava a cadência conforme se desenrolava. O pequeno corpo reagia de forma violenta às palavras proferidas, debatendo-se, e os lamentos se transformavam em urros ensurdecedores.

Ao final o religioso tomou dois recipientes em suas mãos, um contendo óleo e outro contendo água, derramando um pouco de cada na fronte do infeliz espírito, e gritou em estado de êxtase:

– Vá, servo de Deus! Ocupe o corpo destinado a defender a Santa Igreja Católica!

Repetia a mesma frase, o que gerava ao redor de todos densa energia, a qual se acumulava na abertura do teto. O vórtice estancou e passou a girar em sentido contrário e com mais velocidade. O comandante extasiado diante dos acontecimentos, por fim, tomou nos braços o pequeno corpo em convulsão, ergueu-o para o alto e falou:

– Eu, Fernando de Aragão, o senhor dessas terras, o rei do seu destino, o encaminho a uma nova vida.

Sentimo-nos sugados pela espiral e lançados ao espaço, para em seguida nos vermos em uma casa, no quarto de um casal que consumava um ato carnal.

Fernando de Aragão aproximou-se, colocou com delicadeza o pequeno perispírito no útero da mãe e disse:

– Vá e cumpra sua promessa de dever ao reino de Deus na Terra.

O cortejo se foi, deixando alguns guardas tomando conta dos moradores daquela casa.

Elenir nos convidou a imenso jardim que ladeava a mansão onde nos encontrávamos.

– Desculpe, meu amigo, mas não entendi, você nos disse que haveria alguma interferência de nossa parte, mas não consegui perceber nada – falei ao amigo.

– Contamos com sua presença para auxiliar-nos na manutenção magnética necessária aos nossos planos. As modificações feitas aconteceram durante a redução do perispírito e na formação do mapa genético; nosso amigo levará consigo limitações intelectuais não muito perceptíveis aos leigos, mas que dificultarão a sua ascensão a altos cargos públicos, como é do interesse dos dragões, como eles se denominam. Agimos com sutileza, porque se percebessem nossa interferência abortariam as suas providências e dificultariam muito mais nossa ação em um momento futuro – explicou Elenir.

– A cada dia que vivo nesse mundo de Deus, percebo que preciso, mais e mais, dedicar-me ao aprendizado cristão – comentei sorrindo.

– E esse mundo, querido amigo, é fértil em oportunidades para essa ação – respondeu Elenir.

– O comandante dessa comunidade é realmente Fernando de Aragão? – perguntou Maurício.

– Assim se intitula o amigo, sinal de grande afinidade com essa vivência. Percebemos que ainda mantém entendimento semelhante ao seu reinado na Espanha, inclusive usando a crença religiosa de outros envolvidos, mas em benefício de sua sede de poder – explicou Elenir.

– Segundo fatos relatados por historiadores, Fernando II Aragão e Isabel I de Castella, sua consorte, eram chamados de Os Reis Católicos, não é? – perguntei a Elenir.

– Fernando e Isabel foram criados para desenvolver a crença em um único Deus, e na época de seu reinado as terras ibéricas, em relação à religião, abrigavam uma diversidade considerável de crenças. Entre os fiéis estavam aqueles que professavam a sua fé por meio da filosofia islâmica, judia, pagã e, naturalmente, a católica, o que originava sempre conflitos entre o povo. Os reis acreditavam que, para ter um país forte politicamente, uma das providências seria a conversão de seus moradores ao Catolicismo; porém, essas providências acabaram gerando mais e mais conflitos, o que enfraquecia a Coroa reinante. Os governantes acabaram por erigir um mandato de intolerância e fanatismo, que culminou na perseguição daqueles que se mantinham fiéis em suas crenças, e a maneira encontrada de dominação foi através do terror imposto àqueles que passaram a ser inimigos do reino. Nesse momento institui-se o Santo Ofício da Inquisição, apoiado pelo papa Sisto IV, responsável por assinar a bula *Exigit sincerae devotionis affectus*, a qual autorizava a Coroa a agir como tribunal eclesiástico, outorgando poder aos reis, concedido diretamente pelo papa. Isso acabou por transformar a Era Medieval, pois pela primeira vez podia-se observar uma estreita ligação entre o poder eclesiástico e o civil. Alguns autores da história acreditam, pelo encadeamento e análise dos fatos, que Fernando II de Aragão usou a Inquisição como meio de unificação do reino político, pois através da perseguição de judeus e muçulmanos fortaleceu seu perímetro de ação, usando a religião como veículo de terror e submissão do povo. Isso durou do século XV ao XVI – explicou Elenir.

– A submissão do povo acabou por auxiliar esses governos do terror, isso advém da própria ignorância em relação aos seus direitos de liberdade – comentei.

– Isso mesmo, Vinícius. Apesar do terrorismo dos reis na dominação dos povos, principalmente na figura aterrorizante dos inquisidores, como Torquemada na Espanha, encontramos, citados pela história mundial, também aqueles que lutavam por modificar esse estado caótico de sofrimento, como o português Gil Vicente e suas obras: *Auto da Barca do Inferno, Auto da Barca do Purgatório* e *Auto da Barca da Glória*, que foram escritas entre os anos de 1516 e 1519. Obras essas que são divulgadas de formas variadas até os dias de hoje – lembrou Ineque.

– Essa foi uma época de muito desequilíbrio no entendimento das leis divinas, usava-se a violência e o terror para converter aqueles que ainda não conheciam o Deus único, o que afastava mais e mais as criaturas do entendimento de sua origem de amor – completou Elenir.

– Todo esse processo evolucionista acaba por trazer progresso à humanidade, não raras vezes de maneira equivocada, mas sempre de forma a modificar o estado de sofrimento – disse Fábio.

– Infelizmente, ainda o sofrimento é excelente ferramenta para erradicar o próprio sofrimento. Isso é uma contradição dentro da própria verdade – comentei.

– Lembremos *O Livro dos Espíritos*, Livro III, capítulo VI, Lei de Destruição, questão 728: "A destruição é uma lei da Natureza? – É necessário que tudo se destrua para renascer e se regenerar, porque isso a que chamais destruição não é mais que a transformação, cujo objetivo é a renovação e o melhoramento dos seres vivos".

– Caro amigo Elenir, o que pode nos dizer sobre o espírito reencarnante, o que acabamos de observar?

– A sua história está baseada em terríveis momentos de desequilíbrio, como ditador de uma nação, como representante da Igreja Católica e, por último e o mais terrível, como presidente de um Estado livre, mandato em que disseminou e alimentou guerras em outros países. Foi responsável direto pela morte e tortura de muitos seres encarnados e pela manutenção de um exército desencarnado que se movimentava segundo o seu prazer – informou Elenir. E continuou:

– Após o desencarne dessas experiências terríveis, momentos em que aproveitou para exercitar o mal, recusava a ajuda de espíritos melhores e, imediatamente, aliava-se a essas falanges do mal. Recebido como herói, exigia para si novos planos, cada vez mais terríveis. Apesar de estar sempre acompanhado por espíritos missionários, comprometidos com a sua reabilitação, nunca questionou os atos que praticava, acreditando piamente estar certo em suas escolhas. Diante desses fatos, espíritos melhores deliberaram que deveria ser tomada uma medida de prevenção, para limitar a ação desse irmão nessa oportunidade. Seus pais são pessoas de moral um pouco melhor, porém ainda materialistas, cujos planos são o de se tornarem figuras públicas de poder dentro da nação que habitam. No período de crescimento da criança seriam assediados por seguidores de Fernando, que os intuiriam a direcionar a educação do filho para ser figura de destaque na vida pública, chegando a vencer eleições para presidente. Cargo de que se utilizariam para atender projetos futuros dessa comunidade, que hoje se intitula Dragões do Cristo.

– Limitado na área da aprendizagem, ele não conseguirá desenvolver-se intelectualmente para ter condições de concorrer a um cargo como esse – sintetizei a ideia.

– É a Providência Divina auxiliando no processo evolutivo – concluiu Fábio.

Lembrei-me de uma excelente fala de Rui Barbosa:

"Dilatai a fraternidade cristã, e chegareis das afeições individuais às solidariedades coletivas, da família à nação, da nação à humanidade".

CAPÍTULO XVIII
Envolvimento sublime

841. Devemos, por respeito à liberdade de consciência, deixar que se propaguem as doutrinas perniciosas, ou podemos, sem atentar contra essa liberdade, procurar conduzir para o caminho da verdade os que se desviaram para falsos princípios?

– Certamente se pode e mesmo se deve; mas ensinai, a exemplo de Jesus, pela doçura e a persuasão, e não pela força, o que seria pior que a crença daquele a quem desejásseis convencer. Se há alguma coisa que possa ser imposta é o bem e a fraternidade; mas não acreditamos que o meio de fazê-lo seja a violência: a convicção não se impõe.

(*O Livro dos Espíritos* - Livro III – Capítulo X, Lei de Liberdade – Item IV, Liberdade de Consciência)

– A história da humanidade é a prova da bondade do Pai, pois por meio das múltiplas vivências entre os dois planos, ao somar a oportunidade de refletir sobre nossos atos e o exercício da inteligência, sempre seremos conduzidos a dias melhores. Sofremos porque avaliamos a superfície de tudo que observamos e vivenciamos com visão míope ainda, restrita ao egocentrismo; mas a partir do momento em que nos conscientizamos de que a vida é muito mais do que nossa vista consegue alcançar, modificamos nosso pensar e nossa relação com os acontecimentos que experimentamos. Isso faz que nos sintamos mais felizes perante a vida, e nossa origem se torna o esteio de que necessitamos para caminhar com mais segurança – refleti junto aos amigos.

– Viver é ter esperança, meu amigo. Precisamos voltar, Anita passa por momentos difíceis – informou Ineque.

Despedimo-nos de Elenir, agradecendo a oportunidade de presenciar mais um acontecimento educativo para todos nós. Comprometemo-nos com ele de voltar e continuar a conversa edificante.

Chegamos ao hospital onde Anita estava internada. Na sala de espera da Unidade de Terapia Intensiva encontramos Sara e Álvaro, ambos apavorados. O médico encarregado dos pacientes internados naquela unidade pediu sua presença, e passou a informá-los da gravidade do estado de saúde da menina.

– Sinto muito, sei o quanto estão inseguros e amedrontados, mas preciso que fiquem a par dos últimos acontecimentos. Durante a madrugada, Anita teve graves problemas respiratórios, chegando a uma parada cardiorrespiratória. Precisamos proceder a reanimação com choques de adrenalina e elétricos. No momento, estamos tentando controlar uma febre alta que a debilita bastante. Na gravidade do estado em que se encontra ela está estável; porém, não é possível averiguar se houve sequelas neurológicas, e isso só saberemos se ela sair do coma.

Sara abraçou o marido e chorava em desespero.

– Meu Deus, salve minha filha, por favor!

– Dona Sara, sinto muito pelas notícias – falou o médico consternado por ser portador da triste notícia.

– Doutor, o senhor acha que minha filha vai ter problemas futuros? – perguntou Álvaro.

– Não sabemos, senhor Álvaro, mas, oremos. Já presenciei outros casos semelhantes, e o paciente voltou e está bem. A medicina não responde a tudo, neste momento a fé em Deus auxilia bastante.

Aproximei-me de Anita, a qual estava acomodada numa cama hospitalar, bastante pálida, entubada. Percebemos a debilidade de seu corpo material. Seu perispírito, também acomodado numa cama no plano dos espíritos, era assistido por queridos amigos.

– Bom dia, Vinícius – cumprimentou-me Inácio.

– Bom dia, Inácio. E a menina Anita, como está se comportando?

– Estava acordada até poucos instantes atrás, nós a auxiliamos a um descanso confortador.

– Já sabemos como terminará esse momento?

– Vai depender, principalmente, de sua vontade de viver essa encarnação. A menina está muito deprimida e medrosa com o futuro, o que a leva à rejeição do corpo adoecido; mas, de acordo com o planejamento encarnatório idealizado por ela, este não é o momento de seu desencarne.

– O que podemos fazer para auxiliá-la nesse momento de dúvida e sofrimento?

– Vamos permitir um tempo de descanso para a sua mente, depois voltamos a acordá-la e conversaremos sobre as benesses da encarnação, sejam quais forem os acontecimentos futuros.

Inácio nos convidou a observar as imagens que povoavam a mente de Anita.

As lembranças dos momentos felizes de sua infância e adolescência eram sempre truncadas por aqueles terríveis momentos em que fora maltratada, para em seguida correr em busca de Paulo e impedi-lo de cometer atrocidades contra os malfeitores.

Seu corpo perispiritual respondia aos estímulos negativos e entrava em convulsão, e esse estado doentio refletia na matéria, já tão debilitada.

Inácio nos convidou a auxiliar, modificando a estrutura energética de sua psicosfera. Posicionamo-nos ao redor da menina com o pensamento elevado ao Pai, orando com fervor; mentalizamos a reciclagem da energia densa que a dominava naquele instante. Aos poucos conseguimos penetrar a couraça que a mente sofrida havia criado como proteção, uma nova e saudável vibração passou a envolver cada célula doentia, como a curá-la, renová-la para a vida.

Anita relaxou saindo da posição fetal em que se encontrava. Percebemos que a ansiedade e o medo que a dominavam foram se esvaindo. O corpo material refletia essa ação; a enfermeira que a banhava no leito comentou com sua companheira de trabalho:

– Veja! Ela não está mais com a musculatura retesada, sinto que está melhor. Por favor, meça a temperatura.

A auxiliar, imediatamente, atendeu ao pedido e feliz comentou:

– Você tem razão, ela está melhor, a febre cedeu. Está com 38 graus, graças a Deus. Ela é uma jovem linda e tem sofrido tanto!

– Vamos orar e agradecer por essa melhora. Depois vou informar ao médico.

O médico, informado pelas auxiliares, foi ao cubículo ocupado por Anita. Examinou-a, aferindo a pressão, a temperatura, a saturação. Enfim, mais aliviado, resolveu avisar aos pais aflitos.

– Dona Sara, senhor Álvaro, tenho boas notícias, os sinais vitais de Anita estão normalizando. A febre cedeu, graças a Deus. Nós ainda a manteremos sedada por um tempo, o necessário para a recuperação da paciente; mas as expectativas mudaram e ela se recupera, ainda temos um bom caminho pela frente.

Sara e Álvaro correram e abraçaram o médico com carinho; felizes, agradeceram a boa notícia.

– Agora vão para casa, tomar um banho, descansar, vocês precisarão estar bem quando ela for para o quarto.

– Obrigado, doutor! Vamos sim, o senhor nos avise se houver mudanças.

Assim fez o casal. Chegando em casa, logo o telefone tocou, era Amanda:

– Boa tarde, Sara! Está tudo bem?

– Agora melhor, parece que Anita está melhorando, a febre abaixou e alguns sinais vitais normalizaram. E o Paulo, você tem alguma novidade?

– Ele só fala na Anita, está desesperado. Acabou de sair com o Sérgio, foi ensaiar com a banda. O pastor arranjou um grande *show* para eles, que será daqui a quarenta dias, eles estimam vender 5 mil ingressos.

– Que beleza! Ele deve estar contente.

– Está sim, um pouco nervoso, mas feliz. Eu é que ando meio irritada com tudo isso, a cada conquista dessa eles se tornam mais distantes, e menos influência tenho sobre os dois. E cada dia sinto mais e mais aflição, sei que algo de muito ruim irá acontecer, e não consigo fazer nada.

– Tenha paciência, Amanda. Você não viu nossa história? Há poucas horas minha filha estava em estado crítico o suficiente para o médico nos alertar, e agora está melhorando. Para Deus não há nada impossível, vamos orar por Paulo. E você já conseguiu falar com o outro pastor?

– Já sim, ele ficou de encontrar comigo na quinta-feira, depois de amanhã, ele estará na pracinha do bairro, assim podemos conversar em paz.

– Ótimo, sinto que coisas boas virão dessa conversa.

– Desculpe estar falando sobre isso, vocês já têm tantas preocupações.

– Não se preocupe, Paulo também faz parte de nossa vida.

As amigas se despediram, então resolvemos ir até Paulo.

No grande salão do templo evangélico, Paulo e mais quatro meninos ensaiavam as músicas que seriam cantadas na sua grande estreia. Ficamos observando a *performance* do grupo e, admirados, percebemos que Paulo tinha uma presença realmente marcante, ora demonstrava-se com maneiras sedutoras, ora parecia um garoto ingênuo. Sua beleza física era ressaltada pelos movimentos, pela dança, pela voz meio rouca.

Albério e um senhor de aproximadamente 60 anos conversavam e observavam o ensaio dos meninos.

– Não te falei? O garoto tem futuro, ele vai hipnotizar as plateias. Vamos ganhar muito dinheiro com ele.

– Você tem razão, estava em dúvida se aceitava ou não ser o agente dele, afinal só trabalho com peixe grande, mas esse garoto irá influenciar a juventude do planeta. Só precisamos mudar algumas coisas.

– De imediato não, o que vai fazer sucesso é essa aparência simplória de bom menino de família, ele deve permanecer assim, do jeito que os idiotas dos pais gostam. Você vai ver, escuta o que estou dizendo, ele será exemplo citado por pais, professores e afins. Eles pagarão com gosto qualquer preço para os filhos assistirem a um *show* dele.

O agente olhou com cinismo para Albério e falou rindo alto:

– Você está me saindo melhor como agente do que como pastor.

– Isso eu deixo para você, não imagina as compensações que tenho e arranjo como representante de Deus – respondeu Albério, rindo de maneira desrespeitosa.

Aproximamo-nos de Paulo. Ele iniciava uma canção falando sobre amor juvenil, enquanto pensava em Anita. Seus olhos estavam marejados de lágrimas sentidas; conseguimos adentrar seu campo vibratório com suavidade, acompanhamos a letra da música e conseguimos uma melhora fluídica em seu campo vibratório. Nesse momento, um grande lustre lateral caiu do teto, assustando a todos. Olhamos e encontramos Torquemada e seus asseclas, que nos ameaçavam.

Paulo calou-se assustado, porém continuamos a suave canção; o menino olhou a sua volta, percebemos que ainda nos ouvia. Ele sentiu uma forte vertigem e aos poucos resvalou-se ao chão. Torquemada investiu sobre ele com violência, ainda tentamos auxiliá-lo, porém rejeitou-nos com agressividade.

Afastamo-nos ainda contentes, pois descobrimos que Paulo já escutava a voz do coração.

CAPÍTULO XIX
Um aliado

842. Como todas as doutrinas têm a pretensão de ser a única expressão da verdade, por que sinais podemos reconhecer a que tem o direito de se apresentar como tal?

– Essa será a que produza mais homens de bem e menos hipócritas, quer dizer, que pratiquem a lei de amor e caridade na sua maior pureza e na sua aplicação mais ampla. Por esse sinal reconhecereis que uma doutrina é boa, pois toda doutrina que tiver por consequência semear a desunião e estabelecer divisões entre os filhos de Deus só pode ser falsa e perniciosa.

(*O Livro dos Espíritos* – Livro III – Capítulo X, Lei de Liberdade – Item IV, Liberdade de Consciência)

Alguns dias se passaram; mais especificamente foram dois dias de relativa tranquilidade. Anita melhorava dia a dia. Quando nos era permitido, a deslocávamos para o plano dos espíritos, aproveitando as horas de sono necessárias ao refazimento do corpo material, e nos parecia que aos poucos voltava a enxergar a beleza da vida.

Paulo, envolvido com os ensaios e as aulas na escola pública, não tinha muito tempo para pensar em coisas ruins. O tempo que conseguia livre o passava junto a Anita. Não pensava mais nas atrocidades praticadas contra seus amigos, nos parecia esquecido do fato, mas sabíamos que não é dessa forma que os problemas se resolvem.

Albério continuava com seu comportamento aviltante, mais e mais ofendia a moral de meninas muito jovens, as quais, temerosas de sua vingança, cediam sob o jugo do medo. O novo pastor, jovem, mas bastante sagaz, percebia haver algo errado, e observava, atento, as idas e vindas de algumas pessoas.

Ao amanhecer daquele dia, Amanda lembrou-se que se encontraria com o pastor João ao entardecer. Saiu de casa cedo para o trabalho, esperançosa de conseguir entender um pouco as suas dúvidas.

Às dezessete horas em ponto, estava sentada no banco da pracinha perto de sua casa, quando o pastor João aproximou-se.

– Boa tarde, dona Amanda, está tudo bem?

– Comigo sim, e o senhor, como está?

– Graças ao bom Deus, a cada dia melhor; mas fiquei preocupado com seu convite, pareceu-me bastante aflita.

– Estou aflita sim, pastor. O senhor sabe que meu filho Paulo caiu nas graças do pastor Albério, mas eu não gosto muito desse relacionamento.

– Por que, dona Amanda?

– Não quero que o senhor pense que sou maledicente, antes de pedir sua ajuda pensei muito, conversei com uma amiga muito querida, e essa ideia partiu dela. Também gostaria que o senhor soubesse que não sou evangélica, eu sou espírita, fato esse que tem causado muito desconforto com minha família.

– O que importa não é a forma com que demonstramos a nossa fé, cada qual procura a sua maneira de afinidade. Tenho excelentes amigos espíritas, admiro as obras editadas em nome de Allan Kardec, então com esse fato não se preocupe. Apenas algumas pessoas mais ignorantes acabam por divulgar inverdades sobre essa ou aquela religião.

Amanda, admirada, sorriu para o pastor e disse amável:

– Acredito ter recorrido à pessoa certa. O assunto é meio longo, o senhor teria esse tempo disponível?

– Não tenho mais nada a fazer no dia de hoje, estou a sua disposição.

Amanda passou a relatar os fatos vivenciados nos últimos tempos, contou da facilidade com que Sérgio aparecia com dinheiro, de sua suspeita sobre Albério ter ajudado Paulo a se vingar dos malfeitores de Anita, e por fim sobre a reclamação de uma mãe, sua vizinha, de que o pastor Albério havia assediado sua filha de 13 anos.

– Tudo o que me fala é muito grave, dona Amanda. Nem sei por onde começar; confesso ter visto ou pensado ter visto algumas coisas que me incomodaram, mas nada tão grave como o que me expõe. Prometo averiguar o que puder e chegar às minhas conclusões; caso isso tudo for verdade tomarei providencias legais. Fique sossegada, não direi a ninguém sobre suas dúvidas.

Os dois se despediram e Amanda foi para sua casa; mas eles não perceberam que, durante a conversa de mais de duas horas, estavam sendo observados pelo motorista de Albério.

O pastor João adentrou o templo e lá estava Albério o esperando.

– Boa noite, João. Por onde andava até agora?

– Fui dar uma volta, preciso conhecer a comunidade para ser um bom amigo de todos.

– Faz muito bem. Conversou com alguém hoje? Alguém que o ajudou a entender como as coisas funcionam por aqui?

João percebeu certo cinismo nas perguntas de Albério, mas pensou que fosse preocupação sua pela conversa que teve com Amanda.

– Nada em especial, apenas assuntos triviais. Vou pegar minhas coisas e ir para casa descansar, amanhã começamos cedo.

Os dois se despediram, Albério ficou olhando o jovem se afastando. Nesse instante o motorista adentrou o ambiente e dirigiu-se a ele:

– Já foi embora?

– Já, acabou de sair.

– Ficou lá na praça mais de duas horas conversando com dona Amanda, parecia ser conversa séria.

– A mãe do Paulo?

– Essa dona mesmo, ela falou muito e ele ouviu calado, depois quem falou foi ele. E sempre estavam olhando para ver se não tinha ninguém perto.

– Essa mulher vai dar problema, pressionar os dois não está adiantando, eles não vão fazer nada contra ela. Fique de olho aberto, acho que vamos ter que dar um fim na dona. Espera eu mandar. Quem sabe até me divirto um pouco.

– Chefe, essa é velha.

– Então é uma novidade! – respondeu Albério, rindo com sarcasmo.

Entristecidos, saímos do ambiente, e nosso amigo Ineque nos convidou a visitar um jardim existente naquele edifício. Admirados, percebemos a beleza simples e sutil do lugar; curioso, olhei ao redor e comentei:

– Temos observado os lugares por onde Albério transita, e a vibração é de baixíssimo padrão, a quantidade de miasmas é assustadora; por isso, nunca imaginei que esse edifício abrigasse essa maravilha.

– Albério qualifica os ambientes em que permanece e que recebem as suas vibrações características. O restante do edifício é frequentado, principalmente, por pessoas de boa vontade e que têm de fato propósitos enobrecedores junto à comunidade evangélica. Dentro de meia hora, João deve iniciar a pregação para um grupo que frequenta o templo no horário do almoço, podemos observar o que acontece com a psicosfera do salão de reuniões – falou Ineque.

A reunião estava prestes a ser iniciada, João recepcionava os fiéis que chegavam ao templo. Ele os abraçava com carinho, dando as boas-vindas.

Em pouco tempo as cadeiras estavam ocupadas por espíritos ávidos de esperança.

Equipes de trabalhadores encarnados se postavam, atenciosos, ao longo do salão, atendendo a uma ou outra pessoa que solicitava ajuda. Equipes de trabalhadores espirituais estavam à disposição do serviço redentor.

João preparou o tema sobre a liberdade de amar. Preocupado com as suspeitas de mau comportamento de Albério, enfatizava a necessidade do respeito, da paciência, da tolerância nos relacionamentos que desfrutamos entre a família, os amigos e as variadas comunidades de que fazemos parte. Terminou seu sermão da seguinte forma:

"Cada um de nós é responsável pelas atitudes que tomamos em nossas vidas, como também somos parte de coletividades que acabam por se qualificar com nossas escolhas. Caso saibamos de algo que pode prejudicar os nossos irmãos, temos a obrigação moral de denunciar esse mal, não com a intenção de destruir algo ou alguém, mas com o propósito de preservar-nos como diletos filhos do Pai, aqueles que preservam a sua palavra de amor. Jesus exemplificou de várias maneiras esse comportamento; temos vários exemplos no Novo Testamento. Preservar a nossa casa deve ser a nossa meta cristã. E limitando a ação do mal em nosso espaço, também contribuímos para que o pecador não se comprometa mais e mais contra as leis de Deus."

Santos observava João e ficou preocupado com o sermão, logo foi em busca de Albério.

– Bom dia, pastor. Acredito que anda alimentando cobra aqui dentro.

– Do que você está falando, homem?

– Do novo pastor, aquele moleque de nome João.

– Já sei, o motorista já me avisou, estamos dando um jeito na história.

– Precisando de mim, já sabe da qualidade de meus serviços.

– Pode deixar, fique por aqui. Ainda hoje temos algumas coisas a acertar.

– E a escritura da casa? Quando vamos ao cartório?

– Meu advogado já está cuidando disso, até o final da semana vai estar tudo certo.

– Ótimo, prometi a minha família que no feriado vamos passear na praia.

Albério abriu uma gaveta de sua escrivaninha, pegou um maço de chaves e entregou a Santos.

– Beleza, chefe! Uma curiosidade, o senhor chama o motorista de motorista. Ele não tem nome?

– Não, é apenas motorista, ninguém precisa saber o nome dele, não é?

– Certo, o senhor que sabe. Fico por aqui, assim que tiver alguma coisa definida é só chamar.

– Manda chamar a Ivete, aquela menininha loirinha, preciso ter uma conversa com ela.

Santos, rindo alto, saiu do escritório e logo fez a menina entrar.

Albério levantou da poltrona e rodeou a garota com olhares maliciosos; ela, intimidada e com medo, cruzou os braços à frente do corpo e se encolheu. Nesse instante, João bateu à porta e entrou, a tempo de ver a cena grotesca.

Albério, irritado, gritou com o jovem pastor:

– O que é agora? Não sabe bater na porta? Não vê que estou ocupado?

– Apenas vi Ivete entrar aqui e vim avisá-la de que seu grupo de estudo já está reunido, e ela vai perder o início. Venha, Ivete! – e olhando firme para Albério, completou: – Depois nós conversamos.

Assim que João e Ivete saíram do recinto, Albério enfurecido começou a jogar objetos na parede; depois tentou se acalmar, tomou o telefone celular e chamou Santos.

– Vem logo aqui!

Santos entrou no escritório e, imediatamente, percebeu que alguma coisa estava errada.

– Que foi isso? O demônio andou por aqui? – perguntou sarcástico.

– Não me afronte com suas piadas sem graça. Quero que dê um jeito nesse moleque, mas que pareça acidente.

– O senhor está falando do pastor João?

– Ele mesmo, e quem mais poderia ser?

– Só para ter certeza, né? Imagina se apago o cara errado.

João, ao sair do escritório, levou Ivete para junto dos outros jovens e voltou para conversar com Albério, a tempo de ver Santos entrando. Este, ao bater à porta, não percebeu que a fechadura estava com defeito, e a mesma ficou entreaberta; dessa forma o jovem presenciou o encontro entre os dois meliantes. Amedrontado, procurou uma obreira de sua confiança e falou que precisava sair com urgência, que viajaria para atender necessidades de seus familiares, e pediu que informasse Albério.

Saiu para a rua, entrou no estacionamento onde estava seu carro e, aflito, ligou para Amanda, resumindo a conversa que ouvira. Pediu à amiga que ficasse quieta até que ele decidisse o que fazer, pois chegara à conclusão de que os dois corriam perigo de vida. Afirmou que conhecia os fundadores da igreja e pretendia colocá-los a par do que andava acontecendo.

Amanda desligou o telefone e, trêmula, começou a chorar. Paulo entrou na cozinha e perguntou:

– O que é agora? Por que está desse jeito?

Amanda olhou para o rosto do filho e teve certeza de que não poderia confiar nele, apenas sacudiu a cabeça e disse:

– Não é nada, apenas estou um pouco triste, só isso.

– Que chatice! – falou o menino, saindo do ambiente.

Amanda pensou:

– Preciso falar com alguém! Hoje a Sandra está no atendimento fraterno, mas João pediu que eu não tomasse nenhuma atitude. Vou ficar quieta e não vou mais falar no assunto, nem mesmo com Sara, posso comprometê-la também.

Amanda sentiu uma solidão terrível, sentou na cadeira, abaixou a cabeça e orou sentida:

– Senhor Meu Pai de Amor e Bondade, não sei o propósito de tudo isso, mas preciso acreditar em sua bondade. Preciso entender que vivo o que é necessário para a evolução de meu próprio espírito, como também compreendo a necessidade de auxiliar aqueles que estão ao meu lado. Peço força e esperança.

CAPÍTULO XX
Compaixão

843. O homem tem livre-arbítrio nos seus atos?
– Pois se tem a liberdade de pensar, tem a de agir. Sem o livre-arbítrio o homem seria uma máquina.
(*O Livro dos Espíritos* – Livro III – Capítulo X, Lei de Liberdade – Item V, Livre-Arbítrio)

Cristiano veio nos procurar, estava bastante preocupado com as atitudes de Albério, que a cada dia se comprometia mais e mais diante das Leis Naturais, e nessa caminhada desgovernada estava prejudicando muito as pessoas que acreditavam que ele fosse um bom homem, um homem de Deus.

– Bom dia, amigos. Pedi que me recebessem, pois Albério está muito próximo da loucura. Ontem à noite, depois que soube da viagem de João, ficou furioso e bebeu muito, e queria de toda maneira que Santos e o motorista fossem buscar Amanda. Os dois apenas não cumpriram as ordens porque conseguimos que ele adormecesse sob o efeito do álcool e o mantivemos junto a um plano espiritual melhor; porém, hoje, ao acordar, ele demonstrou certa confusão mental. Torquemada o assedia de maneira violenta e ele está a ponto de perder a lucidez.

– O que você sugere? – perguntei também bastante preocupado com o rumo que os acontecimentos estavam tomando.

– Albério é um espírito muito comprometido, desde encarnações pregressas assume posturas desequilibradas, vencido pela necessidade do poder e pela atração doentia por sexo e drogas. No atual planejamento encarnatório, a cargo da comunidade Origem de Fogo, tem como meta atrasar o progresso moral, segundo os exemplos de nosso Mestre Jesus, e perpetuar o entendimento errôneo adotado por seus mais próximos, aqueles que se consideram enviados de Deus. Como sabemos nada fica ao acaso, e um dispositivo de segurança, digamos assim, foi adicionado ao mapa genético de nosso amigo, uma predisposição orgânica a doenças cardíacas graves, e a forma como ele vem conduzindo essa encarnação, com irresponsabilidade e descaso com seu corpo físico, tem agravado esse problema; e hoje é uma bomba-relógio pronta a ser detonada – explicou Cristiano.

– Ele está muito doente? – perguntou Maurício.

– Está sim, e ontem uma equipe espiritual, composta por amigos melhores, deliberou que esse é o momento certo para esse desenlace, antes que cometa mais crimes. Isso acontecerá ainda hoje, ao anoitecer, horário em que ele sempre consome grandes quantidades de cocaína e alcoólicos – falou Cristiano.

– Sinto muito, querido amigo. Gostaria que tudo acontecesse de maneira menos traumática – comentei com carinho.

– Não se preocupe! Desde o início sabia que Albério teria grandes dificuldades em perceber o bem, mas acredito que, mesmo que não estejamos vendo melhoras, elas existem; não há uma experiência na matéria que nos passe despercebida, as mudanças acabam acontecendo, somente não conseguimos perceber, pois nossa visão, ainda tão limitada, não o permite.

Acredito que o contato dele com os feitos nobres de Jesus é semente fértil em terra árida, mas basta uma simples gota de orvalho para que germine nessa mente entorpecida – afirmou Cristiano.

– E como podemos auxiliá-lo nesse momento? – perguntou Fábio.

– Agradeceria a presença dos amigos no momento do desligamento. Tentaremos penetrar em sua mente para auxiliá-lo a não se aliar ao submundo espiritual, e aceitar a nossa presença. Uma equipe especializada estará presente e por alguns momentos conseguiremos isolá-lo da influência de Torquemada – explicou Cristiano.

– Estaremos com você. – afirmei.

Cristiano voltou para junto de Albério, e nós aproveitamos o momento para visitar Paulo. O menino estava adormecido, eram quatro horas da madrugada.

Amanda, insone, levantou de sua cama e foi para a sala, sentou-se no sofá, recostou o corpo e pensou angustiada:

"O que será do meu filho? Ontem as mães dos meninos desaparecidos estavam aí, pela rua, desesperadas, procurando notícias. Senti uma angústia grande quando me mostraram as fotos deles. Será possível que meu filho conseguiu fazer esse mal? E se um dia eu tiver certeza disso, o que devo fazer, meu Deus?"

Aproximamo-nos da mãezinha aflita e passamos a auxiliá-la através de passes magnéticos. Cheguei perto de seu campo vibratório e falei com serenidade:

– Acalme seu coração, os caminhos do Pai sempre nos levam à perfeição. Sabemos de seu sofrimento, mas você não está só. Não desista de falar de amor ao seu filho, de beijá-lo e abraçá-lo com carinho, toda ignorância um dia será substituída pelo conhecimento do amor, através de nossa origem divina. Ame-o incondicionalmente, esse é um remédio excelente para erradicar o mal de nossa vida.

Amanda foi se acalmando, levantou do sofá e silenciosamente abriu a porta do quarto de Paulo; este se revirava na cama, num sono agitado. A mãe amorosa sentou-se numa cadeira, segurou as mãos do menino e orou com muita fé. Abaixou-se, beijou a testa suada e fria e, num fio de voz, falou ao ouvido do jovem:

– Eu o amo acima de qualquer coisa nesse mundo, e seja lá o que você fez, eu o perdoo, e peço a Deus pela sua felicidade.

Ela olhava o filho encantada, o menino foi acalmando e aconchegou-se junto ao braço da mãe. Amanda ficou ali, imóvel, sabia que um dia tudo seria esclarecido e ela compreenderia o que tanto a machucava nesse momento.

A atmosfera fluídica do aposento foi-se transformando, a escuridão foi substituída por uma luz azulada que a tudo fazia vibrar. Amanda sorriu, pressentia que as coisas iriam melhorar.

Voltamos à casa espírita que nos acolhia com amor. Maurício demonstrou que tinha algumas dúvidas a serem esclarecidas.

– Meu jovem amigo, sinto que está com dúvidas a respeito dos acontecimentos que iremos presenciar – falei amoroso.

– Você tem razão, o que vocês poderiam esclarecer a respeito do desencarne prematuro de Albério? – perguntou Maurício.

– Pelo pouco que conhecemos desse irmão e pelo que presenciamos nesses dias, Albério é um espírito ainda ignorante das leis morais, ainda atraído pelos prazeres imediatos, não consegue compreender o mal que anda praticando. E esse mal que tem origem em sua mente acaba por trazer desequilíbrios nele, os quais, somados ao longo dessa encarnação, comprometem a capacidade do raciocínio lógico. O corpo recebe essas vibrações e também sofre as consequências, danificando a saúde física, o estado emocional, como também desequilíbrios mentais que levam o indivíduo a um estado de demência temporário; quanto mais tempo ele vivenciar essa encarnação, sem modificações benéficas suficientes para melhorar a qualidade de vida, mais danos ele traz para si mesmo. Quando chega a um ponto crítico, como o que está acontecendo com Albério, abrevia-se o tempo da encarnação, evitando dessa forma mais comprometimentos morais – explicou Ineque.

– E após o desencarne, como ele ficará? – perguntou Maurício.

– Partimos do mundo material da mesma forma que vivenciamos a encarnação. Apesar de assistido por espíritos melhores que intentam um resgate redentor, Albério estará vibrando em sintonia característica ao seu entendimento da vida. Faremos o melhor por ele, mas não podemos obrigá-lo a enxergar o que não consegue alcançar. Provavelmente, após o desencarne procurará abrigo junto à comunidade reencarnacionista Origem de Fogo – respondi ao jovem amigo Maurício.

– Isso é bastante triste, pois o sofrimento estará presente em sua vida – comentou Maurício.

– O sofrimento em si não é um mal, mas um bem amoroso, ferramenta digna que nos permite vivenciar consequências de nossas escolhas, que nos faz repensar e refletir sobre nossos atos e comportamento, não raras vezes, o caminho que precisamos trilhar para nos reerguemos do lodaçal bendito – refleti com alegria.

– Já consegui modificar muito o entendimento que tinha a respeito do sofrimento, mas ainda fico penalizado diante daqueles que precisam viver situações dolorosas para entender que há necessidade de modificar o que entendem por vida – comentou Maurício.

– Repensando sobre esse aspecto em sua vida, meu amigo, você estaria aqui, hoje, já no trabalho redentor, sem vivenciar esse pedaço doloroso que viveu? – perguntei sutilmente.

– Acredito que não, Vinícius. E entendo que pretende me auxiliar a entender, estou próximo dessa compreensão, mas ainda sinto pena daquele que sofre; ainda não consegui transformá-lo em compaixão – respondeu Maurício.

– Nosso querido amigo Divaldo Pereira Franco psicografou o livro *Responsabilidade*, em parceria com Joanna de Angelis, e um dos textos nos fala sobre a compaixão. Gostaria de dividir essa maravilha da literatura espírita com os amigos:

> Escasseia, na atual conjuntura terrestre, o sentimento da compaixão. Habituando-se aos próprios problemas e aflições, o homem passa a não perceber os sofrimentos do seu próximo.
>
> Mergulhado nas suas necessidades, fica alheio às do seu irmão, às vezes, resguardando-se numa couraça de indiferença, a fim de poupar-se a maior soma de dores.
>
> Deixando de interessar-se pelos outros, estes esquecem-se dele, e a vida social não vai além das superficialidades imediatistas, insignificantes.
>
> Empedernindo o sentimento da compaixão, a criatura avança para a impiedade e até para o crime.
>
> Olvida-se da gratidão aos pais e aos benfeitores, tornando-se de feitio soberbo, no qual a presunção domina com arbitrariedade.
>
> Movimentando-se, na multidão, o indivíduo que foge da compaixão distancia-se de todos, pensando e vivendo exclusivamente para o seu ego e para os seus. No entanto, sem um relacionamento salutar, que favorece a alegria e a amizade, os sentimentos se dete-

rioram, e os objetivos da vida perdem a sua alta significação tornando-se mais estreitos e egotistas.

A compaixão é uma ponte de mão dupla, propiciando o sentimento que avança em socorro e o que retorna em aflição.

É o primeiro passo para a vigência ativa das virtudes morais, abrindo espaços para a paz e o bem-estar pessoal.

O individualismo é-lhe a grande barreira, face a sua programação doentia, estabelecida nas bases do egocentrismo, que impede o desenvolvimento das colossais potencialidades da vida, jacentes em todos os indivíduos.

A compaixão auxilia o equilíbrio psicológico, por fazer que se reflexione em torno das ocorrências que atingem a todos os transeuntes da experiência humana.

É possível que esse sentimento não resolva grandes problemas, nem execute excelentes programas. Não obstante, o simples desejo de auxiliar os outros proporciona saudáveis disposições físicas e mentais, que se transformarão em recursos de socorro nas próximas oportunidades.

Mediante o hábito da compaixão, o homem aprende a sacrificar os sentimentos inferiores e a abrir o coração.

Pouco importa se o outro, o beneficiado pela compaixão, não o valoriza, nem a reconheça ou sequer venha a identificá-la. O essencial é o sentimento de edificação, o júbilo da realização por menor que seja, naquele que a experimenta.

Expandir esse sentimento é dar significação à vida.

A compaixão está acima da emotividade desequilibrada e vazia. Ela age, enquanto a outra lamenta; realiza o socorro, na razão em que a última apenas se apieda.

Quando se é capaz de participar dos sofrimentos alheios, os próprios não parecem tão importantes e significativos.

Repartindo a atenção com os demais, desaparece o tempo vazio para as lamentações pessoais.

Graças à compaixão, o poder de destruição humana cede lugar aos anseios da harmonia e de beleza na Terra.

Desenvolve esse sentimento de compaixão para com o teu próximo, o mundo, e, compadecendo-te das suas limitações e deficiências, cresce em ação no rumo do Grande Poder."

CAPÍTULO XXI
O desencarne de Albério

844. O homem goza do livre-arbítrio desde o nascimento?

– Ele tem a liberdade de agir, desde que tenha a vontade de o fazer. Nas primeiras fases da vida a liberdade é quase nula; ela se desenvolve e muda de objeto com as faculdades. Estando os pensamentos da criança em relação com as necessidades da sua idade, ela aplica o seu livre-arbítrio às coisas que lhe são necessárias.

(*O Livro dos Espíritos* – Livro III – Capítulo X, Lei de Liberdade – Item V, Livre-Arbítrio)

A noite se aproximava. Uma tempestade chegava lenta à cidade, o calor parecia se agravar, o ar estava denso e úmido, deixando nas pessoas uma sensação de peso e angústia. Ao longe viam-se relâmpagos, de tempo em tempo, cortar o céu, iluminando as nuvens carregadas, prenunciando a tormenta que se formava.

Fábio veio ao nosso encontro.

– Cristiano nos pede auxílio, parece que Albério se fechou mais cedo no escritório.

Deslocamo-nos para o prédio que abriga a instituição religiosa e adentramos o ambiente ocupado por Albério, que bebia grandes goles de alcoólico direto de uma garrafa; abriu a gaveta da mesa a sua frente e retirou a caixinha dourada já conhecida por nós.

Levantou da cadeira, aflito, olhava as cápsulas de cocaína e pensava:

"Não tem mais ninguém por aqui, mandei todo mundo embora mais cedo por causa da chuva. Não vai ter problema se fizer minha festinha agora."

Voltou a se sentar, abriu uma cápsula e despejou o conteúdo sobre o vidro da escrivaninha; ficou olhando e, insatisfeito, tomou mais uma cápsula e fez o mesmo. Levantou-se, deu uma volta pelo espaço, abriu a porta, olhou ao redor sorrateiro, e voltou a pensar:

"Não há ninguém, está tudo certo. Por que, então, estou inseguro? Sinto que tem algo diferente, mas não sei o que é."

Albério levantou-se de novo, colocou algo sobre a cocaína e saiu para o corredor. Nesse instante, um dos senhores encarregados pela limpeza veio caminhando devagar em sua direção.

– Eu não mandei vocês irem embora? O que você está fazendo aqui? – perguntou Albério aos gritos.

– Estou indo embora, pastor, apenas terminava meu serviço – justificou o pobre homem, apavorado com a fúria do pastor.

– Ah! Vá para o inferno!

Albério voltou para o escritório, sentou, novamente, em frente à escrivaninha, tomou de um canudo e aspirou toda a droga que estava sobre a mesa. Recostou-se na confortável poltrona, fechou os olhos e pensou feliz:

"Agora sim, vou ficar bem, esse idiota quase acabou com meu barato. Depois vou atrás de alguma das meninas, não tem pressa, deixa eu curtir um pouco."

Nesse instante, Torquemada e um grupo de seus seguidores tentaram entrar no ambiente, mas como já prevíamos o ataque desses irmãos, precavemo-nos antes e isolamos uma porção da área. Confusos, eles andavam de um lado a outro, imprecando contra tudo e todos, pois não conseguiam se localizar no espaço espiritual do prédio.

Um grupo de socorristas veio em nosso auxílio; sensível e sutil modificação energética foi feita, e alguns daqueles infelizes conseguiram enxergar além da dor que os consumia, aceitando auxílio e permitindo o transporte para um lugar melhor.

Torquemada, enraivecido, percebeu nossa ação. Furioso, evadiu-se do recinto, acompanhado por aqueles que ainda teimavam em permanecer na escuridão dos próprios sentimentos.

Cristiano estava ao lado de Albério; amoroso, esperava paciente pelo momento de auxiliar seu tutelado. Sua expressão séria demonstrava a gravidade do momento, levantou os olhos e percebemos que estavam marejados.

– Conheço Albério há muitos séculos, éramos companheiros e estudantes internos em um colégio católico, nossas famílias decidiram que deveríamos seguir a carreira eclesiástica, mas nós não nos adaptamos à vida no celibato e aos sacrifícios necessários, essa não era nossa vocação, ainda precisávamos dos bens materiais acima de nosso espírito. Com o tempo acabamos por descobrir formas de satisfazer nossas necessidades de prazer físico, molestávamos crianças e adolescentes mais pobres; sem nos importarmos com o sofrimento, escolhíamos aqueles que seriam ignorados caso reclamassem de nosso comportamento. Éramos filhos de nobres, muito ricos, logo conseguimos cargos de destaque dentro da Igreja, assim as facilidades foram aumentando, assim como nossos vícios. Fizemos coisas terríveis, vivíamos em orgias diabólicas, desencarnamos velhos, doentes e dementados por nossos atos. Vagamos muito tempo sem rumo, sem entendimento algum, perseguidos por aqueles que maltratamos. Por fim, acordei em meio à intensa dor moral, ao meu lado estava minha mãe, fui socorrido e sofri com as lembranças terríveis que afloravam espontâneas e necessárias. Lutei contra mim mesmo, tive sucessos e insucessos, mas fui melhorando e hoje estou aqui para auxiliar esse amigo de desequilíbrios. Ele ainda não consegue perceber o estado de infelicidade que o envolve; teimoso, insiste nesse comportamento aviltante, porém é chegado o momento da transformação. Caso não aceite auxílio, foram aprovadas algumas encarnações compulsórias. Então hoje, aqui neste momento, Albério passa a desfrutar de benéfica oportunidade de transformação, mesmo que no início à revelia de sua vontade, e além de sua compreensão – respondeu Cristiano.

– Será um momento de glória perante a origem divina que está sendo negada há tanto tempo – comentei emocionado.

– Eu os convido a uma prece em favor de Albério – sugeriu Ineque.

Elevados pelos mais nobres sentimentos, acompanhamos nosso amigo na excelente oração que nosso amado mestre Jesus nos legou como um dos mais raros tesouros de amor, o Pai-Nosso. Conforme a oração se desenvolvia, emanava doce energia que, aos poucos, mansamente, queimava miasmas densos que invadiam o ambiente.

Albério, ainda bastante irritado, abriu pela segunda vez a caixinha dourada, retirou mais uma cápsula de cocaína, espalhou o conteúdo sobre o vidro e aspirou.

Fechou os olhos e sentiu certa tontura. Assustado, tentou levantar-se da cadeira, mas as pernas cederam sob o peso do corpo, e caiu ao chão. Tentou gritar, mas a voz não saía, tamanha a dor que sentia no peito. Tentava respirar e não conseguia.

Num esforço sobre-humano levantou o corpo, voltou a sentar na cadeira, tomou o telefone nas mãos, mas uma dor mais forte tomou-o de surpresa, e com os olhos arregalados tombou sobre a mesa.

A equipe de socorristas passou ao desligamento dos pontos vitais. Albério sucumbia sob um fulminante ataque cardíaco.

Isolados por luminescente camada energética, passamos a auxiliar o amigo infelicitado por suas escolhas. Perturbado pelo violento desencarne, Albério se debatia e gritava enlouquecido. Unimo-nos em seu benefício e, com o esforço da boa vontade, conseguimos que adormecesse um sono leve e ruidoso, tamanha a sua revolta. Imediatamente, o transportamos para uma sala hermeticamente isolada das vibrações exteriores. Cristiano nos informou:

– Mais alguns minutos e uma equipe especializada em reencarnes compulsórios virá em nosso socorro.

– O reencarne de Albério será imediato? – questionei o amigo.

– Será sim, apenas de curto período, visando a um poderoso choque anímico, que, esperamos, modifique o padrão mental em que se encontra – informou Cristiano.

– O comportamento de Albério pode ser comparado ao monoideísmo? – perguntou Maurício.

– Pode sim, Maurício. Albério não questiona a maneira com que interpreta as informações que chegam ao seu intelecto, para tudo tem uma compreensão viciada, dentro das limitações morais em que vive; se pensarmos dessa maneira, ele acaba por transitar sempre no mesmo padrão, como no monoideísmo – esclareceu Cristiano.

– E esse processo reencarnatório que vivenciará em breve, como será utilizado para choque anímico? –Perguntei ao amigo.

– Martins Peralva foi bastante feliz em comentário feito no livro *Estudando a mediunidade*, capítulo 37: "O espírito isola-se do mundo externo, passando a vibrar, unicamente, ao redor do próprio desequilíbrio, cristalizando-se no tempo".

– Lembrei.

– Infelizmente, grande número de espíritos acaba desencarnando nesse estado, e se o auxílio não vem ou não é aceito o caso tende a se agravar, chegando mesmo ao estágio de negação da própria identidade, a ovoidização. Nesses casos somente as encarnações compulsórias, planejadas para acordar as consciências adormecidas, podem ser a solução inicial – explicou Cristiano.

– No processo de conscientização do espírito pela encarnação compulsória, o infeliz que tem sua mente nas sombras recebe intensa descarga magnética ao ocupar o centro genésico da mãe, e não podemos esquecer que esses momentos são partilhados mente a mente, de mãe para filho; por essa razão a missionária que se predispõe a auxiliar goza de uma compreensão melhor sobre a vida, assim acaba por dividir seus pensamentos e sentimentos e, não raras vezes, por modificar o estado vicioso em que o reencarnante vive – falei bastante animado com a discussão profícua.

– Dessa maneira desenha-se aí uma brilhante oportunidade para o espírito que acaba por transitar entre a sombra e a luz, criando assim um conflito saudável de sentimentos. Percebo claramente que o objetivo principal dessas reencarnações compulsórias é o de despertar no infeliz uma nova condição mental, através de uma nova visão da vida – completou Ineque.

Olhei para os amigos de boa vontade que partilhavam comigo aquele momento e, mais uma vez, emocionado, diante da compreensão da bondade do Pai, deixei-me envolver por dúlcidas vibrações de paz. Olhamos uns para os outros e felizes direcionamos esse bendito sentimento a Albério, que ainda se debatia nas dores do desequilíbrio.

CAPÍTULO XXII
Uma nova chance

845. As predisposições instintivas que o homem traz ao nascer não são um obstáculo ao exercício do seu livre-arbítrio?

– As predisposições instintivas são as do espírito antes da encarnação; conforme for ele mais ou menos adiantado, elas podem impeli-lo a atos repreensíveis, no que ele será secundado por espíritos que simpatizem com essas disposições; mas não há arrastamento irresistível, quando se tem a vontade de resistir. Lembrai-vos de que querer é poder.

(*O Livro dos Espíritos* – Livro III – Capítulo X, Lei de Liberdade – Item V, Livre-Arbítrio)

Aconselhados por Cristiano, interrompemos a agradável palestra e nos deslocamos para uma residência na crosta planetária.

Era uma casa simples, muito bem-cuidada; percebia-se em pequenos detalhes o carinho de quem a habitava. Ouvimos um som agradável, o seguimos e nos deparamos com uma jovem senhora que se preparava para o descanso noturno, e cantarolava singela canção de ninar. Um jovem adentrou o ambiente, abraçou-a carinhoso e falou:

– Não tem dia sobre a Terra que deixo de agradecer o bem de tê-la ao meu lado. Você é um presente para a minha vida. Eu a amo demasiado e a admiro por sua bondade.

A jovem senhora, emocionada, abraçou-o e afagou os cabelos castanhos do marido.

A qualidade energética do ambiente era admirável, ao redor do casal um alo de luz brilhante emanava em todas as direções. Nesse instante, amigos especializados em processos reencarnatórios compulsórios juntaram-se a nós. Um senhor de aspecto sereno chamado Amoroso trazia Albério, o perispírito reduzido e em profundo estado de perturbação, em seus braços.

Amoroso posicionou o perispírito do reencarnante no ventre materno, a jovem estremeceu e uma lágrima escorreu por seu rosto, envergonhada do sentimento de repulsa sentido. Orou ao Pai, e o casal consumou o ato de amor. Imediatamente, milhões de espermatozoides se dirigiram para o óvulo fértil.

Alertados por Cristiano, apenas observamos sem interferir no processo natural das afinidades vibratórias, percebemos ligação fluídica entre a mente do espírito Albério e determinado esperma, esse ganhou velocidade e em segundos penetrava a proteção do óvulo, fecundando-o, o que deu início à multiplicação celular.

Amoroso e outros trabalhadores do Senhor passaram a mentalizar belíssimo campo fluídico que serviria de proteção ao início do processo de ligação do perispírito de Albério ao novo corpo material.

Cristiano nos convidou ao pequeno e bem-cuidado jardim da residência. Logo localizamos a origem do perfume de rosas que envolvia o ambiente, um pequeno caramanchão construído com carinho e cuidado era abrigo a inúmeros pés de rosa, flores minúsculas adornavam enormes galhos floridos, o que encantava os sentidos. Sentamos em um banco de madeira, pintado de branco, e ali ficamos por instantes, apenas aproveitando a beleza da madrugada.

– O que acontecerá agora? Albério conseguirá permanecer acoplado no útero materno? – perguntou Maurício.

– Apesar de ser uma encarnação compulsória, quando o espírito perde o direito a utilizar a sua livre escolha, devemos entender que ele possui uma qualidade fluídica que é diretamente proporcional ao seu grau de evolução moral. Apesar do estado avançado de perturbação em que foi colocado, o espírito ainda se agita e, rebelde, tenta romper a ligação com o útero materno – explicou Amoroso, que nos havia acompanhado.

– Esse estado de revolta contribui para que a gestação não venha a termo? – perguntei.

– Também, o remédio sempre deve estar de acordo com o que o paciente suporta, dessa maneira o tempo de gestação pode ser abreviado. Existem ocasiões em que devemos considerar ao mesmo tempo o bem-estar da mãezinha – respondeu Amoroso.

– No momento da concepção, percebi que a jovem teve uma reação negativa, pareceu que estava emocionada e sentiu certa repulsa – comentei.

– O padrão energético característico do espírito Albério conflita com a qualidade fluídica alimentada por essa jovem. A sensação é de dor física, tamanha a densidade com que essa energia penetra em seu campo vibratório; mas contamos, nesse caso, com a boa vontade e a bondade dessa senhora – explicou Amoroso.

– Ela concordou em receber esse irmão como caridade para a sua melhoria moral? – perguntou Maurício.

– Concordou sim, meu jovem amigo – respondeu Amoroso.

– Ela tem em seu passado alguma história junto a Albério? – perguntei.

– Não, esse é o primeiro contato entre esses dois espíritos, e poderá também ser o único, pois não há relação direta entre eles – informou Amoroso.

– Num trabalho anterior, recebemos informação de que algumas mulheres se predispõem a receber esses espíritos comprometidos em seu ventre como ato caridoso, inclusive foram apresentadas a nós como benfeitoras anônimas – comentei com os amigos.

– Isso é até mesmo comum entre esses corações amantes da bondade. Espíritos como o irmão Albério dependem desses maravilhosos choques anímicos para que haja uma mudança do panorama mental. Caso contrário, as dores sofridas nessa caminhada seriam inenarráveis. Esses curtos períodos de gestação assemelham-se a analgésicos nos estados mais dolorosos. Peço desculpas aos amigos, mas preciso ir ao encontro de um novo trabalho. Agradeço o auxílio recebido e estou à disposição para qualquer eventualidade. Deus os abençoe.

Voltamos ao interior da casa, auxiliamos por mais um tempo a equipe que permaneceria junto a essa família, mantendo padrão vibratório necessário à manutenção da gestação. Depois voltamos à casa espírita para nos juntarmos a Inácio, que nos informou que a família de Amanda receberia, nesse momento, a notícia do desencarne de Albério, e Paulo, provavelmente, reagiria de maneira desequilibrada, visto que considerava o pastor como seu mentor pessoal.

O telefone tocou e Sérgio atendeu, apenas ouviu o que falavam, desligou o aparelho, sentou numa poltrona próxima, pensando:

– Tinha mesmo que acontecer algo assim, agora que estávamos bem financeiramente a fonte seca. Maldito Albério, precisa morrer agora?

Amanda entrou na sala e, vendo a expressão de raiva do marido, perguntou:

– O que era? Algum problema grave?

– Aquele desgraçado do Albério acabou de morrer – respondeu o homem raivoso.

– Albério? O pastor?

– Esse mesmo.

– E você está xingando ele porque morreu, Sérgio?

– Não me amole com suas lições de moral. Nada dá certo para mim, agora estou desempregado de novo.

– E você estava empregado, por acaso?

– Cuidar do Paulo, para que ele cumprisse os compromissos assumidos, era meu trabalho, não sabia não?

Amanda olhou para o marido com tristeza e perguntou:

– Você já avisou Paulo sobre isso?

– Aquele moleque vai surtar, tratava aquele doido como se fosse ele o pai.

Amanda observou a expressão do marido e falou com tristeza:

– A cada dia que passo ao seu lado, mais desiludida eu fico. O homem bom e digno com quem me casei vendeu-se por pouco e ainda levou o filho junto. Precisamos conversar e decidir o que faremos de nossa vida, quanto mais analiso o que vivemos nos últimos tempos, mais certeza tenho de que nosso compromisso como um casal acabou.

– O que você quer? Divórcio?

– Estou pensando seriamente nisso, Sérgio. Pelo bem do nosso filho, principalmente.

Sérgio fez um gesto obsceno com as mãos e saiu da sala. Amanda fechou os olhos e, com muita fé no coração, orou em benefício de Albério.

Paulo entrou na sala e abraçou sua mãe, como há muito tempo não fazia, e pediu:

– Mãe, estou me sentindo muito mal, parece que vou desmaiar. Você fica comigo um pouco?

– O que você sente, meu filho?

– Uma angústia muito forte, parece que tem uma pedra dentro do meu peito. Quando firmo a vista, tudo fica embaçado. O que será que eu tenho?

– Sente aqui ao meu lado, Paulo. O seu pai recebeu um telefonema da igreja evangélica, parece que o pastor Albério passou muito mal e teve um ataque cardíaco fulminante. Acredito que você sentiu o que estava acontecendo com ele.

– O pastor morreu? E agora o que vai ser de mim? – respondeu o menino chorando.

– Não se preocupe, as coisas acabam por se ajeitar.

– Mas... quem vai me ajudar agora? Eu só confiava nele.

– Paulo, você tem sua família, nós estamos aqui e vamos ajudá-lo a encontrar seu caminho.

– Eu sei qual é meu caminho, mas o pastor facilitava tudo.

– Agora você precisa apenas pensar nesse momento, o corpo de Albério estará sendo velado lá no templo, e precisamos orar por ele.

Paulo sorriu disfarçadamente e pensou:

"Rezar por aquele lá, nem pensar, ele quer mesmo é o inferno e não o céu. Ele já me mostrou muitas coisas, aprendi como conseguimos o que queremos. O grande *show* está próximo, e ainda vou usar o nome dele, vai ser o homenageado."

Amanda observava o rosto do filho e notou como a sua expressão foi se modificando. Assustada, percebeu que Paulo não era influenciado por Albério, mas o que acontecia era apenas um triste padrão de afinidade moral entre os dois.

"Ele desencarnou, mas a sua influência sobre Paulo não terminou, porque na realidade são muito parecidos. Uma única lágrima escorreu pelo rosto da mãe aflita, e ela orou, pedindo forças para superar os acontecimentos do futuro." – Pensou Amanda.

Acompanhamos a família ao velório de Albério. O grande salão estava lotado pelos fiéis da igreja. O corpo ainda não havia chegado. Observamos as pessoas que estavam ali para homenagear o pastor, podíamos perceber uma grande comoção, mas alguns dos presentes emanavam energia mais densa e de característica inferior. Aproximamo-nos de uma senhora de feições delicadas e percebemos a irritação que sentia, seus pensamentos eram de raiva para com o falecido.

"Bem-feito, me ofereci várias vezes e ele me recusou. Preferiu minha filha, uma menina sem traquejo algum, sem experiências com sua sexualidade. Ainda me prometeu noites memoráveis se eu permitisse que a Clarinha frequentasse sua cama. Nunca cumpriu, agora, olha aí. Bem-feito, mortinho, quem sabe o próximo pastor consegue me enxergar."

Outros agradeciam, mentalmente, a interferência do pastor em suas vidas, endeusando-o, tendo-o como amigo.

Observamos a energia que foi se acumulando no ambiente e percebemos o conflito gerado entre o bem e o mal. Um amigo de nosso plano pediu que o auxiliássemos naquele momento, pois o corpo de Albério havia chegado ao edifício, e a multidão que o aguardava entraria em forte comoção diante da realidade, a morte de Albério. Para os fiéis daquele templo, a morte soava como algo definitivo, sem volta, sem rumo certo; o entendimento é bastante radical, pois acreditam que aquele que se converteu a Jesus após a morte ficará adormecido até o dia do julgamento final, e aquele que não aceitou a palavra de Jesus não tem salvação, o seu destino é o Hades, o inferno, pela eternidade.

Refletindo sobre o entendimento desses irmãos sobre Deus, Pai bondoso que permite a nós novas oportunidades através de múltiplas vivências nos dois planos da vida, a desesperança, o desespero e a insegurança sobre a sorte de cada um deles, capazes de roubar momentos de paz e serenidade, com certeza, mantêm a criatura em constante estado de horror. Como é bom saber que estamos por aqui vivenciando uma oportunidade de agir, visando a um excelente processo evolutivo, através da educação de nosso espírito.

A ideia de continuidade é bálsamo ao ser que busca a melhora dentro desse fantástico mundo de emoções controladas pela razão, que auxilia a viver a cada dia com equilíbrio e consciência de nossa origem. Bendito momento em que tive a oportunidade de conhecer essa filosofia de esperança.

O corpo de Albério foi acomodado no palco do grande salão, as pessoas se amontoavam em desespero, gritando e chorando. Alguns, em terrível momento de desvario, rasgavam as suas vestes e se martirizavam, acreditando estar homenageando o seu mentor.

Torquemada olhou-nos com ódio e falou aos gritos:

– Preparem-se para nossa vingança. Nada irá nos impedir de massacrar cada um de vocês.

O infeliz gritava e gritava, seu descontrole emocional estava visível aos olhos de nossa equipe; apenas oramos em benefício de todos que estavam envolvidos naquela experiência dolorosa.

CAPÍTULO XXIII
O desequilíbrio de Paulo

846. O organismo não influi nos atos da vida? E se influi, não o faz com prejuízo do livre-arbítrio?

– O espírito é certamente influenciado pela matéria, que pode entravar as suas manifestações. Eis porque, nos mundos em que os corpos são menos materiais do que na Terra, as faculdades se desenvolvem com mais liberdade. Mas o instrumento não dá faculdades ao espírito. De resto, é necessário distinguir nesse caso as faculdades morais das faculdades intelectuais. Se um homem tem o instinto do assassínio, é seguramente o seu próprio espírito que o possui e que lho transmite, mas nunca os seus órgãos. Aquele que aniquila o seu pensamento para se ocupar apenas da matéria faz-se semelhante ao bruto, e ainda pior, porque não pensa mais em se premunir contra o mal. E nisso que ele se torna faltoso, pois assim age pela própria vontade.

(*O Livro dos Espíritos* – Livro III – Capítulo X, Lei de Liberdade – Item V, Livre-Arbítrio)

Após o enterro do corpo de Albério, Paulo e Amanda resolveram visitar Anita. A menina estava se recuperando e os médicos tinham liberado a visita. Ela estava no quarto, deitada, muito magra e pálida. Enfraquecida pela batalha travada contra a grave infecção que havia desenvolvido, sua voz soava baixa e fraca.

– Boa tarde, Amanda – cumprimentou Sara assim que a amiga entrou no quarto; feliz pela companhia, abraçou-a emocionada.

– Boa tarde, Sara! E você, Anita, como está se sentindo? – perguntou Amanda.

– Melhor, mas ainda sinto muita fraqueza; o médico disse que é normal. Assim que eu conseguir me alimentar direito, devo me recuperar com mais facilidade – respondeu Anita.

– Você não consegue comer? – perguntou Paulo com olhar preocupado e tomando as mãos da menina entre as suas.

– Pouquinho, tudo me enoja, mas segundo os médicos é efeito do antibiótico, que é muito forte – respondeu Anita.

Amanda fez um discreto sinal para Sara e as duas saíram para o corredor que abrigava aquela ala hospitalar.

– Amanda, é verdade mesmo que aquele marginal morreu?

– É sim, Sara. Parece que teve um ataque cardíaco fulminante. Pensei que Paulo ficaria inconsolável, mas parece que ele não ligou muito. Não sei o que pensar desse meu filho.

– Você foi ao enterro?

– Fui sim, muito triste, aquelas pessoas que frequentam o templo evangélico acreditam piamente na bondade desse homem, você não acredita o desequilíbrio emocional que foi manifestado. Havia viaturas policiais controlando a multidão e vários veículos de resgate atendendo as pessoas que passavam mal.

– E como Paulo se comportou?

– Sinceramente? Eu não sei, demonstrava tristeza frente às pessoas, mas assim que o agente dele apareceu já estavam fazendo planos para esse *show* musical que vai acontecer no próximo mês. Não sei se fará diferença para Paulo o afastamento de Albério; esse agente, o Moacir, também parece que não é lá essas coisas. O que posso fazer é orar e pedir que o melhor nos aconteça.

– Às vezes, essa ideia de colocar o futuro nas mãos de Deus me assusta, sinto como se não fôssemos nada mais do simples marionetes.

– Essa sensação tem origem no medo do desconhecido, enquanto dominamos a situação, estamos mais seguros; mas, nesse caso, eu posso controlar os meus sentimentos e os desejos, mas não sobre Paulo nem Sérgio. Então o que me resta é ter fé nos desígnios do Pai, uma vez que sei da bondade e do perdão amoroso constante, aí confio meu futuro a Ele, porém não na inércia improdutiva, mas sempre exercitando o melhor de mim.

– Confesso que tive muito medo da vontade de Deus enquanto Anita estava doente e correndo riscos de perder essa encarnação. Não consegui nem mesmo orar.

Amanda abraçou a amiga, que, trêmula, começou um choro manso e libertador.

– Pede ao Álvaro para ficar com Anita hoje à noite, e vem comigo ao centro espírita, em busca de fortalecimento pessoal.

– Você vai voltar a frequentar o centro espírita?

– Nunca deixei de ir, meu pensamento é de uma pessoa que acredita nessa filosofia, apenas tentei evitar conflitos com minha família. E agora que Albério morreu, acredito que a pressão será menor sobre Sérgio e Paulo.

– Deus ajude, porque você me parece bastante cansada.

– Estou sim, mas o que me cansa na verdade é ver tanto desequilíbrio da parte de pessoas que amo tanto. Sinto medo de pensar nas consequências dos atos que andam praticando.

– Você acredita mesmo que Paulo está envolvido no desaparecimento daqueles meninos?

– Não gosto nem de pensar nisso, mas conforme analiso os fatos, mais certeza tenho de que ele andou aprontando feio.

– Meu Deus, e Anita nesta história?

– Por isso oro e procuro desenvolver confiança no Pai, sei

que o melhor sempre é feito em benefício de nossa evolução moral, e, infelizmente, isso acaba acontecendo mais em momentos dolorosos do que em momentos felizes.

– Isso me assusta!

– A mim também, mas também penso que tudo tem um propósito bom, então sossego a minha mente. Por um tempinho é certo, mas já é o suficiente para equilibrar minhas emoções.

As duas amigas continuaram a conversar, enquanto isso Paulo observava Anita, que, vencida pelo cansaço, adormecera profundamente.

– E agora, o que eu faço? O Moacir pensa diferente do Albério, ele falou que namorar a Anita é perda de tempo e vai atrapalhar minha carreira. Eu gosto dela e não sei se vou conseguir me afastar assim, numa boa. Namorar escondido, ela não vai aceitar, pois é toda certinha. Além do mais, sou muito novo para um relacionamento sério, e famoso vou ter a possibilidade de ter muitas mulheres aos meus pés. Puxa! Estou até falando que nem o Albério falava.

Paulo riu alto, e a expressão de seu rosto assumiu a aparência semelhante àquela demonstrada por indivíduos de mau caráter.

Entristecidos, percebemos que o jovem não mais alimentava a ingenuidade da criança ainda propensa à influência benéfica para a sua evolução. Acordava na mente a sua índole moral, a sua herança de outras experiências, vividas com descaso e baseadas apenas nas necessidades dos prazeres materiais. Amanda adentrou o quarto e percebeu no rosto do filho a expressão de cinismo, seus olhos marejados, sua mente em alvoroço, visualizou o antigo companheiro de desvarios.

Sara percebeu a confusão emocional que dominou Amanda; com delicadeza tocou seu braço e a chamou:

– Amanda, está tudo bem?

Paulo levantou os olhos e, com cinismo, falou:

– E por que não estaria, não é, dona Amanda?

Anita acordou assustada, olhou para ele e falou com raiva:

– Quero que você saia deste quarto, não quero que você volte. Abomino o que você fez aos seus amigos, e o mal que me fizeram não é justificativa para essa ação violenta.

– Não sei do que você está falando – respondeu o rapaz aos gritos.

– Sabe sim, e todos desconfiam disso, mas ninguém tem coragem de falar, e eu não tenho medo de você. Saia daqui! – vociferou a menina em descontrole, e continuou: – Mãe, mande-o embora, agora, a ideia de me machucar foi dele, depois ele desistiu, mas a ideia foi dele.

– Amanda, por favor, leve seu filho daqui – implorou Sara, olhando Paulo que continuava calmo, sentado ao lado de Anita.

Amanda olhou para o filho e, energética, se aproximou e o puxou pelo braço, dizendo:

– Você não escutou, garoto? Vamos embora!

Paulo olhou espantado para a mãe, e esta o empurrou em direção à porta. Saíram em silêncio do edifício que abrigava o hospital. Quando entraram no carro, Paulo disse:

– Essa menina enlouqueceu!

Amanda estacionou o carro, olhou para ele e falou em tom de voz baixo e firme:

– Cala essa boca! Eu sei o que você e aquele marginal do Albério fizeram, eu só não sei como provar isso, mas eu sei que fizeram. Então, garoto, se acredita em alguma coisa neste mundo, reze para que nunca possa ter essa certeza através de provas materiais, porque se eu tiver, entrego você para a polícia, porque eu sei que isso é o certo. Assim, não tente mais se fazer de bobo comigo nem pise mais fora dos trilhos. Entendeu?

Paulo, assustado com a atitude inesperada da mãe, apenas sinalizou afirmativamente com a cabeça, e permaneceu em silêncio.

Eles chegaram em casa ao anoitecer. Bem à porta estava o motorista de Albério, esperando por eles. Amanda olhou-o de frente e perguntou com seriedade:

– O que você quer aqui?

– Preciso falar com o menino.

– Ele não tem nada para falar com você. Se quiser alguma coisa, vai ter que se sujeitar a discutir o assunto comigo. E você, Paulo, entra!

Paulo olhou para o motorista, entrou em casa, encostou a porta e nela colou o ouvido.

– A senhora parece que tomou conta da situação agora, não é?

– Isso mesmo, se quiser algo de meu filho, você fala comigo.

– Não fique muito impressionada consigo mesma, porque na hora que eu quiser acabo com você e com ele.

– Até lá, fique longe de nós!

– E nem pense em fazer queixa de nossa conversa, se a polícia vier atrás de mim, coloco o moleque atrás das grades, e a acusação será das brabas.

Dizendo isso, o motorista tentou passar as mãos no rosto de Amanda, esta se afastou e empurrou o marginal.

– Você seria o próximo petisco do pastor, agora quem sabe não sou eu que tomo gosto? Ouviu, moleque?

Dizendo isso, virou as costas e entrou no carro. Amanda, tremendo, entrou em casa, tomou Paulo pelo braço e o levou ao quarto.

– Senta aí! E agora vai me contar direitinho o que andou acontecendo, para esse bandido ter esse comportamento conosco.

Paulo ainda tentou se levantar e fugir da conversa, mas Amanda, com firmeza, olhou para ele e falou mais uma vez:

– Senta e fala logo!

– O que você quer saber?

– Tudo, sem omissão de nada, nada mesmo. Eu preciso saber de tudo para decidir que fazer.

– Você disse que vai me pôr na cadeia.

– Esse é o menor de seus males, moleque. Não percebeu que está lidando com bandidos? Para esse cara te matar você não precisa fazer mais nada.

Nesse instante, Torquemada e seus asseclas invadiram o ambiente. Aproximaram-se de Paulo e logo conseguiram sintonia vibratória e ligação com a mente do jovem. Este, ao perceber imediatamente que não mais estava só, sentiu-se mais forte diante da atitude de sua mãe, empurrou-a e a jogou no chão frio. Inclinou-se sobre ela e falou, rindo alto:

– Quem pensa que você é? Eu faço o que quero, do jeito que quero, e se me amolar demais, dou um jeito em você também.

Paulo saiu do quarto, ganhou a rua, logo o motorista parava o carro e ele entrou.

– Pensei que ia virar brinquedinho da mamãe.

– Nunca mais me ameace, entendeu? De hoje em diante, quem paga seu salário miserável sou eu, e quem dá as ordens sou eu. E nunca mais encoste o dedo em minha mãe, se você pensar nisso, corto a sua mão fora.

Paulo contava apenas 15 anos, mas naquele momento nos pareceu ter muito mais, tamanha a transformação em seu perispírito. Torquemada aproximou-se dele e com maestria trabalhou seu campo vibratório, devolvendo a aparência de beleza e sedução que o garoto manifestava. Então, olhou para nós e falou sorrindo:

– Este é meu! Só meu!

Envolveu o corpo material de Paulo em um abraço doentio, o jovem se aconchegou e respirou profundamente, aliviado.

Fábio nos convidou a voltar à colônia espiritual e atender ao pedido de uma amiga de muito tempo. Adentramos uma casa simples, de aspecto aconchegante. Uma senhora de cútis clara e enormes olhos castanhos veio ao nosso encontro.

– Obrigada por atenderem ao meu pedido. Solicitei ao Fábio conversar com os amigos sobre Paulo e Amanda – falou Clara, sorrindo com serenidade.

– O que podemos fazer para auxiliá-la?

– Tanto Amanda quanto Paulo já estiveram sob minha tutela. Há vários séculos, recebi-os como meus filhos, espíritos rebeldes, agressivos e vaidosos. Nasceram como irmãos gêmeos bivitelinos. Paulo logo se sobressaiu, era mais forte fisicamente e também mais seguro daquilo que queria. Amanda era uma menina frágil de saúde e nada firme em suas decisões, sempre cedia às vontades do irmão. Durante a infância consegui mantê-los sob controle, mas assim que entraram na juventude saíram de casa e ganharam o mundo. Não consegui encontrá-los, apesar de nunca ter desistido, acabei desencarnada muito doente e depressiva. Já no plano espiritual, socorrida pelo amor de Deus, consegui recuperar-me logo e recebi autorização para auxiliá-los. Amanda estava em um prostíbulo, tísica, à beira da morte. E Paulo havia se unido a um grupo de meliantes, era o chefe de um grande bando, que, infelizmente, fazia tráfico de crianças e mulheres. Assim que Amanda desencarnou tentei socorrê-la, mas a afinidade entre ela e o irmão ainda era muito forte; somente anos depois, com o desencarne violento dele, ela cedeu e aceitou o socorro. Quanto a Paulo, voltou a sua cidade de origem no mundo dos espíritos, Caos Profundo, naquela época ainda sob a direção de Cipriano. Desde essa época estou trabalhando em benefício desses irmãos, Amanda tem mostrado a necessidade de evoluir em benefício de sua própria felicidade, mas Paulo sempre volta ao convívio dos antigos companheiros de desvarios – contou-nos Clara. Fazendo pequena pausa, continuou:

– Solicitei ao amigo Fábio que os trouxesse até aqui, para fazer-lhes um pedido.

– Pode falar, Clara – disse à simpática senhora.

– Gostaria de juntar-me ao seu grupo e participar desse excelente trabalho de socorro, acredito poder tocar o coração de Paulo e, dessa maneira, auxiliar Amanda a superar esses momentos de insegurança e dor – pediu-nos Clara.

– Acredito não haver inconvenientes, teremos a felicidade de auxiliá-la nesse projeto amoroso – respondi sorridente.

Clara, feliz, abraçou-me e agradeceu a oportunidade do trabalho redentor.

Passamos a agradável conversa sobre as nossas experiências enquanto desencarnados; feliz, percebi, mais uma vez, o quanto ainda precisava aprender para desfrutar da felicidade dos puros, e sorri diante da lembrança da bondade do Pai que sempre nos presenteia com ferramentas necessárias a esse labor.

Ineque entrou em contato conosco e pediu que voltássemos para a crosta terrestre, pois João, o jovem pastor, estava retornando ao serviço na igreja evangélica e precisaria de nosso auxílio.

Paulo e o motorista pretendiam intimidá-lo, pois haviam tomado conhecimento de que ele seria o substituto provisório de Albério.

Adentramos as instalações do templo e notamos que a psicosfera do local mostrava uma qualidade energética melhor. Observamos que havia um ambiente de camaradagem entre os trabalhadores daquele horário.

Uma senhora sorridente, de nome Celeste, veio ao nosso encontro.

– Bom dia, amigos, que bom contar com seu auxílio. João já se encontra no templo e está organizando e analisando a papelada deixada por Albério; ele terá muito trabalho para colocar tudo em ordem, mas é um bom moço e acredito que em breve terá boas notícias para a congregação.

– O que podemos fazer para auxiliá-los nesse recomeço?

– Paulo está a caminho com o motorista que servia Albério, a ideia deles é sondar as intenções de João e saber se ele é corruptível ou não. Nesse momento, precisamos de auxílio, pois junto aos dois estarão também espíritos que servem a Origem de Fogo sob o domínio de Torquemada. Quanto aos nossos propósitos, não iremos mais permitir a interferência desses espíritos nessa casa de oração, inclusive o pastor pretende encerrar os assuntos que Albério tinha com Paulo – informou Celeste.

– Eles não receberão de bom grado essa notícia – comentou Ineque.

– Sabemos disso, daí a necessidade do auxílio de sua equipe. Contendo o assédio dos seguidores de Torquemada, Paulo se sentirá mais fragilizado e, quanto ao motorista, é apenas um espírito ignorante que cumpre ordens, ao perceber a insegurança do atual patrão também se calará – afirmou Celeste.

– Uma pergunta, por que ele não é chamado por um nome? E todos o tratam apenas de motorista? – perguntou Maurício.

– Na realidade, o nome desse senhor é Alberto, irmão de Albério, que o tem seguido ao longo dos anos, e ambos nunca quiseram que as pessoas soubessem do parentesco dos dois. Era apenas uma artimanha para que não fossem intimidados pela relação pessoal – informou Celeste.

– Minha imaginação já montou toda uma trama idílica para esse fato, e, no entanto, a resposta era muito simples – falou Maurício, de bom humor.

À espera do desenrolar dos fatos, ficamos por ali, sob a orientação feliz de Celeste.

CAPÍTULO XXIV
A força do pensamento

847. A alteração das faculdades tira ao homem o livre-arbítrio?

– Aquele cuja inteligência está perturbada por uma causa qualquer perde o domínio do seu pensamento, e desde então não tem mais liberdade. Essa alteração é frequentemente uma punição para o espírito que, numa existência, pode ter sido vão e orgulhoso, fazendo mal uso de suas faculdades. Ele pode renascer no corpo de um idiota, como o déspota no corpo de um escravo e o mal rico no de um mendigo. Mas o espírito sofre esse constrangimento, do qual tem perfeita consciência: é nisso que está a ação da matéria.

(*O Livro dos Espíritos* – Livro III – Capítulo X, Lei de Liberdade – Item V, Livre-Arbítrio)

João acomodava alguns papéis dentro de uma caixa, quando ouve alguém bater na porta.

– Pode entrar.

– Desculpe incomodá-lo, senhor. O motorista do pastor Albério e o menino Paulo estão aqui e pedem para que o senhor os receba.

João endireitou o corpo e, em silêncio, pediu a Deus fortalecimento para este momento; então, sorrindo para a simpática moça que o auxiliava nesse dia, falou:

– Diga a eles para entrarem, disponho de algum tempo. Obrigado.

Logo Alberto e Paulo entraram no escritório. João convidou--os a sentar.

– Vocês querem falar comigo? – perguntou com firmeza.

– O senhor que irá ocupar o lugar de Albério? – perguntou Paulo, visivelmente inibido.

– Não, Paulo. Não irei ocupar o lugar de Albério, serei o administrador dessa comunidade por um tempo, não sei quanto. O que vocês querem de mim? – João voltou a enfatizar a pergunta.

– Nós temos um *show* marcado para daqui a poucos dias, e esse evento é patrocinado pela igreja, nós queremos saber se o senhor irá honrar esse compromisso. – perguntou Alberto.

– Temos um contrato, aqui está. O evento ocorrerá como programado, mas depois disso, levarei esse assunto a quem é de direito, e se eu for continuar por aqui como administrador, já vou adiantar aos senhores que não haverá continuidade. Pretendo empreender esforços na divulgação do Evangelho de Jesus, apenas isso – afirmou João.

– E minha carreira, como ficará? – questionou Paulo.

– Isso já não é problema da igreja, pelo que sei você tem um empresário que deverá dar conta dessa tarefa, mas nada que nos envolva, está bem? Posso ajudá-los em mais alguma coisa? – perguntou João.

Os dois se levantaram e ostensivamente viraram as costas ao pastor; nem mesmo se despediram dele.

João, ao se ver sozinho, respirou fundo, e agradeceu a Deus pela conversa bem-sucedida.

Paulo e Alberto saíram do local, bastante irritados com as decisões tomadas por João.

– Precisamos encontrar o Moacir e ver o que faremos a partir daqui – falou Paulo.

– Você vai ter que aproveitar muito bem esse *show*, vai ter que fazer o serviço de uma vez, o que vier depois vai depender disso. E sei que anda pensando em descartar a menina lá mas nem pense nisso, meu irmão não era burro não, se ele disse que ela era peça fundamental dessa história, pode crer.

– Seu irmão? Albério era seu irmão? – perguntou Paulo com deboche.

– Isso mesmo, moleque. Ele tinha essa história de ninguém saber, agora não importa mais – respondeu Alberto.

– Parece que você não gostava muito dele, nem mesmo mostrou uma tristezinha sequer – comentou Paulo.

– Gostar? Daquele traste? Ele me fazia de escravo desde pequeno, só porque tinha mais sorte do que eu – respondeu Alberto.

– Sorte? Ele era esperto, isso sim e, pelo jeito, você é burro – debochou Paulo, gargalhando.

Alberto fechou os punhos para se conter e não agredir Paulo, olhou para o menino com raiva e falou:

– Vai, vai debochando, mas um dia verá que sou o único em quem pode confiar.

Paulo olhou para ele e ficou sério, percebemos que o comentário de Alberto o tocou, sua mente voltou-se para Amanda e pensou:

– Nada disso, seu inútil, eu tenho minha mãe, essa eu sei que gosta de mim.

Olhei para os meus amigos e sorri, o jovem não era tão desprovido de sentimentos como desejava aparentar.

Anita melhorava dia a dia, o médico responsável por sua internação acabara de dar alta à menina. Feliz, ela telefonou para Paulo a fim de avisá-lo da novidade; este, demonstrando alegria, prometeu visitá-la ao anoitecer.

Ao chegar em casa, Anita demonstrou certo nervosismo. Desde o dia em que sofrera a violência desmedida, não tinha estado por ali. Álvaro, ao perceber o medo estampado na fisionomia da filha, abraçou-a e falou com carinho:

– Tudo bem, minha filha. Estamos apenas nós aqui, eu, sua mãe e você. Nós somos uma família feliz e unida e essa é nossa casa, prometo a você que nunca mais ninguém te fará mal.

– Eu não vou mais trabalhar fora, querida. Ficarei aqui com você, vou levá-la aonde você precisar e irei buscá-la – falou Sara.

– Mas você precisa trabalhar, o dinheiro que o papai ganha não é suficiente. Eu não quero atrapalhar – disse Anita entre lágrimas sentidas.

– Eu já falei a você que eu fui promovido, inclusive não precisarei mais trabalhar em dois lugares. O meu patrão me deu um cargo de confiança na empresa e trabalharei em horário integral. Você não se lembra? – perguntou Álvaro.

– Nossa, pai! É verdade, você falou, mas eu não entendi direito. Que bom! Você merece, trabalha duro e honestamente há tantos anos no mesmo lugar, eu tinha certeza de que um dia você seria reconhecido.

O ambiente amoroso e fraterno criava para aquelas criaturas uma atmosfera fluídica de belíssima qualidade. Observamos mais um pouco a beleza da amizade nascida do amor e do respeito e então voltamos à casa espírita.

Era segunda-feira, dia do trabalho de desobsessão. Um trabalhador encarnado da casa lia belíssima lição do livro *Fonte viva* (70 – "Solidão"), pelo espírito Emmanuel, psicografia de Francisco Candido Xavier.

"O presidente, porém, disse: – Mas, que mal fez ele? E eles mais clamavam, dizendo: – Seja crucificado." (Mateus, cap. 27, v. 23.)

À medida que te elevas, monte acima, no desempenho do próprio dever, experimentas a solidão dos cimos e incomensurável tristeza te constringe a alma sensível...

Onde se encontram os que sorriram contigo no parque primaveril da primeira mocidade?

Onde pousam os corações que te buscavam o aconchego nas horas de fantasia? Onde se acolhem quantos te partilhavam o pão e o sonho, nas aventuras ridentes do início?

Certo, ficaram...

Ficaram no vale, voejando em círculo estreito, à maneira das borboletas douradas, que se esfacelam ao primeiro contacto da menor chama de luz que se lhes descortine à frente.

Em torno de ti, a claridade, mas também o silêncio...

Dentro de ti, a felicidade de saber, mas igualmente a dor de não seres compreendido...

Tua voz grita sem eco e o teu anseio se alonga em vão. Entretanto, se realmente sobes, que ouvidos te poderiam escutar a grande distância e que coração faminto de calor do vale se abalançaria a entender, de pronto, os teus ideais de altura?

Choras, indagas e sofres... Contudo, que espécie de renascimento não será doloroso?

A ave, para libertar-se, destrói o berço da casca em que se formou, e a semente, para produzir, sofre a dilaceração na cova desconhecida.

A solidão com o serviço aos semelhantes gera a grandeza.

A rocha que sustenta a planície costuma viver isolada e o Sol que alimenta o mundo inteiro brilha sozinho.

Não te canses de aprender a ciência da elevação.

Lembra-te do Senhor, que escalou o Calvário, de cruz aos ombros feridos. Ninguém o seguiu na morte afrontosa, à exceção de dois malfeitores, constrangidos à punição, em obediência à justiça.

Recorda-te dele e segue...

Não relaciones os bens que já espalhaste.

Confia no Infinito Bem que te aguarda.

Não esperes pelos outros, na marcha de sacrifício e engrandecimento. E não olvides que, pelo ministério da redenção que exerceu para todas as criaturas, o Divino Amigo dos Homens não somente viveu, lutou e sofreu sozinho, mas também foi perseguido e crucificado...

Após a edificante leitura, alguns membros daquele amoroso grupo de trabalho redentor comentaram a lição, conforme o entendimento de cada um. Em seguida o estudo de *O Livro dos Médiuns* foi feito.

Iniciava-se nesse instante a segunda parte do trabalho daquela noite, dedicada ao atendimento dos desencarnados que por ali passavam em busca de socorro: alguns já conscientes da necessidade de modificar a sua relação com a nova vida; outros nem mesmo gozando da compreensão do desencarne, outros tantos rebeldes, rejeitando as novas e constantes oportunidades oferecidas pelo Pai, chegavam irritados e ameaçadores.

Nessa bendita noite, havíamos convidado Torquemada a nos visitar. O ambiente estava sereno e as pessoas que por ali transitavam demonstravam excelente humor e boa vontade.

Um dos trabalhadores foi convidado a fazer a prece para dar início aos atendimentos programados. O grupo de médiuns, imediatamente, posicionou-se perante o convite ao trabalho redentor. Podíamos observar o carinho e amor com que cada um direcionava os pensamentos. Uma corrente harmoniosa foi formada, e a equipe espiritual passou a introduzir os doentes que seriam beneficiados naquela noite.

Um a um foram sendo atendidos; alguns necessitados da comunicação verbal utilizavam a mediunidade dos trabalhadores para alcançar o bem maior; outros apenas eram aproximados para o bendito choque anímico que os aproximava da lucidez necessária ao pensamento lógico.

Foi feita uma pequena pausa, momento em que solicitamos ao grupo de médiuns para que fortalecessem os sentimentos amorosos e a paciência em benefício do irmão que seria atendido. Assim foi feito, e o ambiente que ocupávamos tomou características de proteção necessárias à realização de labor.

Torquemada chegou à vizinhança da casa espírita seguido de seus asseclas, a algazarra podia ser ouvida de longe. As barreiras magnéticas de proteção e contenção foram reforçadas por pensamentos de amor e firmeza de propósitos. Ao adentrar o perímetro que ocupávamos, o infeliz sentiu a limitação a que se veria sujeito; inconformado, aproximou-se de Rogério, trabalhador responsável pela equipe de proteção do edifício.

– Exijo que libere a entrada de meus seguidores; caso contrário, recuso-me a cumprir o compromisso assumido com seu representante.

– O senhor nos perdoe as medidas de cautela, que apenas objetivam a sua própria proteção. Garantimos não forçá-lo a nada que não queira, mas nossa comunidade possui algumas normas que precisam ser respeitadas. Esperamos que isso não o amedronte – respondeu Rogério.

– Amedrontar-me? Isso é um insulto. Você sabe quem sou? – vociferou Torquemada.

– Um irmão no mundo de Deus, apenas um irmão amado – respondeu Rogério.

– Continua a insultar-me, seu verme. Sou Torquemada, representante de Deus neste mundo, venho aqui para que a vontade do Pai seja respeitada.

– Então nada tens a temer, porque defendemos a mesma causa. O irmão está sendo esperado, por favor, pode entrar!

Torquemada olhou para ele e, afrontoso, empurrou Rogério para o lado com agressividade, vociferando:

– Saia de minha frente, verme maldito!

– Obrigado por nos honrar com sua presença – disse Rogério.

Torquemada adentrou a sala de reuniões intempestivamente, olhou-nos com raiva e falou entredentes:

– O que querem de mim? Acreditam que possam impor-me essa humilhação? Acreditam que deixarei isso acontecer sem reagir às ofensas infligidas?

Adiantei-me, feliz, por ter o irmão entre nós e, sorrindo com amabilidade, estendi minhas mãos em sua direção. Torquemada, assustado, afastou-se em um salto, e ao se desequilibrar foi ao chão. Tentou levantar-se e, perdendo as forças, ali permaneceu. Estupefato, olhava-nos inquisidor, então num fio de voz, falou:

– Que magia negra usam contra mim? Reconheço-os, um a um, passaram pelas hordas de bruxos condenados a expiar as injúrias pelo fogo.

Tentou novamente levantar-se, mas, ainda fraco, foi desabando. Corri em seu socorro, ajoelhei-me e o recebi em meus braços. Amigos de trabalho aproximaram-se da mente do querido irmão e o auxiliaram modificando as condições energéticas que o envolviam. Ao mesmo tempo, Clara se uniu a ele num vínculo mental amoroso, e passou a recordar momentos de felicidade que ele vivenciara em outras oportunidades. Torquemada, admirado, passou a observar a cena; petrificado, envolvido por sentimentos conflitantes, permitiu que uma lágrima escorresse dos seus olhos. Assustado, reagiu e gritou com todas as forças:

– Saia daqui! Não preciso de ninguém! Também conjuro feitiços, vou vingar-me, prendo-os no inferno mais profundo, de onde não mais sairão para ver a luz do dia.

Torquemada fechou os olhos e passou a recitar um mantra, que repetia sem parar. Percebemos a confusão mental em que se encontrava a determinado momento, pois misturava palavras do mantra mágico em latim com a prece que nosso amado irmão Jesus nos ensinou. Sua face foi se transformando e se assemelhando a um réptil. Apenas oramos em benefício de sua recuperação, compadecidos de sua dor, e respeitamos quando resolveu arrastar-se para fora da casa de caridade.

Alcançando a rua sentiu-se mais forte, colocou-se de pé, voltou-se para trás e nos ameaçou com o inferno dos pobres de espírito. Reuniu-se a seu grupo de seguidores que o observavam, inseguros e amedrontados; eles saíram, em disparada, na direção da cidade Caos Profundo.

Felizes com os resultados obtidos naquela noite de trabalho, encerramos a reunião com a prece de Cáritas.

Deus nosso Pai,
que Sois todo poder e bondade,
dai força àqueles que passam pela provação,
dai luz àqueles que procuram a verdade,
e ponde no coração do homem a compaixão e a caridade.
Deus,
dai ao viajante a estrela-Guia,
ao aflito a consolação,
ao doente o repouso.
Pai,
dai ao culpado o arrependimento,
ao espírito a verdade,
à criança o guia,
ao órfão o pai.

Que a vossa bondade se estenda sobre tudo que criaste.
Piedade, Senhor, para aqueles que não Vos conhecem, e
esperança para aqueles que sofrem.
Que a Vossa bondade permita aos espíritos consoladores
derramarem por toda a parte a paz, a esperança e a fé.
Deus,
um raio, uma faísca do Vosso divino amor pode abrasar a
Terra,
deixai-nos beber na fonte dessa bondade fecunda e infinita, e
todas as lágrimas secarão,
todas as dores acalmar-se-ão.
Um só coração, um só pensamento subirá até Vós,
como um grito de reconhecimento e de amor.
Como Moisés sobre a montanha,
nós Vos esperamos com os braços abertos.
Oh! bondade, Oh! Poder, Oh! beleza, Oh! perfeição,
queremos de alguma sorte merecer Vossa misericórdia.
Deus,
Dai-nos a força no progresso de subir até Vós,
Dai-nos a caridade pura,
Dai-nos a fé e a razão,
Dai-nos a simplicidade que fará de nossas almas
O espelho onde refletirá um dia a Vossa Santíssima imagem.

CAPÍTULO XXIV
O grande dia

848. A alteração das faculdades intelectuais pela embriaguez desculpa os atos repreensíveis?

– Não, pois o ébrio voluntariamente se priva da razão para satisfazer paixões brutais: em lugar de uma falta, comete duas.

(*O Livro dos Espíritos* – Livro III – Capítulo X, Lei de Liberdade – Item V, Livre-Arbítrio)

Clara estava conosco quando Fábio chegou avisando que esse seria o dia do grande *show* de Paulo. Nossa querida amiga convidou-nos a uma prece intercessória por seu tutelado, antes que nos dirigíssemos ao estádio onde seria realizado.

– Senhor Pai de Oportunidades, acredito que hoje será um dia de muita importância para Paulo, Amanda e Sérgio. Dependendo da maneira como será conduzido o resultado desse evento artístico, será também determinada a qualidade que será dada ao futuro desses amigos. Estamos aqui, humildemente, pedindo a vós a oportunidade para que eles entendam a importância dessa encarnação, do direcionamento dado a cada sentimento e a cada gesto. Que a arte musical seja para Paulo um caminho de luz e paz, que ele consiga enxergar além da matéria, além da aparência, além da necessidade dos prazeres mundanos. Que ele possa, Senhor, enxergar que o bem é acima de tudo a felicidade, com a qual tanto sonhamos, e da qual nos afastamos por erguer nosso orgulho como escudo da luz interior. Obrigada por estar aqui, por poder auxiliar e enxergar a oportunidade de ser a cada dia melhor, pois estamos entendendo, aos poucos, que apenas a nossa vaidade e o nosso orgulho são obstáculos a nossa libertação. Que assim seja!

Após a bela prece intercessória, nos dirigimos ao estádio. Paulo encontrava-se acomodado em uma sala reservada à preparação dos artistas que ali se apresentam. Bastante nervoso, andava de um lado a outro, e contava com Amanda ao seu lado, tentando acalmá-lo.

Nesse instante, Moacir e Alberto entram na pequena sala e pedem a Amanda para ficarem a sós com o menino. Amanda relutou, sentiu um mal-estar forte, mas Paulo olhou para ela com raiva e falou sem modos:

– O que foi? Não ouviu? Saia logo!

Intimidada, abaixou a cabeça e saiu do camarim improvisado.

– E vocês? O que foi? Não venham me amolar, estou muito nervoso.

– Por isso estamos aqui, trouxemos algo que vai ajudar o menino a se soltar e fazer um grande *show* – respondeu Moacir, rindo e entregando a Paulo uma cápsula de cocaína.

– O que é, cara? Tá doido? Eu nunca usei isso, e se me fizer mal?

– Faz não, é só uma e apenas nos dias de *show*, para acalmar. Vai logo, você tem cinco minutos para entrar no palco, tempo suficiente de entrar num barato bom, que vai te ajudar a dar conta do recado.

Ainda tentamos interferir, auxiliando Paulo a se fortalecer e recusar a oferta; mas Torquemada apareceu e o envolveu naquele abraço tão familiar a Paulo, soprando em seu ouvido, enquanto nos olhava com cinismo:

– Pode usar, filho! Essa ideia foi minha. Usa sossegado!

Moacir abriu a cápsula e espalhou o pó branco sobre a mesa; Paulo, com um canudo de refrigerante, aspirou a droga, depois sentou numa poltrona, fechou os olhos, sentindo a forte presença do infeliz Torquemada. Sentiu o coração bater mais forte e o corpo aquecer rapidamente. Uma euforia tomou conta de seu ânimo e, imediatamente, levantou da poltrona e falou rindo alto:

– Depois quero mais, isso é muito bom! Vamos lá, vou cantar como um anjo.

– Olha aqui, moleque! Abaixa um pouco a bola, senão a mamãezinha vai perceber que tem algo errado.

– E vocês dois estão aqui para quê? Não deixa ela chegar perto, só isso!

O estádio estava lotado, a maioria era formada de jovens acompanhados por seus pais, ou algum responsável. Paulo olhou por trás das cortinas e pensou:

– Hoje é o dia, não posso esquecer de oferecer esse *show* para Albério, derramo uma meia dúzia de lágrimas, levo esses trouxas no papo, e o sucesso é garantido.

Pensando assim, o menino atendeu a apresentação que foi feita por Moacir, entrou no palco com as mãos estendidas acima da cabeça, agradeceu ao apresentador e tomou o microfone nas mãos:

– Boa noite! Esse dia é muito especial para mim e minha família, principalmente minha mãe e meu pai, que sempre estão meu lado, apoiando minhas decisões, mas também puxando minha orelha quando é necessário. Eu entendo isso, porque sei que o objetivo é me ver feliz e um homem de bem. Hoje só não é um dia perfeito, porque falta aqui ao meu lado uma pessoa que muito me ajudou, a pessoa responsável por ter conseguido essa oportunidade de cantar para vocês, nesse grande estádio, num sonho que está se realizando. Então, dedico o melhor de mim a ele, o pastor Albério, que agora nos ouve, ao lado de Jesus e de Deus. Uma salva de palmas para ele, que foi nosso guia terreno e agora nos protege lá do céu, aguardando o julgamento dos justos e perfeitos, com certeza com seu lugar garantido entre os melhores.

A multidão foi ao delírio, observamos e vimos o encantamento em cada rosto juvenil e adulto. Paulo havia seduzido a multidão; os repórteres convidados, ao perceberem o resultado da presença do menino no palco, passaram a eternizar o momento de glória, o momento em que nascia um condutor de massa jovem.

Torquemada nos olhou por baixo dos cílios e não falou nada, percebemos certa inquietação no olhar. Olhei para ele e apenas sinalizei meu respeito a sua escolha.

Terminado o evento, Paulo entrou no camarim exausto e deixou-se cair na cadeira. Chamou Moacir. Nesse momento, Amanda entrou no ambiente, ele olhou para ela e se dirigiu a Alberto:

– Tire ela daqui.

Amanda olhou para o filho e falou:

– Não precisa, estou indo para casa, se você precisar de alguma coisa, sabe onde estarei.

Voltando-se para Moacir, Paulo ordenou com firmeza:

– Prepara mais uma fileirinha para mim.

– Mas, Paulo, isso pode acabar com sua carreira.

– Só uma na entrada e outra na saída.

Moacir obedeceu e sentiu medo do que viu nos olhos do jovem. Saiu do camarim e encontrou Anita e os pais tentando entrar.

– Ele não vai receber ninguém agora, está muito cansado.

– Vamos, Anita! Depois você liga para ele.

Nesse momento, Paulo abriu a porta, olhou para Moacir e falou com raiva:

– Ninguém diz para Anita o que fazer. Ela e os pais podem entrar e sair de onde eu estiver. Entendeu?

Anita olhou para o menino e viu além da aparência, encolheu-se nos braços do pai e falou baixinho:

– Por favor, me levem para casa.

– Entra, eu estou mandando – falou Paulo com maus modos.

– E quem é você para nos ordenar alguma coisa? Quero que respeite minha família, você entendeu? – respondeu Álvaro, conduzindo Sara e Anita para a saída do corredor.

– Vão para o inferno, de hoje em diante posso ter a mulher que quiser – gritou Paulo como louco.

Entrou no camarim e ordenou a Alberto:

– Quero que vocês dois me levem ao melhor prostíbulo da cidade, hoje começo a minha vida em todos os sentidos.

Clara olhou-nos com serenidade e falou:

– Não creiam apenas na aparência, ele sofre com a rejeição de Anita, ainda acredito que é por ela que ele irá capitular a maneira de conduzir a vida.

Acompanhamos Anita e sua família. A menina estava bastante triste, mas também firme em sua decisão:

– Mãe, pai, não temos nada em comum com a vida de Paulo. Um dia acreditei que ele seria o homem com o qual formaria a minha família. Agora sei que não temos sonhos semelhantes, sei que ele viverá uma vida de aventuras e prazeres, coisa que eu não almejo partilhar; por isso, peço a vocês que não toquem mais no nome dele. Se ele telefonar, digam que não estou, está bem? Preciso recomeçar a sonhar e com ele só conseguirei ter pesadelos.

– Meu patrão está montando uma filial numa cidade praiana e me ofereceu a direção do negócio como gerente, não falei nada a vocês porque Anita já estava bastante insegura com os últimos acontecimentos, mas diante disso acredito que será uma boa solução se nos mudarmos daqui – falou Álvaro.

– Será muito bom morar na praia, pai – respondeu Anita.

– E quando precisamos ir? – perguntou Sara.

– No máximo em um mês, preciso apenas encontrar uma casa para morarmos, e aceitar as coisas com o patrão.

A família, passados vinte dias, estava de mudança para uma cidade praiana. Anita sentia uma forte angústia apertando seu peito, mas acreditava que os meses que se passaram entre traumas e mágoas eram os responsáveis por sua dor. Ao seu lado, uma figura tétrica se unia ao seu pensamento em lamentos e sofrimentos inenarráveis.

Aproximamo-nos e a sensação era de escuridão, sem esperanças de um dia alcançar a luz. Compadecidos desse espírito infeliz, oramos com carinho e amor benditos.

CAPÍTULO XXVI
Pendências do passado

849. Qual é, no homem em estado selvagem, a faculdade dominante: o instinto ou o livre-arbítrio?

– O instinto, o que não o impede de agir com inteira liberdade em certas coisas. Mas, como a criança, ele aplica essa liberdade às suas necessidades e ela se desenvolve com a inteligência. Por conseguinte, tu, que és mais esclarecido que um selvagem, és também mais responsável que ele pelo que fazes.

(*O Livro dos Espíritos* – Livro III – Capítulo X, Lei de Liberdade – Item V, Livre-Arbítrio)

Algum tempo se passou, e a vida parece se acomodar em certos momentos, mesmo que as coisas não estejam saindo a contento, da maneira como gostaríamos ou mesmo precisaríamos. Assim permitimos que tudo continue da mesma forma; talvez, essa seja uma contribuição de nosso estado de medo do desconhecido, ainda não entendido como deve ser, então torna-se necessário que a dor nos obrigue a modificar esse estado de inércia.

Anita contava com 19 anos, estudava o segundo ano de Psicologia, namorava um bom rapaz, Celso, que estava ciente de suas limitações devido à violência que a menina sofrera. A família dedicava-se a uma casa espírita como trabalhadores ativos, Celso havia compartilhado com ela a Mocidade Espírita, e o entendimento doutrinário espiritista os beneficiara com uma compreensão melhor da vida. Haviam tomado a decisão de adotar duas crianças abandonadas assim que estivessem casados e estabelecidos.

Anita mostrava-se mais forte e firme em suas decisões, e o trauma sofrido estava controlado, mas sempre se questionava sobre o desaparecimento dos três jovens. Apesar de estar tudo bem, sentiu a depressão a rondá-la; certo dia, durante uma conversa com um atendente fraterno, ele havia falado sobre um amigo que sentia muito a falta dela, um amor do passado que não se conformava com a distância entre os dois. Ele aconselhara-a a conversar com ele, mostrando que sentia compaixão por sua dor, mas que aquele não era o momento de estarem juntos, visto que viviam em mundos diferentes.

Anita seguiu o conselho e sempre se lembrava do companheiro com carinho, orava, conversava, pedia perdão se algo que fizera o tivesse magoado, então, sentia certo alívio, mas sempre estava ali, lembrando através de sensações fortes a sua presença.

Amanda era uma mulher triste e sozinha, Paulo a afastara de vez de sua vida; por mais que tentasse se aproximar, era rejeitada. Chegou a um ponto em que havia desistido de ajudar seu filho, vivia isolada e sozinha. Sérgio nem se importava mais com eles, Paulo o sustentava, mandando grandes quantidades de dinheiro, assim o pai o deixava em paz.

João ainda dirigia a igreja evangélica que gozava de uma outra realidade energética, desdobrava-se em projetos sociais e procurava de todas as maneiras auxiliar aqueles que vinham em busca de esclarecimentos.

Paulo era um cantor famoso, muito rico e poderoso, os jovens o seguiam e imitavam; porém, sempre estava infeliz e procurava esconder-se atrás de drogas e alcoólicos; vez ou outra arrumava uma namorada tentando esquecer Anita; mas a imagem da menina não saía de seus pensamentos. Ele era infeliz, apesar de tudo que possuía.

Torquemada, inconformado, sentia que perdia o controle sobre ele. Obcecado por Paulo, abandonava a instituição Berço de Luz, que minguava a olhos vistos; os seguidores dessa falange, inseguros diante do descontrole de seu comandante, acabavam enxergando além da própria dor e aceitavam auxílio dos socorristas sempre presentes por aquelas paragens.

A mídia local da cidade onde Anita morava passou a divulgar um grande evento beneficente que seria realizado dentro de trinta dias, e um dos artistas a se apresentar seria Paulo.

– Álvaro, você ouviu falar que Paulo virá fazer um *show* beneficente na cidade? – perguntou Sara.

– Entregaram um panfleto no farol, fiquei bastante preocupado com Anita. Será que ela se sentirá tentada a ir? – respondeu Álvaro.

– Não sei, meu bem. Ela tem uma foto com ela guardada; outro dia, fui arrumar o quarto dela e encontrei isso debaixo do colchão – informou Sara.

– Meu Deus! Será que essa menina ainda gosta daquele marginal? – inquiriu Álvaro, demonstrando muita preocupação.

– Não sei. Há noites que a escuto chorar, e quando vou ao quarto e pergunto se posso ajudar, ela sempre diz que está tudo bem, e não fala mais nada – lembrou Sara.

– Sempre tenho receio dele, se encontrar Anita, como eles reagirão. Justo agora que a menina está bem, namorando o Celso, que é um excelente rapaz – comentou Álvaro.

– Não devemos nos preocupar com antecedência. De uma forma ou de outra ela irá saber da estada de Paulo por aqui; mas, acredito que ele nem mais se lembra de nós, ficou milionário, cada dia está com uma mulher diferente, e todas modelos ou atrizes famosas, não vai querer saber de Anita, uma moça simples e sem maiores ambições – disse Sara.

– Deus a ouça pelo bem de Anita, que já sofreu tanto na vida.

Fábio veio ao nosso encontro a pedido de Clara e nos pediu auxílio para Amanda; a jovem senhora estava bastante deprimida e pensando em se matar.

– Ela está com essa ideia fixa há vários dias, conseguiu a receita de um calmante fortíssimo e pretende tomar todo o vidro. Precisamos de ideias para tentar chegar a sua mente, a energia que a envolve é bastante densa, e ela tem se mostrado refratária aos amigos espirituais que se aproximam para auxiliá-la a se livrar desse jugo.

– No dia em que ela conversou com o pastor João notei grande afinidade vibratória entre os dois. Será que não poderíamos pedir auxílio a ele? – falou Maurício.

– Talvez o amigo tenha razão – concordei.

– E a diferença de religião entre eles? Será que poderá atrapalhar? – questionou Maurício.

– Acredito que não, o rapaz tem a mente bastante aberta em relação a esse assunto, lembro-me bem da conversa que eles tiveram aquele dia na praça – comentou Fábio.

– Tem razão, podemos então nos separar, Clara e Fábio ficarão ao lado de Amanda e vocês irão até o jovem pastor –

aconselhou Ineque.

Assim o fizemos; adentramos o edifício, que abrigava o templo religioso, e felizes constatamos que a boa energia a tudo e todos envolvia. Logo nos encaminharam à presença de João.

O jovem encontrava-se no escritório administrativo, sentado atrás da escrivaninha; tinha os olhos fechados, orava com fé e alegria, agradecendo a oportunidade da vida. Momento propício ao que viemos buscar, aproximei-me de seu campo vibratório e, feliz, percebi que era recebido com naturalidade, ele possui as mediunidades da vidência e da audiência.

– Bom dia, meu jovem amigo.

– Bom dia, eu o reconheço de outras visitas a essa casa de amor.

– Estamos aqui em busca de seu auxílio para uma amiga.

– O que posso fazer para ajudar?

– Lembra-se de Amanda?

– A mãe do jovem cantor Paulo?

– Ela mesma, anda muito deprimida com o rumo da vida do filho, acredita ter falhado em sua educação, o que possibilitou a presença de espíritos malfazejos que a assombram há tempos. E nos últimos dias o quadro mental tem se agravado, e ela se prepara para cometer o erro de colocar fim à própria vida. Acreditamos que você poderá auxiliá-la com uma boa conversa amorosa, trazendo esperanças e forças àquela mente sofrida.

– Vou até a sua casa ainda hoje. Obrigado pela confiança dos amigos.

– Somos Vinícius e Maurício. Obrigado por nos ouvir.

João abriu os olhos e, imediatamente, levantou-se da cadeira que o acolhia, tomou a carteira e a chave do carro nas mãos e dirigiu-se para o estacionamento. No caminho avisou que estava saindo por um tempo e não sabia o horário de sua volta, deu algumas instruções aos funcionários que o ajudavam e tomou o rumo da casa de Amanda.

Chegando ao local, desceu do carro e sentiu um mal-estar de imediato. Elevou os olhos ao céu e orou com fé e serenidade. Recomposto por nova e benéfica energia, tocou a campainha da casa.

Amanda havia esvaziado o vidro de remédios na mão, olhava para aquelas pequenas cápsulas como se estivesse hipnotizada. Um espírito malévolo a abraçou e falou sedutor:

– Não se amedronte! Deus a espera em seu reino de amor e perdão! Ele entende seu sofrimento e a espera ansioso! Não hesite, coloque tudo de uma vez na boca e beba a água fluída pelos anjos do Senhor! Tome, tome, tome, tome!

Repetia sem parar a mesma fala. Quando a campainha tocou, Amanda assustou-se e jogou longe as pequenas cápsulas. Assustada, correu para a porta e abriu, sem ao menos perguntar quem era. Olhou para João e, enfraquecida, desabou em seus braços, desacordada.

O pastor a ergueu nos braços, depositou o corpo inerte no sofá da sala, correu para a cozinha, tomou um pano nas mãos, molhou-o na torneira e voltou para perto da moça.

Observava o rosto abatido e pálido. Compadecido do visível sofrimento de Amanda, acariciou os cabelos e orou pedindo a Deus que a fortalecesse nesse momento. Amanda foi voltando a si, olhou o rosto de João, tocou sua mão e falou em um fio de voz:

– Por favor, me ajude!

– Está tudo bem, Amanda! Eu estou aqui e não vou embora enquanto você precisar de mim.

Ela apertou a mão do moço e adormeceu no mesmo instante. João levantou sua cabeça e a acomodou em seu colo, e ficou ali ao lado da jovem senhora.

As horas foram passando e Amanda descansava sossegada; João recostou no sofá e adormeceu também.

Estávamos à espera desse momento. Inácio se juntou a nós nesse socorro de amor.

Paulo encontrava-se descansando em sua casa, quando Alberto chegou com uma pasta na mão.

– O que foi? Não falei que queria ficar sozinho?

– Mas também falou que se eu tivesse notícias de Anita, podia vir perturbar a qualquer hora – respondeu Alberto com sarcasmo.

Paulo levantou-se abruptamente da cama e arrancou a pasta das mãos do outro. Ansioso, abriu e passou a ler as informações que continha o relatório do investigador que havia contratado.

– Nós estaremos nessa cidade em poucos dias – falou alto.

– Isso mesmo, achei que gostaria de saber.

– Manda colocar meu carro na porta, vou até lá agora.

– Você está louco! Tem um *show* agora à noite.

– Se vira e desmarca, fala que fiquei sem voz.

Dizendo isso, Paulo arrumou uma mochila com uma troca de roupas e saiu apressado.

Paulo sentia-se bastante emocionado. Durante todos os anos que haviam passado, depois que Anita fora embora, ele nunca a esquecera. Não havia um só dia em que ele não tinha pensado nela com saudades, arrependia-se de tê-la maltratado. Já fazia uns meses que havia contratado os serviços de um investigador, mas parecia que ela tinha sumido no ar. Agora que sabia onde encontrá-la, estava com medo de ser rejeitado. Precisava pensar em como iria abordá-la, para não assustar a menina.

Corria como um louco pela estrada, com pressa de chegar a seu destino, e pensou aflito:

– Que burro eu fui, poderia ter pegado um avião, chegaria mais rápido, mas não, é melhor assim, vou ter tempo para pensar. Tenho uma viagem de, pelo menos, seis horas, será o suficiente para saber o que fazer e como fazer para ela me aceitar de volta.

Anita estava desassossegada, andava de um lado a outro, pegava o panfleto no bolso da calça jeans, lia o conteúdo e voltava a guardá-lo.

Aflita, pensou:

– E agora? O que faço? Será que ele está bem? Será que lembra de mim? Que inferno! Pensei já ter me livrado disso!

Desesperada, jogou-se sobre a cama e chorou como há muito tempo não fazia. Sara ouviu o choro da filha, bateu na porta e entrou.

– Anita, você está bem?

– Não, mãe, não estou bem; mas, não fale nada, apenas fique comigo um pouquinho.

Percebendo o conflito que Anita vivia, apenas sentou-se na cama e acomodou a cabeça da menina em seu colo.

– Está tudo bem, minha filha. Apenas desabafe e quando tiver condições e vontade de falar, você sabe que estarei ao seu lado.

Aos poucos Anita foi se acalmando e adormeceu. Aproveitamos a ocasião e a transportamos para uma sala de atendimento fraterno no plano dos espíritos. Permitimos a ela um momento de descanso, depois a chamamos com carinho.

– Anita, acorde um momento, por favor!

A menina abriu os olhos e nos fitou, emocionada.

– Fazia bastante tempo que eu não os via.

– Porque não houve necessidade de nossa presença; mas, agora, a menina precisa de um momento de reflexão para resolver algumas pendências do passado, não é assim? – perguntei a ela, sorrindo com carinho.

– Você tem razão, o assunto Paulo nunca foi resolvido; apesar de muito jovem, na época em que nos conhecemos, a presença dele marcou minha vida com muita intensidade. Procurei ignorar meus sentimentos durante esses anos; quando lembrava o passado, forçava minha mente a mudar o caminho, que tanto me machucava; porém, eu nunca o esqueci e confesso sentir saudades dele – falou Anita.

– E o que você pretende fazer? – perguntei a ela.

– Não sei, mas não posso mais fazer de conta que o problema não existe. Preciso falar com ele, descobrir como ele está, se mudou alguma coisa no comportamento que manifestava. Tudo vai depender desse momento, apenas sinto muito em relação a Celso, ele é um bom moço, e tem me feito muito bem; porém, hoje, eu tenho certeza que não o amo para partilhar uma vida com ele, não é justo enganá-lo por mais tempo – respondeu Anita.

– Você sabe que Paulo é um espírito de difícil convivência, não sabe? – perguntei à menina.

– Sei sim, mas eu preciso resolver esse assunto de qualquer maneira, senão nunca terei paz. Seja qual for o resultado de nosso encontro, eu preciso responder, a mim mesma, algumas questões. Além do mais, ele pode nem lembrar mais de mim, assim as coisas se resolveriam de uma maneira mais fácil – comentou Anita.

– Você tem certeza do que quer, minha filha? Porque as consequências virão para o futuro, e você precisa estar preparada para vivenciá-las. Você sabe que as suas crenças e a maneira com que enxerga a vida são muito diferentes de Paulo, precisa estar forte e firme em seus propósitos cristãos, para não sucumbir às provas que, certamente, acontecerão – falei com mansidão.

– Acredito que sei, sim. Apenas preciso de ajuda para viver esse relacionamento, caso ele aconteça. Quero também poder ajudar Paulo a ver a vida de forma diferente, com mais respeito e amor às criaturas de Deus – enfatizou Anita.

Continuamos nossa conversa, enquanto isso Inácio acolhia Amanda em seu consultório psiquiátrico.

Amanda encontrava-se desacordada pelo estresse vivido nos últimos anos. Sozinha, sucumbiu à depressão e ao medo do futuro, afastou-se da casa espírita que frequentava e dos amigos que a amavam; permitiu assim a aproximação de amigos infelizes que a assediavam e maltratavam, tornando-a uma nulidade junto a Paulo, que se irritava com o estado de perturbação da mãe.

Amanda abriu os olhos e chorou como uma criança, aos poucos foi acalmando e estendeu as mãos para Inácio.

– Por favor, me ajude! Onde estou? Aqui é um hospital?

– Seu corpo está adormecido e, com a ajuda de João, a trouxemos ao plano dos espíritos, para uma conversa amigável – falou Inácio, sorrindo.

– Ah! Meu amigo, eu sinto uma tristeza sem fim, não consigo nem mesmo cuidar de mim mesma. Só penso em dormir e morrer. O que está acontecendo comigo, além dos problemas que enfrento com Paulo?

– Você sabe como acontecem os processos obsessivos, não sabe?

Amanda olhou-me curiosa e, arregalando os olhos, falou,

surpreendida com o raciocínio lógico do momento:

– Deus meu! Eu permiti isso, com sentimentos improdutivos, eu permiti que irmãos inferiores se aproximassem de mim e conduzissem meu pensamento? – perguntou admirada.

– Esse é um processo natural, que tem muito a ver com a lei de afinidade vibratória – respondeu Inácio.

– Preciso mudar meu panorama mental! Tantos anos de estudo da Doutrina dos Espíritos e quando precisei utilizar as informações recebidas, não consegui fazer isso – falou Amanda, mostrando desalento consigo mesma.

– Minha filha querida, essa vivência nós chamamos de aprendizado. Bastou questioná-la e você soube as respostas, então o aprendizado aconteceu, você só precisava de uma... forcinha – respondeu Inácio, sorrindo com alegria.

– Que vergonha! Desmaiei nos braços do pastor João, o que ele estará pensando de mim? – questionou Amanda constrangida.

– Que chegou na hora certa para auxiliá-la. Ele é um bom sujeito e poderá ajudar você a entender muito do que anda vivendo – disse Inácio.

– Mas... ele é evangélico, eu sou espírita. Falamos línguas diferentes – questionou a moça com tristeza.

– A língua de Deus é uma só, minha filha. Os rótulos são projetados pela necessidade do homem e não de Deus. Além do mais, vocês já conversaram sobre esse preconceito muito humano, você se lembra? – respondeu Inácio.

O atendimento a Amanda continuou por mais um tempo, depois ela foi encaminhada a sua casa e retomou o controle de suas funções orgânicas.

Ao observar os últimos acontecimentos e avaliar o comportamento das pessoas de nossa convivência, trabalhadores dos dois planos e os assistidos nos momentos de infortúnio, percebo a cada dia com mais clareza a presença de Deus em nossas vidas; então, sinto-me pleno em felicidade e crença pessoal, pois a esperança no futuro se fortalece em minha mente e sinto a liberdade envolvendo o nosso magnífico planeta Terra, seu destino incomparável.

CAPÍTULO XXVII
Desdobramento

850. A posição social não é às vezes um obstáculo à inteira liberdade de ação?

– *O mundo tem, sem dúvida, as suas exigências, Deus é justo e tudo leva em conta, mas vos deixa a responsabilidade dos poucos esforços que fazeis para superar os obstáculos.*

(*O Livro dos Espíritos* – Livro III – Capítulo X, Lei de Liberdade – Item V, Livre-Arbítrio)

Paulo finalmente adentrou a linda cidade praiana. Cansado, encostou o carro e, ao tomar o celular, ligou para Alberto.

– Já cheguei e preciso de um hotel. Parei em frente a uma padaria, vou comer alguma coisa. Assim que conseguir uma reserva em meu nome, você me avisa, está bem?

– Você é louco, cara! Aqui está a maior bagunça, você tinha um *show* com ingressos vendidos para 5 mil pessoas, vamos ser processados e teremos que pagar uma fortuna de multa e quebra de contrato, além de devolver todo o dinheiro arrecadado e ainda pagar as despesas. Teremos um prejuízo monstro – falou Alberto bastante irritado.

– Dinheiro não é problema, paga o que for preciso e depois marca um *show* em praça pública, de graça, e ainda damos uma lição nesse empresariozinho sem visão. O povo fica satisfeito e ganhamos dinheiro com os patrocinadores. Será que preciso ensinar tudo a vocês? Nem sei por que pago uma fortuna para tantos incompetentes – respondeu Paulo, também irritado.

– Você precisa cumprir compromissos, esse é o terceiro contrato que você ignora na última hora, daqui a pouco ninguém vai querer contratar a gente – disse Alberto, gritando com raiva.

– Contratar a gente? Contratar a mim, porque eu sou o artista, eu sou importante; nesse lodo todo, sem mim vocês não são nada; então não me amole e faça o que mandei, senão arranjo outro para pôr no seu lugar – ameaçou o jovem.

– Pôr outro em meu lugar? – Alberto deu uma gargalhada de deboche e comentou – E quem vai esconder a sua sujeira, varrer a porcaria para baixo do tapete? Além do mais, garoto, você tem o rabo preso comigo. Se eu abrir a boca te meto na cadeia por assassinato. Espere aí, Romeu de araque, vou ver se acho um quartinho para você dormir – dizendo isso, Alberto desligou o telefone e, enraivecido, quebrou tudo que estava ao seu alcance; depois, ao se acalmar, resolveu fazer o que Paulo mandou.

Paulo, bastante nervoso, entrou na padaria, escolheu uma mesa escondida num canto e se sentou. Ele fez o pedido e ficou esperando o telefonema de Alberto. Logo o empregado avisou-o do endereço do hotel onde havia uma reserva em seu nome. Paulo pagou a conta e saiu do estabelecimento. Assim que entrou no carro, olhou para a frente e viu Anita atravessando a rua. Emocionado, não conseguiu esboçar nenhuma reação, apenas acompanhou a caminhada da menina com os olhos.

Mesmo depois que ela se foi e saiu de seu campo de visão, ele continuou sentado no carro, imóvel, as lágrimas escorrendo de seus olhos; então, voltou a si, enxugou o rosto e dirigiu, devagar, até o hotel.

Registrou-se na portaria, pegou a chave do quarto e subiu

ao décimo andar; adentrou a suíte, deitou-se na confortável cama e adormeceu imediatamente.

Desdobrado pelo sono, encontrou-se com Albério, que já o esperava.

– O mestre espera-o ansioso, você anda fazendo algumas burrices e fugindo de nossos planos. Vou logo avisando: fique de cabeça baixa e não o afronte, Torquemada está furioso com você.

– Eu não quero ir! – falou Paulo em um ímpeto de revolta.

– Como você se atreve? Ele virá até você e terá o inferno que pediu. Ele o torturará até voltar ao caminho reto – ameaçou Albério.

– Ele não é meu dono; além do mais, estou com problemas a serem resolvidos e ele não tem nada com isso. Eu não vou! – frisou Paulo com convicção.

Nesse momento, fizemo-nos visíveis aos olhos dos dois homens; aproximei-me e falei com paciência:

– Posso ajudá-los de alguma forma?

– Então vocês estão atrás da rebeldia desse moleque! – dirigindo-se a Paulo, falou com raiva – O que você está pensando, que está livre e a salvo só porque se juntou a esses loucos que acreditam estar a serviço de Deus? Você está enganado, somente nosso mestre Torquemada está ao lado Dele, ele é o pensamento de Deus vivo, você está afrontando a divindade e será punido.

Paulo olhou para ele com desfaçatez e falou com meio sorriso:

– Vejo que você os teme, então estou com eles. Diga ao seu mestre que não me controla mais, vou seguir outro caminho e quero minha liberdade, quero escolher o que viver por conta própria. Não pertenço a sua causa, vocês apenas me serviram por um tempo, agora já não me interessam mais.

– Da mesma maneira que nos traiu hoje, ele os trairá amanhã – falou Albério, olhando para mim.

– Este é um problema do Paulo, meu amigo; apenas estamos oferecendo uma oportunidade, se ele saberá aproveitar, isso é uma outra história. Não podemos invadir a mente de ninguém e forçar um novo rumo, esse é o valor maior de nosso livre-arbítrio, instrumento evolutivo – respondi com mansuetude.

Albério olhou-nos com sarcasmo e saiu devagar do ambiente, seguido pelos seus comparsas.

Paulo olhou-nos e perguntou com certo cinismo:

– E agora? Quais são as ordens?

– Não temos ordens a dar ao menino. Apenas um conselho carinhoso, faça ao próximo apenas o que você gostaria de receber – respondi, sorrindo.

– O que eu quero? Muito dinheiro, o que já tenho, muita diversão, que o dinheiro compra, e agora encontrei Anita, que será a minha mais nova aquisição. Depois eu arranjo novos objetivos, porque a vida anda muito chata – respondeu com desfaçatez.

– Você anda fazendo escolhas que trarão consigo consequências de igual qualidade; tem transgredido as leis morais, diuturnamente, e nem mesmo pode alegar ignorância de saber a diferença entre o bem e o mal. Chegará o dia em que deverá acertar esses enganos, e como será isso? De maneira dolorosa ou consciente da necessidade de mudar o rumo de suas crenças? – questionei o jovem.

– Deixo para responder quando for essa hora, até lá estarei aproveitando o que conquistei, o direito de ser muito rico e ter minhas vontades atendidas. Então não me amolem nem diminuam a alegria de minhas conquistas – comentou Paulo, demonstrando irritação.

Olhei para o jovem, aproximei-me de seu campo vibratório e percebi, encantado, que havia uma dor latente atrás de cada ação malfeita; então sorri para ele e o abracei com carinho, falando ao seu ouvido:

– Há sempre lugar para todos na casa do Pai, não importa o estado em que batemos a sua porta, sempre seremos acolhidos.

– Por que você fala sobre isso? Por acaso você me critica pela maneira como tenho agido até o momento? Faço o que for necessário para atender as minhas necessidades, sejam elas físicas, financeiras ou emocionais. Hoje conto 20 anos e já vivi experiências de todas as formas possíveis. E descobri que sou forte o suficiente para não me tornar dependente de nada. Já consumi alcoólicos, drogas de todos os tipos, tive relações sexuais com todo tipo de pessoas, sem preconceitos me relacionei com homens e mulheres, e nada disso me escravizou. Apenas uma pessoa sempre volta ao meu pensamento e me deixa inseguro e triste, é Anita, e eu preciso resolver isso de uma forma ou de outra – desabafou o jovem.

– Pensei que apenas o amor o impulsionasse a essa procura. A menina Anita já sofreu demais, e seria prudente de sua parte respeitar a sua decisão de se afastar. Isso se você pretende apenas satisfazer um desejo egoísta em relação a ela, que, com certeza, trará sofrimento e angústia a sua vida e a desequilibrará. E você acredita que ela merece passar por mais essa provação?

Paulo apenas nos olhou e abaixou a cabeça, respondendo em um murmúrio:

– Eu preciso dela, ela poderá me salvar desse inferno.

– As escolhas são suas, meu amigo, assim como as consequências de seus atos, ninguém foge a isso.

Afastei-me a tempo de ver olhos marejados por lágrimas não derramadas, fiz um sinal com a cabeça e nos retiramos do ambiente.

A beleza da vida está nas reticências, pois sabemos que as respostas nunca estão prontas em nossas mentes, mas sempre em transformação em nossos corações.

CAPÍTULO XXVIII
Será amor?

851. Há uma fatalidade nos acontecimentos da vida, segundo o sentido ligado a essa palavra; quer dizer, todos os acontecimentos são predeterminados, e nesse caso em que se torna o livre-arbítrio?

– *A fatalidade não existe senão para a escolha feita pelo espírito, ao encarnar-se, de sofrer esta ou aquela prova; ao escolhê-la, ele traça para si mesmo uma espécie de destino, que é a própria consequência da posição em que se encontra. Falo das provas de natureza física, porque, no tocante às provas morais e às tentações, o espírito, conservando o seu livre-arbítrio sobre o bem e o mal, é sempre senhor de ceder ou resistir. Um bom espírito, ao vê-lo fraquejar, pode correr em seu auxílio, mas não pode influir sobre ele a ponto de subjugar-lhe a vontade. Um espírito mau, ou seja, inferior, ao lhe mostrar ou exagerar um perigo físico pode abalá-lo e assustá-lo, mas a vontade do espírito encarnado não fica por isso menos livre de qualquer entrave.*

(*O Livro dos Espíritos* – Livro III – Capítulo X, Lei de Liberdade – Item VI, Fatalidade)

Assim que nos retiramos do quarto ocupado por Paulo, dirigimo-nos para a casa de Anita. Encontramos a menina debruçada sobre os livros, mas não conseguia concentrar-se no assunto a ser pesquisado. O dia havia se arrastado, apesar dos afazeres que tinha; sua cabeça parecia não obedecê-la. Por mais que se esforçasse para não pensar na proximidade de Paulo, ela estremecia a cada momento.

Anita levantou-se da cadeira e foi para a janela de seu quarto. A rua estava escura, as luzes mal conseguiam dar um aspecto lúgubre ao ambiente. Observou e pensou ter visto alguém do outro lado a observando. Amedrontada, escondeu-se atrás da cortina e viu um indivíduo de feições malévolas cumprimentando-a com a cabeça. Tentou firmar a vista, mas a figura horrenda esvaneceu-se no ar. A menina voltou para dentro do quarto, deitou-se na cama e fechou os olhos, adormecendo de puro cansaço.

Tentamos auxiliar Anita no desdobramento pelo sono e encaminhá-la novamente a uma sala de atendimento fraterno; porém, ela, presa a sua própria dor, não conseguia nos ver ao seu lado.

Paulo, em desdobramento, entrou no ambiente e falou emocionado:

– Finalmente eu te encontrei e não vou mais embora.

Anita olhou-o com os olhos arregalados pelo espanto; também emocionada, correu em direção do homem a quem tanto amava e o abraçou, dizendo:

– Promete nunca mais se afastar de mim?

– Prometo sim, e você promete nunca mais temer a minha presença?

Anita olhou-o assustada, e todos os acontecimentos pregressos passaram rapidamente por sua mente; as lembranças vinham e a enfraqueciam. Ela afastou-se de Paulo e, com o olhar triste e cansado, falou baixinho:

– Por mais que o ame, não posso aceitar as suas ações, a sua sede de poder e riqueza, o seu desrespeito em relação a todos que o amam tanto. Onde está sua mãe? Você a abandonou, assim como abandonou toda a possibilidade de ser uma criatura melhor. Não posso aceitar o que me pede, pois sei quem é você. Lembro-me de outras vidas, pequenos eventos que vivemos juntos, e você sempre escolhe o caminho mais triste e errado. Hoje eu sei quem sou, apesar da dor de recusá-lo, e sei que sofrerei menos do que estar com você e presenciar os seus desatinos.

Paulo olhou-a indignado e falou em voz estridente:

– Ou você me aceita de volta ou vou matá-la, porque não será de mais ninguém. Você é minha, só minha!

Anita acariciou seu rosto com meiguice e falou com serenidade:

– Não pertenço a ninguém, meu amor. Eu sou um espírito livre, em busca da felicidade, e para isso faço escolhas melhores para que o amanhã não traga melancolia a minha vida. Deus me permitiu essa liberdade através do livre-arbítrio; você pode atrapalhar as minhas experiências, mas nunca aprisionar o que já é livre.

– Não me abandone, por favor. Morrerei se perdê-la novamente.

– Só há uma maneira de estarmos juntos, quando entender o valor da vida e modificar as suas atitudes em relação as suas responsabilidades. Veja o que fez com essa oportunidade de auxiliar a tantos jovens na escolha de suas vivências: você os exorta aos mais torpes comportamentos, estimula-os ao uso de entorpecentes, aos alcoólicos, ao sexo desregrado, ao desrespeito à família. Você iniciou sua carreira enganando a todos para em seguida traí-los nas suas mais nobres crenças.

– Não fale assim, você está me fazendo sofrer e eu a amo tanto.

– Não, você não me ama, pois ainda não consegue amar nem a si mesmo. Pare e pense, refaça seu caminho e permita a si mesmo novos questionamentos que o auxiliem em busca da verdade.

Paulo acariciou seu rosto e foi embora. Seus passos eram lentos e pesados. Voltando ao corpo material, acordou imediatamente, um tremor desagradável tomava conta de sua matéria. Ele levantou-se da cama, entrou embaixo do chuveiro e chorou como uma criança. A manhã encontrou-o ainda debaixo do chuveiro, agachado, o rosto triste entre as mãos.

Aproximamo-nos do jovem; admirados, percebemos que estava receptivo a nossa presença. Felizes, passamos a energizá-lo. Ana aproximou-se mansamente e passou a cantarolar a canção que Amanda entoava todas as vezes em que ele se mostrava entristecido.

Paulo levantou, fechou o chuveiro, tirou a roupa molhada, enrolou-se numa toalha e foi até o telefone.

– Mãe, sou eu – falou, chorando.

– Filho, o que houve, por que você chora?

– Mãe, eu encontrei Anita, ela está morando em Santa Catarina.

– Paulo, deixe essa menina em paz, ela já sofreu muito, meu filho.

– Eu sei, mãe. Eu não consigo parar de pensar nela, e nessa noite eu sonhei com ela; dizia não querer nada comigo, que me ama, mas não me aceita como sou.

– E você, meu filho, você a ama?

– Eu não consigo imaginar o mundo sem Anita, esses anos todos sem saber onde ela estava foram um inferno.

– Você não me respondeu, Paulo. Você a ama?

– Se essa necessidade de alguém é amor, então eu a amo.

– Amar é querer o outro feliz, mesmo que longe de nós. Você estaria preparado para isso? Vê-la feliz e livre?

– Não sei, não, não sei se já consigo amar dessa forma. Só de pensar em Anita com outra pessoa sinto uma angústia muito grande, e fiquei sabendo que ela está noiva.

– Como você ficou sabendo? Aliás, como você encontrou Anita?

– Eu contratei um detetive particular, ontem ele me deu o endereço dela e eu estou aqui, não sei o que fazer.

– Você está em Santa Catarina?

– Estou sim, ontem eu a vi, foi por acaso.

– Paulo, o que você vai fazer?

– Eu não sei, lembrei de você porque me sinto muito só. Você viria encontrar comigo, mãe?

– Vou sim, meu filho. Vou avisar no trabalho que eu não vou, depois pego o primeiro avião.

– Não se preocupe com dinheiro, eu pago todas as suas despesas.

– Paulo, você nunca entendeu que o seu dinheiro não importa para mim, eu tenho o suficiente graças ao meu trabalho e minhas economias; posso encontrar com você por conta própria.

– Desculpe, mãe.

– Está tudo o.k., apenas me prometa não fazer nada até eu chegar.

– Eu prometo.

Amanda telefonou para João e o avisou de sua decisão de encontrar-se com Paulo; contou a ele a conversa que teve com o filho. O moço, emocionado, comentou:

– Isso me lembra a belíssima lição de Jesus sobre O Filho Pródigo. Amanda, o que você me contou é um hino de esperança para Paulo.

Amanda conseguiu chegar ao seu destino à noite. Paulo a esperava no aeroporto. Assim que viu a mãe, os olhos do rapaz se encheram de lágrimas; correu e abraçou-a como nunca tinha feito. Paulo sentiu um alivio muito grande, sentiu-se amparado e protegido.

Amanda olhou nos olhos do filho e percebeu que algo se modificara em seu íntimo, percebeu que ele sofria de verdade. Abraçou-o novamente e, acariciando seu rosto pálido, disse:

– Eu sempre estarei ao seu lado quando precisar de mim, nunca esqueça.

– Você sempre afirmou isso com clareza, mas eu nunca havia entendido o que significava. Obrigado, mãe.

– E o que você pretende fazer?

– Vamos! Estou com o carro no estacionamento, ainda não comi nada hoje, e você também deve estar com fome. Vamos a um restaurante sossegado e conversamos.

Paulo dirigiu calmamente pela cidade, parou em frente a um restaurante simples e falou:

– Estive aqui há alguns anos, no intervalo entre um *show* e outro, é uma cantina italiana simples, mas a comida é muito boa.

– Está bom para mim – respondeu Amanda.

Mãe e filho escolhem uma mesa mais afastada, logo fazem o pedido e começam a conversar.

– Mãe, eu pensei muito sobre o que fazer. Depois daquele sonho que contei a você, percebi que se quero estar com Anita preciso mudar a minha maneira de viver; mas eu não sei se consigo fazer isso, determinadas coisas ainda são muito atraentes para mim, e confesso que por mais que tente ver como comportamento errado, eu não consigo.

– Dê um exemplo, Paulo.

– Relacionamentos fiéis: se um dia eu me casar, seja lá com quem for, essa história de não poder se relacionar sexualmente com outra pessoa, para mim, parece caretice idiota. Eu posso amar apenas uma, mas posso desejar outras pessoas, ter relações que me deem prazer e não considero isso como traição, pois meu amor continua fiel apenas a uma pessoa.

Amanda olhou para o filho e, admirada, percebeu que ele falava a verdade; realmente, no seu entendimento não havia nada de errado na situação descrita por ele. Parou e pensou como responderia a ele, sem magoá-lo ou mesmo afastá-lo de si.

– Paulo, o amor verdadeiro pressupõe a existência do desejo de ser feliz junto à pessoa amada. Nosso mundo se transforma em razão desse sentimento, e um dos presentes que oferecemos ao nosso companheiro é a fidelidade a esse relacionamento ímpar. Ao iniciarmos essa prática passamos a descobrir novos valores e formas de ser feliz, de estar encantado com o outro. A fidelidade é parte do respeito, o corpo do outro nos é fiel, pois somente se encanta se é tocado por nossas mãos, assim como nos encantamos ao perceber que nosso companheiro também sente o mesmo em relação a nossa aproximação. Quando sentimos amor verdadeiro, de acordo com a nossa compreensão, nada nos distrai dessa maravilha. Mesmo que enxerguemos o ser mais perfeito a nossa frente, nada se compara àquele que nos ama e nós amamos.

– Será que ainda fico nesse conflito entre o quero e o que sinto, pois nunca me relacionei dessa forma com ninguém?

– Amar também nos torna responsáveis em relação ao outro, se você acredita amar Anita, renunciar a esses prazeres não lhe trará sofrimento, pelo contrário: você sentirá uma liberdade nunca antes experimentada; mas, meu filho, principalmente no seu caso com Anita, é necessário estar em pleno exercício da verdade e da lucidez, pois arremessá-la a um relacionamento desequilibrado será uma maldade.

Nesse momento, Torquemada adentrou o ambiente, Paulo sentiu um grande mal-estar, ficou pálido e trêmulo. O verdugo aproximou-se de seu campo vibratório, aproximou a boca de seu ouvido e falou:

– Morrerás, morrerás! Escolheste outro caminho sem permissão, não o libertei de seu contrato, sentirá seu corpo adoecer e queimar por uma febre inexistente, irás morrer, e sua dor será lenta e enlouquecedora. Agora mesmo você não conseguirá respirar, sentirá o desfalecimento e, sem controle, viverá entre o horror de sua traição e o arrependimento de perder tudo o que tem.

Paulo tentava respirar e não conseguia. Amanda olhou aquela cena e logo percebeu o que acontecia; mentalmente, olhando de frente para os olhos dementados de Torquemada, pensava com serenidade:

– Nada do que fizer mudará o curso dessa história; assim como nós, você tem a oportunidade de modificar o seu caminho. Meu filho está vivendo um momento precioso para a sua evolução, e nada do que fizer poderá impedir que ele entenda as próprias necessidades, que ele consiga sublimar os mais tristes sentimentos que o dominam ainda e o mantêm cativo da ignorância. Eu não o temo, pois compreendo que és mais necessitado de compreensão do que qualquer um de nós, mas não permito a você essa interferência, então, peço auxílio aos bons espíritos para que possamos caminhar sem a sua presença.

Paulo, assustado, olhou para a mãe e falou:

– Estou me sentindo muito mal, tenho a sensação de que vou morrer.

Amanda segurou as mãos do rapaz entre as suas e, com um sorriso feliz, exortou o rapaz a oração:

– Meu querido, esse momento é muito especial, você entende um pouco sobre a vida espiritual e sabe sobre as leis que regem a vida. Então, nada mais normal do que surgir um receio, entre seus companheiros espirituais até o momento, de perder o controle sobre a sua vontade. Está na hora de libertar-se desse jugo incômodo e de fazer valer a sua vontade de modificar o seu caminho. O que você sente é a influência desses irmãos, ainda equivocados em suas escolhas, que têm perdido a sua colaboração.

Paulo olhou para a mãe e, aflito, perguntou:

– E o que eu faço?

– Nesse momento, apenas acredite que você tem direito de ser feliz e libertar-se daquilo que já o incomoda, apenas isso. Ore comigo, ore por você mesmo e por aqueles que insistem em permanecer infelizes.

Amanda, sorrindo com alegria, iniciou a belíssima oração que nosso mestre Jesus nos ensinou, o Pai-Nosso.

CAPÍTULO XXIX
Confissão

852. Há pessoas que parecem perseguidas por uma fatalidade, independentemente de sua maneira de agir; a desgraça está no seu destino?

– São, talvez, provas que devem sofrer e que elas mesmas escolheram. Ainda uma vez levais à conta do destino o que é, quase sempre, a consequência de vossa própria falta. Em meio dos males que te afligem, cuida que a tua consciência esteja pura e te sentirás mais ou menos consolado.

As ideias justas ou falsas que fazemos das coisas nos levam a vencer ou fracassar, segundo o nosso caráter e a nossa posição social. Achamos mais simples e menos humilhante para o nosso amor-próprio atribuir os nossos fracassos à sorte ou ao destino do que a nós mesmos. Se a influência dos espíritos contribui algumas vezes para isso, podemos sempre nos subtrair a ela, repelindo as ideias más que nos forem sugeridas.

(*O Livro dos Espíritos* – Livro III – Capítulo X, Lei de Liberdade – Item VI, Fatalidade)

Amanda e Paulo, após a refeição, foram para o hotel. O rapaz pediu que o transferissem para outro apartamento, para ficar perto de sua mãe.

– Paulo, você ainda não me respondeu, o que pretende fazer?

– Quando resolvi vir para cá em busca de Anita, eu não tinha dúvidas, mas agora estou inseguro, o meu *show* é daqui há três dias, então, vou usar esse tempo para pensar. Você fica aqui comigo?

– Fico sim, meu filho. Vou avisar o João e pedir a ele que avise em meu trabalho.

– Você está namorando o pastor?

– Estamos namorando há cinco meses, ele é uma boa pessoa e tem me ajudado bastante.

– E como fica a questão religiosa? Você é espírita e ele é evangélico, isso não gera conflito?

– Não, ele respeita a minha maneira de exercitar a minha fé e eu respeito o trabalho belíssimo que ele faz junto a sua comunidade.

– E aquela história de demônios de que o Albério falava, que os espíritas tinham pactos com o diabo?

– Isso é ignorância, as religiões são obras do homem, que as revestem daquilo que lhe interessa, mas onde existe compromisso verdadeiro com o Pai, essas diferenças passam a não importar muito. O que realmente é produtivo e tem uma forma harmônica, pois pressupõe a evolução do ser, e o ser esclarecido intelectualmente passa a ter mais discernimento em suas escolhas, não se deixa envolver por ideias preconceituosas.

– João assumiu a mesma igreja de Albério, não é?

– Isso mesmo, ele ficou no lugar de Albério.

– Havia muito preconceito naquela época, lembro que você e papai acabaram se separando por conta disso.

– Não foi somente por esse motivo, Sérgio mudou muito sob a influência de Albério, ou melhor, despertou nele traços de personalidade que já existiam, mas não havia se manifestado até aquele momento. E isso foi gerando conflitos entre nós, acabamos por professar crenças e maneiras de viver muito diferentes, o que gerava conflitos constantes.

– E eu acabei por contribuir com isso, não é?

– Paulo, ninguém consegue me obrigar a fazer nada daquilo que eu não queira. Isso é desculpa de quem não assume as suas próprias responsabilidades. Então, meu filho, tire isso da cabeça, está bem? Você tem bastante assunto aí para resolver, então vamos nos concentrar nisso.

Exausto, Paulo deitou em sua cama e adormeceu imediatamente; Amanda, sentada numa poltrona ao lado da cama do filho, fitava-o enternecida e pensou, sorrindo:

"Até parece aquele menino que tinha medo do escuro e dormia segurando minhas mãos."

Feliz, fez uma prece de agradecimento, levantou-se e foi para o quarto ao lado.

Fábio veio nos alertar de que Torquemada pretendia organizar um grande número de seguidores para atacar a casa espírita que nos acolhia.

Ao chegarmos nos arredores do local, notamos um grande número de entidades que se movimentavam por ali.

Adentramos a amorosa casa de amor e oração e percebemos que os trabalhadores já estavam preparados para o acontecimento. Ineque veio ao nosso encontro e, sorridente, nos disse:

– Chegaram a tempo de nossa oração de agradecimento pelo trabalho destinado a nossa comunidade, prevejo um grande número de irmãos que serão socorridos. Como é bondoso nosso Pai!

– Fábio nos solicitou a presença, Torquemada pretendia um ataque à casa espírita, não é isso? – questionou Maurício, espantado pela alegria de nosso amigo.

– Sim, é isso mesmo, e você já viu uma ocasião mais propícia à caridade? Esses irmãos ainda envolvidos pelas trevas interiores estarão a nossa porta, prontos para o socorro abençoado pelo Pai.

– Você tem razão! – respondeu Maurício, sorrindo. E completou:

– Preciso exercitar esse lado otimista.

Ineque abraçou-o e falou alegremente:

– Bem-vindo ao mundo de Deus, meu amigo!

Em minutos a turba enlouquecida, sob o comando de Torquemada, rodeava a casa espírita; trabalhadores dos dois planos exercitavam a sua fé e a sua bondade; aos poucos, diante da luz abençoada da oportunidade, o silêncio em forma de trabalho cristão frutificou e irmãos estendiam as mãos em busca de amparo e paz.

Torquemada, com os braços cruzados no peito, olhou por baixo dos cílios, em silêncio, e nos afrontou com a presença dos nove dragões do Cristo, como se intitulavam. Paramentados e orgulhosos, aproximaram-se de nosso grupo. Imediatamente, vimo-nos rodeados por irmãos melhores, que nos solicitaram humildade e prece; com os olhos marejados e doçura de sentimentos, oramos o Pai-Nosso numa só voz. Luz de Amor veio banhar-nos o espírito, fortalecendo a paz e o amor que nos envolviam. Indignados, os tristes dragões se retiraram, nos amaldiçoando pela eternidade.

Anita resolveu que deveria falar com o noivo, esclarecer sobre seus sentimentos; sentia-se mal por estar de certa forma enganando o rapaz.

Telefonou para Celso e combinou de conversarem à noite em sua casa, no horário em que seus pais estariam trabalhando no centro espírita. Chamou sua mãe e pediu conselhos de como deveria agir com o rapaz.

– Mãe, hoje à noite, enquanto vocês estiverem no centro, estarei conversando com Celso. Segui seu conselho e pensei bastante, tentei imaginar minha vida, no futuro, com ele e não consigo pensar que passarei essa encarnação como esposa dele. Ele é um bom rapaz, mas eu não o amo para casar e ser fiel como imagino. Sempre estarei pensando em Paulo; sei que não temos futuro juntos, não da maneira como ele faz as suas escolhas, mas é a ele que eu amo. E isso para mim seria uma traição para com Celso.

– Minha filha, você tem certeza de sua decisão? – perguntou Sara.

– Tenho sim, e essa noite eu acredito ter encontrado com Paulo em um sonho e conversado muito com ele, eu lembro de algumas coisas, daí vem essa minha certeza – respondeu Anita.

– Você sabe que terá nosso apoio sempre, seja qual for a sua decisão. Enquanto você conversa com Celso, estaremos no centro e oraremos por vocês, para que tudo saia da melhor maneira possível – falou Sara.

– Obrigada, eu sei que tenho em vocês muito mais do que pais, vocês são meus amigos fiéis, e eu não consigo imaginar uma relação mais afetuosa do que esta que desfrutamos – enfatizou Anita.

Amorosa, Sara a abraçou e orou em silêncio para que sua filha encontrasse um pouco de paz.

Paulo e Amanda passaram o dia juntos, conversando e trocando ideias.

Amanda contou ao filho as últimas experiências que viveu, sobre a depressão profunda que roubava sua alegria e esperança em dias melhores, sobre a triste ideia do suicídio e da chegada providencial de João a sua casa, e, depois, sobre a afinidade de sentimentos e pensamentos entre ela e o jovem pastor.

Contou ao filho sobre seu pai, Sérgio, o desencontro de ideias e maneira de conduzir a vida. Falou sobre a separação dolorosa, pois sempre pensou em envelhecer ao lado do marido. Contou sobre sua esperança sobre Sérgio, pois sabia que havia conhecido uma boa moça que o amava de verdade e que o incentivava a trabalhar honestamente, e não apenas viver às custas do filho, e que o pai de Paulo andava à procura de um novo recomeço.

Paulo desabafou sobre os conflitos morais que andavam visitando sua mente; envergonhado, mas com firmeza, relatou os desequilíbrios vividos, facilitados pela riqueza e pela influência daqueles que administravam sua carreira. Contou que, após os 16 anos, tinha pesadelos horríveis, mas que também o excitavam de maneira prazerosa. Falou sobre a necessidade cada mais intensa de emoções relacionadas ao sexo e às drogas, relatou as visões e a audiência de espíritos afins que o incentivavam a inovar sempre para ser modelo aos jovens incautos.

Amanda chorou, abraçou o filho com muito carinho e perguntou:

– Por que, hoje, tudo isso o incomoda?

– Não sei ao certo, mãe. Outro dia acordei com a impressão de ter conversado com pessoas muito bondosas e compreensivas, que incentivavam a melhorar minha conduta, principalmente, por Anita. Não sei como foi isso, não me pergunte nem me explique, porque essa lembrança da maneira como está me faz muito bem, tenho a sensação de não precisar mais temer a ninguém. Sinto que estou protegido e quero muito essa mudança, porque preciso de Anita, ela vai me salvar, tenho certeza.

– Querido do meu coração, Anita poderá ser no futuro a companheira que vai auxiliá-lo em um novo caminho, mas essa tarefa é sua e de mais ninguém, acredito em suas recordações e creio na sua capacidade de modificar esse estado de sofrimento em relativa felicidade.

– Mas... não sei se tenho direito a isso, depois de tudo que fiz...

– Deus perdoa sempre as ofensas cometidas na ignorância do bem, e para isso nos dá a oportunidade da reparação por meio do trabalho de amor ao nosso próximo.

– Mas... eu matei, mãe. Eu matei aqueles meninos. Fui eu!

Amanda ficou em silêncio e apenas estendeu os braços ao filho, dizendo num fio de voz:

– Calma, Paulo, calma. A vida sempre nos dá oportunidades de nos redimir perante Deus e a nós mesmos. Calma, meu filho, calma!

A mãe, com o coração apertado pela confissão do filho, não sabia como agir diante da certeza do crime cometido; naquele momento ela apenas queria que ele se acalmasse diante da culpa e do remorso que sentia pelos delitos do passado, já um caminho de paz em todo aquele desequilíbrio.

Paulo deitou-se no colo da mãe e adormeceu. Amanda o acalentava, os olhos arregalados e a mente em torvelinho, e buscava uma resposta correta para vivenciar esse momento de reajuste.

CAPÍTULO XXX
O início da redenção

853. Certas pessoas escapam a um perigo mortal para cair em outro; parece que não podem escapar à morte. Não há nisso fatalidade?

– *Fatal, no verdadeiro sentido da palavra, só o instante da morte. Chegado esse momento, de uma forma ou de outra, a ele não podeis furtar-vos.*

853-a. Assim, qualquer que seja o perigo que nos ameace, não morreremos se a nossa hora não chegou?

– *Não, não morrerás, e tens disso milhares de exemplos. Mas quando chegar a tua hora de partir, nada te livrará. Deus sabe com antecedência qual o gênero de morte por que partirás daqui, e, frequentemente, teu Espírito também o sabe, pois isso lhe foi revelado quando fez a escolha desta ou daquela existência.*

(*O Livro dos Espíritos* – Livro III – Capítulo X, Lei de Liberdade – Item VI, Fatalidade)

Fábio pediu-nos ajuda para o encontro de Anita e Celso, pressentia que algo de ruim poderia acontecer quando a menina colocasse suas razões para terminar o noivado recente. Celso andava desconfiado desde o momento em que soube que Paulo faria uma apresentação em sua cidade, e percebera que Anita estava arredia e triste, a ponto de recusar até mesmo o trabalho de evangelização infantil, tarefa que havia abraçado com muita alegria e disposição. O moço já tentara conversar com ela, mas a resposta, sempre, era que estava tudo bem; mas ele sentia que sua noiva estava abalada pela presença de seu antigo namorado. Celso sentia muita raiva da situação, pensava e comparava-se ao delinquente que a fizera sofrer, e chegava à conclusão de que isso era uma traição, uma das piores que poderia sofrer. As ideias infelizes pareciam tomar vida em sua mente; irritado e sofrido, via-se como vítima do cruel oponente. Torquemada, desejoso de se aproveitar de qualquer incidente para se vingar de Paulo, logo designou espíritos treinados em hipnose dolorosa para acompanharem Celso, intensificando o mal que o acometia: o ciúme.

Celso chegou à casa de Anita e sentia-se mal; uma intensa dor de cabeça dificultava o raciocínio lógico, e as emoções doentias direcionavam o seu sentir. Tocou a campainha com raiva, parecia saber o que Anita tinha a dizer.

A menina abriu a porta e ficou assustada diante da expressão do moço.

– Celso, você está bem?

O rapaz olhou-a com cinismo e falou, segurando-a pelo ombro:

– O que você acha?

Dizendo isso, apertou-a num abraço desagradável e a beijou com violência. Anita debateu-se e empurrou o noivo, assustada.

– O que deu em você? Por que fez isso comigo?

– Por que, não gostou? Aquele outro lá mandou os amiguinhos estuprarem você e quase a mataram, mas você ainda o quer. Quem sabe se eu fizer o mesmo passo a ter mais valor para você.

– Saia daqui! Não quero mais que entre na minha casa. Saia!

Celso, descontrolado, empurrou-a para dentro da casa,

fechou a porta com um estrondo e tampou sua boca com as mãos. Com violência jogou-a no chão e deitou sobre ela. Anita, em pânico, viu a terrível cena de violência de sua adolescência se repetindo. Cedendo à pressão emocional, desmaiou sob o peso do corpo de Celso.

Aproximamo-nos do rapaz e, com a ajuda de companheiros de nosso plano, conseguimos intenso choque anímico que o tirou da hipnose dolorosa. O rapaz levantou-se de um salto e, horrorizado, viu a menina inerte no chão. Amedrontado, abaixou-se e viu que estava sem pulsação; em pânico, saiu correndo para a rua e a abandonou.

Amanda ainda abraçava Paulo quando o rapaz acordou, gritando o nome de Anita.

– O que foi, filho?

– Anita, ela está em perigo, ela precisa de mim. Venha, eu sei onde ela mora.

Amanda apenas o seguiu, sentia que Paulo estava certo, algo estava acontecendo com Anita.

O rapaz dirigiu como louco pela cidade; em poucos minutos estacionava em frente à casa da menina. Desceu do carro correndo, empurrou o portão de entrada e viu que estava aberto; seguido por Amanda, entrou na casa e encontrou, desmaiada no chão da sala, Anita, que estava pálida e imóvel. Amanda tentou sentir a pulsação e não conseguiu; alarmada, gritou:

– Ela está morta!

Paulo, desesperado, chorava e gritava como louco; conseguimos intuir o menino a fazer a respiração boca a boca e uma massagem cardíaca. Anita voltou e, assustada, abriu os olhos; ao ver o rosto de Paulo, a menina agarrou-se aos dois, seu corpo tremia e suava demasiado.

– Paulo, precisamos levá-la a um hospital ou chamar o resgate.

– Mãe, ligue no número 192 e chame um resgate, tenho receio de mexer com ela.

Anita olhou para Paulo e, sem conseguir falar, agarrou-se mais a ele.

– Não tema! Não vou deixá-la sozinha nunca mais. Olhe para mim, eu te amo muito, e nunca mais vou sair de perto de você.

O rapaz repetia e repetia as mesmas palavras. Anita olhava para ele e chorava, mas não conseguia falar.

Logo o veículo de resgate chegou, o paramédico examinou-a e falou:

– Ela está em choque e parece que sofreu alguma violência. Como vocês a encontraram?

– Meu filho teve um pressentimento, sentiu que ela estava em perigo e nós viemos para cá imediatamente, onde a encontramos no chão, desacordada; tentei ver se tinha batimento cardíaco e não consegui encontrar. Meu filho fez respiração boca a boca e massagem cardíaca, aí ela voltou e está assim desde então.

– Provavelmente seu filho salvou a vida desta moça.

Emocionada, Amanda chorava e abraçava o filho, que segurava a mão de Anita.

Anita foi removida para o hospital mais próximo e internada, imediatamente, na sala de emergência. O médico de plantão a examinava quando percebeu um grande hematoma na zona abdominal; com urgência, pediu uma ultrassonografia.

O resultado chegou e mostrou que havia uma ruptura da cápsula que recobre o fígado e também laceração do tecido do órgão.

Paulo e Amanda foram informados pelo médico do estado de saúde de Anita. Após definir o diagnóstico, Paulo perguntou:

– E isso é grave? E por que aconteceu?

– Essas lesões são graves e importantes; dependendo da extensão e da reação do organismo do paciente, isso pode chegar a ser fatal, pois acontece significativa perda de sangue. O fígado é um órgão importante e muito vascularizado, daí a gravidade da hemorragia. E a paciente Anita demonstra extensa lesão de impacto. O que aconteceu com ela? – informou o médico.

– Nós não sabemos; estávamos no hotel, onde nos hospedamos, e Paulo dormia profundamente. Em um determinado momento, acordou em pânico, dizendo que Anita estava em perigo; quando chegamos em sua casa, ela estava no chão, muito pálida e inerte. Tentamos escutar seu coração e não conseguimos. Paulo passou a fazer respiração boca a boca e massagem cardíaca – informou Amanda.

– Ela desmaiou diante do impacto e da dor que deve ter sentido; provavelmente, voce salvou sua vida – concluiu o médico.

– E agora o que pode ser feito para ajudá-la? – questionou Paulo.

– Ela está estável, até o momento, então vamos observar a evolução do quadro. A paciente será levada para a Unidade de Terapia Intensiva e monitorada de tempo em tempo por tomografia computadorizada. Caso não haja evolução da hemorragia, o fígado é um órgão que se regenera de forma rápida e eficaz – explicou o médico.

– Mas... ela ainda está em perigo? – perguntou Paulo.

– Está sim, mas aguardemos com fé em Deus. A menina ainda é bem jovem e parece ter uma boa saúde física. Vou chamar um neurologista e um psiquiatra também, ela está em choque e será necessária a avaliação. Outra coisa, eu preciso informar a polícia através de um boletim médico, que será registrado e questionado; vocês precisam nos informar nomes e números de documentos, por favor – solicitou o médico.

– Está bem, doutor. Eu faço isso. Paulo, me dê seus documentos – pediu Amanda.

Amanda, após cumprir as formalidades necessárias, foi se juntar a Paulo na sala de recepção.

– Paulo, precisamos encontrar os pais de Anita. Você sabe o telefone deles?

– Está aqui na agenda de meu celular. Mãe, você faz isso?

– Faço sim, meu filho.

Amanda telefona para a casa da menina; Sara atende ao telefone e, estupefata, escuta as notícias. Imediatamente, informa ao marido e os dois dirigem-se ao hospital.

– Amanda, meu Deus, o que houve com Anita? – perguntou Sara, abraçando a amiga de tantos anos.

– Nós não sabemos, quando chegamos a sua casa a porta estava aberta e ela, desacordada no chão.

– E como vocês chegaram lá e por quê?

Amanda conta a história a Sara. Paulo, quieto a um canto, ansioso, pela primeira vez em sua vida, ensaia uma conversa com Deus.

"Eu sei que não sou boa coisa, que sempre fiz tudo visando apenas aos meus interesses; mas, nos últimos meses sinto uma necessidade grande de sentir amor dentro de meu coração. Estou insatisfeito e depressivo, nada do que ando vivendo me interessa ou agrada. Não sei o que é isso ainda, não sei se esses sentimentos vão durar, ou se daqui a pouco estarei de novo sentindo prazer com as bagunças rotineiras. Hoje, aqui, sabendo que Anita pode morrer a qualquer momento, preciso acreditar que existe algo melhor do que tudo isso nesse mundo, alguém que, realmente, cuida de nós, que nos perdoa, mesmo antes de termos consciência de que estamos errando; então é a você que peço ajuda, não para mim, mas para Anita, ela é uma boa pessoa, sempre fez tudo certo, e sempre sofreu a ação negativa de pessoas como eu. Eu peço por ela, para que encontre forças para sobreviver a mais esse ato de violência que deve ter sofrido. Quando eu estava dormindo, vi um sujeito sobre o corpo dela, e também aquela imagem que me persegue, ali, extasiado com esse horror. Não sei o que pedir, mas liberte Anita desse monstro, liberte Anita desse fardo, liberte Anita até mesmo de mim, se for para ela ser livre e feliz."

Aproximamo-nos do rapaz, que, emocionado, e envolvido por sentimentos nobres, permitiu nossa aproximação. Auxiliamos a ele com o terno magnetismo da felicidade do recomeço. Ele fechou os olhos e permitiu que lágrimas sentidas molhassem seu rosto. Amanda e Sara o observavam de longe; felizes, seguraram as mãos uma da outra. Álvaro comentou, emocionado:

– Estamos começando uma nova era de reconstrução da vida! Que Deus nos abençoe e fortaleça!

CAPÍTULO XXXI
Origem do Divino Coração

854. Da infalibilidade da hora da morte segue-se que as precauções que se tomam para evitá-la são inúteis?

– *Não, porque as precauções que tomais vos são sugeridas com o fim de evitar a morte que vos ameaça; são um dos meios para que ela não se verifique.*

(*O Livro dos Espíritos* – Livro III – Capítulo X, Lei de Liberdade – Item VI, Fatalidade)

Anita melhorava dia a dia, fortalecida pela esperança e pela presença constante de Paulo a seu lado. Apesar disso, ela não conseguia falar sobre o que acontecera em sua casa, quando Celso a atacara. Os pais ainda não sabiam de nada, e o rapaz não mais dera sinal de vida.

– Álvaro, você não acha esquisito o desaparecimento de Celso? – perguntou Sara ao marido.

– Tenho pensado muito nisso, porque no dia em que Anita foi atacada, ela tinha um encontro com ele em nossa casa. Será possível que foi ele? – questionou o pai ainda incrédulo.

– Não sei, ele parecia ser um bom moço – comentou Sara.

– O mais esquisito é Anita não querer falar sobre isso, será que está protegendo-o de ser responsabilizado? – inquiriu Álvaro.

– Não sei, mas estou bastante propensa a procurar por ele e ter uma conversa franca – afirmou Sara.

– Também acredito que isso seria o correto. Vou tentar localizá-lo através de seus amigos da casa espírita.

Observamos a conversa entre o casal, depois saímos caminhando pelo bairro residencial daquela belíssima cidade praiana.

– Vinícius, não seria ideal que Celso enfrentasse os seus erros? Afinal ele cedeu ao lado obscuro de sua personalidade, e a correção se faz necessária em todos os aspectos de nossa vida – comentou Maurício.

– Sabemos disso, meu amigo, o que não sabemos é qual o melhor momento de cada um. Será que ele tem condições de entender o mal que fez para Anita? Será que ele, em seus sentimentos equivocados, não a considera a origem de seu desequilíbrio? – perguntei ao jovem amigo.

– Mas... enquanto encarnados estamos sujeitos às leis civis, e o não cumprimento a elas nos torna infratores. Em experiência passada, mais especificamente em minha última encarnação, cometi vários crimes contra a sociedade e o meu próximo, acredito que se tivesse sido penalizado de início, teria também despertado para esse fato e, talvez, não tivesse chegado ao ponto que cheguei de desequilíbrio emocional – comentou Maurício.

– Fazemos escolhas todos os dias de nossas vidas, e esses momentos de dor e sofrimento são permitidos pelo Pai como instrumentos de aprendizado. Precisamos apenas deixar o orgulho e a vaidade de lado, repensar nossas atitudes por meio da observação de nossas reações; caso contrário, mesmo sujeitos à punição por meio das leis da materialidade, ainda seremos tão ignorantes a ponto de nos considerarmos vítimas dessa mesma sociedade – respondi ao mesmo tempo, tentando entender a lógica da colocação de Maurício, e relembrando passagens das excelentes obras da codificação, nos trechos que versam sobre esse assunto. O assunto sempre é abordado entre o perdão e a responsabilidade de cada um, conforme o seu entendimento, mas sempre direcionado ao cumprimento das leis naturais, e as leis civis são um caminho ético para se atingir a compreensão suficiente para que a moralidade acorde em nossa mente. Acredito que sempre o melhor e mais correto deve ser feito, afinal vivemos em sociedade, e os enganos cometidos como seres sociais devem ser levados a sua justa reparação; esse também seria um caminho a ser percorrido em busca de nossa educação.

Enquanto refletíamos sobre o assunto, Fábio veio juntar-se a nós, informando sobre a necessidade de engrossarmos fileiras de trabalhadores de nosso plano a fim de nos dirigir a uma cidade umbralina denominada Poço das Almas. Ali havia outra instituição reencarnacionista dirigida por um espírito que se fazia conhecer pelo nome de Fernando de Aragão, que se filiara ao grupo "Os dragões do Cristo".

– Essa instituição é conhecida no submundo espiritual por Origem do Divino Coração, acreditamos que o nome adotado teve sua origem em uma expressão utilizada por instituições católicas "Divino Coração de Jesus". Os nove representantes estarão reunidos para adotar algumas medidas bastante agressivas em relação a um novo reencarne, esse espírito vem sendo preparado para assumir as atribuições de Paulo, visto que o jovem não correspondeu às expectativas do grupo.

– Sempre fico confuso com essas referências feita a Jesus e a Deus por esses grupos que acreditam estar a serviço do Pai – falei introspectivo.

– Realmente é algo contraditório, pois a destinação desse louvor tem um objetivo insólito, e é manifestado das desequilibradas formas – comentou Fábio.

– Como poderemos auxiliar? – perguntei ao amigo Fábio.

– Vamos nos reunir a outro grupo; neste momento o coordenador dessa intervenção nos explicará o que será feito, como também a ação dos irmãos envolvidos nesse trabalho.

Deslocamo-nos para um prédio localizado no litoral paulista, que abrigava agradável casa espírita. Demétrio, o amigo que coordenaria o trabalho, recebeu-nos com alegria.

– Sejam bem-vindos, precisamos do auxílio dos amigos, visto estarem familiarizados com o trabalho nos abismos de dor.

Demétrio era um homem alto e forte, aparência que mantinha desde a sua última encarnação; trabalhara como pescador nos arredores marítimos da costa brasileira. A aparência o tornava respeitável no submundo espiritual, visto que a compreensão dos mais ignorantes ainda era associada à materialidade.

– Agradecemos a oportunidade de mais um momento de aprendizado. Gostaríamos de saber como poderemos ajudar nesse socorro de amor – respondi feliz pela oportunidade de um novo trabalho e aprendizado.

– Desceremos aos abismos próximos à instituição reencarnacionista, eles mantêm por lá um edifício que abriga espíritos dementados, em terrível estado de desequilíbrio e deformação perispiritual, que se submetem a sessões de hipnose nociva. Essa prática é destinada ao treinamento de espíritos que se aliaram a essa comunidade. Infelizmente, o socorro mais sutil não foi eficiente, pois esses irmãos não controlam mais suas mentes e necessitam, com urgência, do socorro redentor. Iremos com a intenção de libertar esses irmãos do jugo malévolo, visto que não mais desfrutam do livre-arbítrio consciente, tal o grau de dependência e demência a que chegaram. Sairemos ao alvorecer do dia vindouro, anônimos e elevados em sentimentos melhores, o que será a nossa defesa no ambiente fluídico que adentraremos. Para isso devemos nos reunir à agradável sala de oração e leituras edificantes a partir da próxima hora.

– Estamos felizes pelo convite ao trabalho de amor. Seguiremos as instruções necessárias ao preparo de nossa missão – respondeu Maurício emocionado.

Recolhemo-nos à sala indicada por nosso anfitrião. O ambiente era claro e o ar bastante límpido, as paredes que compunham e nos isolavam do exterior eram construídas de doces vibrações de amor e conforto. O ambiente contava com parco mobiliário, algumas cadeiras reclináveis e estantes com livros impressos em material semelhante ao do papel do plano material, e outros que podiam ser acessados através de um instrumento bastante fino que obedecia ao comando mental e mudava de página ou mesmo o título da obra sugerida. Alguns canteiros adornavam o ambiente, o qual estava perfumado graças a pequenas e perfeitas flores, que davam à sala aparência de frescor e alegria.

Posicionamos as cadeiras em um círculo e sentamo-nos, cada qual imerso numa obra edificante; vez ou outra, um companheiro nos convidava à prece meditativa. Assim passamos aquelas inesquecíveis horas de preparação. Ao raiar do dia, Demétrio nos convidou à prece matinal; subimos ao mirante do prédio que nos abrigava e oramos, observando o alvorecer de oportunidades.

Dirigimo-nos à comunidade Divino Coração de Jesus; a exemplo de outras vezes, sentimos que os fluidos que caracterizavam essas zonas purgatórias eram densos e davam a todo o ambiente um aspecto um sombrio e triste. Cruzamos com algumas entidades que demonstravam desânimo e muita tristeza. Mantivemo-nos em oração durante a caminhada; assim que cruzamos os grandes portões, admirei a organização física da comunidade umbralina.

Espíritos enraivecidos e vestidos como os antigos soldados da inquisição espanhola marchavam em grupos de treze, pela cidade, impondo medo aos moradores, que se escondiam nos mais fétidos buracos.

Invisíveis aos olhos daqueles seres embrutecidos por suas próprias dores, avançávamos com amor por aquela cidade de sofrimento. Chegamos à entrada do prédio, onde se encontravam os espíritos infelizes que motivaram a ação de nosso plano. Adentramos o grande edifício e logo percebemos que a energia, que a tudo envolvia, nos fazia lembrar dos dias mais frios e chuvosos do plano material.

Alcançamos um grande salão, mobiliado como um auditório; à frente um palco, local ocupado por um espírito, que deduzimos ser um mestre. A sua aparência era franzina, olhos vivazes, o cabelo ralo e branco como a neve; à primeira vista nos parecia um ancião de inigualável bondade. Porém, ao penetrarmos a densa energia que o envolvia, percebíamos ser apenas manipulação mental do perispírito, visto a sua maleabilidade e flexibilidade. Ao nos aproximarmos, a visão era bem diferente, deformações importantes já se instalavam na região genésica, os órgãos possuíam características dos dois sexos, muito avolumados e impregnados de vermes mentais, a região toráxica estava coberta de ferimentos que sangravam sem interrupção; no entanto, o ponto que chamou a atenção estava localizado na cabeça desse infeliz irmão; múltiplas ligações mentais podiam ser observadas. Ao fixarmos nossa atenção percebemos um grande número de espíritos que agiam junto ao pretenso mestre, num admirável sincronismo de ação e pensamento. Parecia-nos que o mesmo estava à frente de inúmeros espelhos que refletiam a sua imagem em tempo real.

Olhei para Fábio com admiração, e alguns questionamentos já afloraram em minha mente; o amigo sorriu e, mentalmente, pediu um pouco de paciência para as devidas explicações.

Observamos o grupo de entidades que compunham o auditório; a maioria aparentava ter pouca idade, espíritos manifestando a adolescência e juventude compatível com a vida terrena. A atenção totalmente voltada para o mestre, elas recebiam instruções sobre a arte de observar para encontrar pontos frágeis nas emoções e na índole das criaturas que teriam sua atenção em futuro próximo. Ainda admirado, percebi que as instruções eram, principalmente, sobre exercícios de autoconhecimento avançado, baseadas em modernas técnicas de psicologia; as propostas incluíam, inclusive, exercícios de auto-hipnose.

Terminada aquela aula, Demétrio convidou-nos a visitar o berçário, local onde eram "armazenados" espíritos desencarnados na forma ovoide, destinados a acompanhar alguns reencarnantes destinados à convivência belicosa com suas famílias, verdadeiros projetos reencarnacionistas que tinham como objetivo minar as oportunidades de evolução moral dos familiares com os quais partilhariam experiências terrenas; enquanto outros infelizes irmãos portavam para seu futuro planos sutis de vingança, como também ação direta visando a dificultar o exercício caridoso de alguns irmãos, que haviam planejado auxiliar a humanidade em seu processo de aprendizado cristão. Enquanto permaneciam nessas câmaras individuais, também recebiam treinamento hipnótico por meio de uma fala firme e com um sutil toque de ódio, que era fixada na mente dessas entidades, a um mesmo objetivo e pensamento.

Saímos desse grande salão e nos dirigimos a uma sala, hermeticamente fechada. Para adentrarmos esse novo ambiente, precisamos exercitar nossa latente humildade e permitir que nossos fluidos se adaptassem de maneira sutil a nova densidade energética. Ao entrarmos, notamos o cuidado que havia com relação à limpeza física e à ordem em que as atividades eram exercidas. Ao nos aproximarmos conseguimos identificar algumas formas de pensamentos que ilustravam o futuro desejado a essa criatura. Seu destino terreno seria uma família frequentadora de uma comunidade religiosa bastante duvidosa, e sua função, arrebanhar almas através de promessas falsas, baseadas na própria ciência terrena e no Evangelho de Jesus. Seu objetivo principal seria oferecer destino religioso aos mais abastados, uma forma fácil e certa de enriquecimento e domínio do poder mundial. Um pastor de almas que perpetuaria o próprio Inferno de Dante na Idade Contemporânea, ele seria um ponto de coesão entre os poderosos, infiltrando todos os setores da vida pública, exaltando os dementes a assumir o controle de nosso planeta. E ele estaria lá, à frente de tudo, dominando mentes e situações necessárias a sua permanência no poder.

Entristecido, percebi que, se a humanidade não despertasse para a sua origem divina, vivenciaríamos uma nova Idade das Trevas, e a vida religiosa no planeta voltaria a usar a Inquisição para controlar as mentes mais livres e educadas por meio do horror das fogueiras santas. Quantos de nós estaríamos, novamente, lutando contra a ignorância dolorosa?

Com muito cuidado, o próprio sumo sacerdote daquela comunidade, que se intitulava Fernando de Aragão, tomou nos braços o pequeno fardo, e, cercado pelos outros oito dragões, deslocou-se do prédio que abrigava a instituição reencarnacionista. Aportaram à frente de uma enorme mansão, ladeada por imensos jardins e pomares. O seu interior ricamente mobiliado exalava densa energia; no andar de cima, adentraram aposentos luxuosos, onde um casal se preparava para consumar um ato carnal, desprovido de amor e carinho.

Os dragões aproximaram-se no instante em que o homem ejaculava, liberando grande quantidade de espermatozoides; quatro dos senhores passaram a energizar aquele que daria ao reencarnante as características adequadas ao planejamento encarnatório. Nesse instante, Demétrio solicitou-nos interferência na ação do grupo. Infeliz diante de suas escolhas, aproximamo-nos, carinhosamente, instruídos a mudar o curso genético da nova forma orgânica que receberia o espírito necessitado. A equipe de nosso plano juntou-se a nosso grupo; emocionado, senti a suave vibração de amor, sublime característica de espíritos melhores. Auxiliamos, confiantes, o caminho de luz que fortaleceu o espermatozoide correto para que a oportunidade de refazimento fosse esperança no futuro da humanidade.

Após a consumação do ato carnal, a belíssima e bem-cuidada mulher da relação, de nome Camila, virou-se para o parceiro, Diogo, e falou entredentes:

– Até que enfim, pensei que esse suplício fosse demorar até o amanhecer, você já teve o que queria, agora me deixe em paz.

– Tudo bem, princesinha, tudo bem. Quem sabe não foi hoje que você engravidou? – respondeu o marido com sarcasmo.

– Deus me livre! Isso seria o pior de tudo, sempre disse que não queria filhos e você aceitou, não sei por que agora é importante, que diferença fará para seus seguidores se você tem ou não um pirralho atrapalhando nossa vida? Afinal, olhe bem para mim: tenho um corpo perfeito, o que dá muito trabalho. Faço muitos sacrifícios para isso, e nunca vou estragar essa maravilha estufando minha barriga, nem se preocupe com isso; tomo minhas pílulas anticoncepcionais religiosamente. Agora me deixa em paz, preciso dormir oito horas, você sabe, senão fico com olheiras.

O homem a olhou com cinismo e virou-se para o lado, pensando com um sorriso nos lábios:

"Se ela souber que mandei trocar as pílulas anticoncepcionais por pílulas de açúcar, ela vai surtar, primeiro porque engravidará, e eu preciso desse filho, segundo porque açúcar engorda. Esse menino será o rei do mundo, eu sei disso. E eu serei o pai do rei. Terei vasto poder em todos os setores que controlam o planeta. Minha igreja será representada nos quatro cantos, e aqueles que não se submeterem às minhas leis, as leis de Deus sobre a terra, serão dizimados como pestes nocivas. Prometo a você, meu filho, que viverá num planeta onde apenas os vencedores sobreviverão, sobrará apenas uma raça pura, digna do Rei. Você será Deus e eu a sua consciência."

O homem riu alto, um riso grotesco. A mulher já adormecida pelo efeito imediato de psicotrópicos mexeu-se na cama, seu rosto mostrava desconforto e raiva.

Oramos por esses irmãos perdidos de sua própria origem,

então sentimo-nos transportados pelo espaço, leves e felizes; quando abri os olhos senti intensa emoção de amor. Sentados na relva úmida, cercada por um lago de indescritível beleza, oramos em benefício de nós mesmos e de todos os habitantes do universo conhecido.

CAPÍTULO XXXII
Responsabilidades

855. Qual o fito da Providência, ao fazer-nos correr perigos que não devem ter consequências?

– *Quando tua vida se encontra em perigo é essa uma advertência que tu mesmo desejastes, a fim de te desviares do mal e te tornares melhor. Quando escapas a esse perigo, ainda sob a influência do risco por que passastes, pensas com maior ou menor intensidade, sob a ação mais ou menos forte dos bons espíritos, em te tornares melhor. O mau espírito retornando (digo mau, subentendendo o mal que ainda nele existe) pensas que escaparás da mesma maneira a outros perigos e deixas que as tuas paixões se desencadeiem de novo. Pelos perigos que correis, Deus vos recorda a vossa fraqueza e a fragilidade de vossa existência. Se examinarmos a causa e a natureza do perigo, veremos que, na maioria das vezes, as consequências foram a punição de uma falta cometida ou de um dever negligenciado. Deus vos adverte para refletirdes sobre vós mesmos e vos emendardes.*

(*O Livro dos Espíritos* – Livro III – Capítulo X, Lei de Liberdade – Item VI, Fatalidade)

Após as preces de agradecimento sobre as maravilhas que presenciamos, permanecemos juntos observando os prodígios naturais desse planeta amado.

– Demétrio, você poderia nos falar algo a respeito do que andamos observando no dia de hoje? – perguntei sorrindo.

– Aguardava ansioso seu pedido, eu mesmo preciso falar um pouco do que observamos na instituição reencarnacionista, como também o que houve no momento da fecundação – respondeu Demétrio de bom humor.

– À primeira vista o mestre na sala de aula nos pareceu uma pessoa frágil e delicada, que atraía a atenção dos aula por sua firmeza e docilidade, ao mesmo tempo em que refletia sentimentos antagônicos – comentou Maurício.

– Sabemos que uma das características do perispírito é a plasticidade, a maleabilidade, e acredito, com certeza, que esse irmão domina a técnica de transformação da matéria mais densa. Emmanuel foi bastante feliz em seu comentário:

> O crescimento intelectual, com intensa capacidade de ação, pode pertencer a inteligências perversas. Daí a razão de encontrarmos, em grande número, compactas falanges, operando nos círculos da perturbação e da crueldade, com admiráveis recursos de modificação nos aspectos em que se exprimem. [...][2]

– Os anjos caídos não passam de grandes gênios intelectualizados com estreita capacidade de sentir. Apaixonados, guardam a faculdade de alterar a expressão que lhes é própria, fascinando e vampirizando nos reinos inferiores da natureza. – explicou Demétrio.

– Assim como os espíritos melhores conseguem por meio da depuração dos males interiores, da educação intelectual, emocional e moral, manifestar uma aparência menos densa, pois a sua própria evolução reflete luminosidade mais pura. Kardec, no livro *O céu e o inferno* reflete sobre o assunto – comentou Fábio:

> Por sua natureza, possui o Espírito uma propriedade luminosa que se desenvolve sob o influxo da atividade e das qualidades da

---

2 - Xavier, Francisco Cândido, pelo espírito Emmanuel. *Roteiro*. São Paulo: FEB, 1989. 9. ed.

> alma. [...] A intensidade da luz está na razão da pureza do Espírito: as menores imperfeições morais atenuam-na e enfraquecem-na. A luz irradiada por um Espírito será tanto mais viva, quanto maior o seu adiantamento. Assim, sendo o espírito, de alguma sorte, o seu próprio farol, verá proporcionalmente à intensidade da luz que produz, do que resulta que os Espíritos que não a produzem acham-se na obscuridade.

– Então podemos concluir sobre esse assunto que acabamos manifestando a nossa evolução e entendimento inclusive na aparência física, estejamos encarnados ou não? – questionou Maurício.

Demétrio comenta:

– Temos alguns exemplos de espíritos encarnados que, à mercê de suas culpas e medos, permitem a ação de obsessores cruéis, há vários casos citados na literatura espírita, como o caso de Nabucodonosor, que, durante sete anos, sofreu grave processo de zoantropia, originado na presença de inimigos invisíveis que o hipnotizavam com o intuito de humilhá-lo perante os súditos; em outro caso narrado na obra de André Luiz, psicografia de Francisco Candido Xavier, *Nos domínios da mediunidade*, capítulo 23, o instrutor Gúbio explica:

> [...] Muitos espíritos, pervertidos no crime, abusam dos poderes da inteligência, fazendo pesar tigrina crueldade sobre quantos ainda sintonizam com eles pelos débitos do passado. A semelhantes vampiros devemos muitos quadros dolorosos da patologia mental nos manicômios, em que numerosos pacientes, sob intensiva ação hipnótica, imitam costumes, posições e atitudes de animais diversos.

– E o contrário também pode ocorrer? O perispírito do encarnado pode passar processos de melhora energética e isso acaba se refletindo na matéria? – inquiriu Maurício.

– Com certeza, quanto mais sutil a energia que manifestamos menos desgaste físico acontece; nossas emoções, nossos sentimentos e desejos acabam por qualificar o estado em que vivemos, tanto físico como espiritual. A bondade acaba refletindo em nossas ações e em nossa aparência. Podemos citar um exemplo recente para a humanidade, o caso de Chico Xavier, cuja aparência física estava longe dos moldes de beleza definido pela nossa sociedade; porém, quantos conviveram com o médium o consideravam de uma perfeição sem par, pois a sua bondade o revestia de uma beleza única. Ao observar sua aparência durante a adolescência e na vida madura, podemos perceber que houve uma modificação energética sutil que o tornou belo aos olhos do mundo – comentei, com carinho, lembrando do adorável amigo.

Ana, que havia se juntado a nós nesse adorável momento de aprendizado, questionou:

– As ligações mentais que o mestre refletia em seu perispírito eram como amarras mentais ou apenas companheiros de afinidade moral e de objetivos que se juntaram a ele?

Acrescenta Demétrio:

– O estudioso do comportamento humano Jorge Andrea da Silva, em artigo denominado "Obsessão e doenças mentais", faz o seguinte comentário:

> O psiquismo humano está sujeito a interações cada vez mais intensas, quando o bloco afetivo está presente de forma preponderante. Nestes casos, as permutas mentais se tornam constantes e ativas por questões de sintonia e mais apurada afinidade. Desse modo, compreendemos as influências psíquicas a que estamos subordinados, que se intensificam quando o elemento emocional

> e afetivo se encontra ativado não só no campo do amor, mas também no desamor ligado ao ódio. Tanto os que amam como os que odeiam desencadeiam imensos pacotes energéticos psíquicos que vão atingir os seus afins em sintonia consciente ou inconsciente. Estes campos psicológicos, em suas devidas manifestações, necessitam da acolhida e do respectivo entrosamento. Como nossa vida mental será o resultado de muitas etapas (reencarnações), as ligações apresentam profundas relações não só com os fatores e experiências presentes, mas também com as fontes e registros de todo o nosso passado. Isto faz com que as ligações mentais sejam bastante complexas, com estruturações de difícil decifração e cujo conjunto de emissão e recepção ou ação e reação de toda natureza (positiva, gerada pelo bem e pela ordem, ou negativa, desen cadeada pelo mal e pelo desejo de vingança e ódio) apresente projeções das mais variadas em estados harmônicos. Os estados de desarmonia que se refletem na organização mental mostram variações de toda ordem, cujo grau de intensidade estará relacionado principalmente com os lastros distônicos do passado. A acolhida mental dessas reações se faz comumente entre encarnados e desencarnados com naturais oscilações, cuja sintomatologia decorrente deverá fazer parte de um capítulo pouco abordado ou mesmo desconhecido da psiquiatria, as decantadas obsessões espirituais.

– Isso quer dizer que, de uma forma ou de outra, com nosso consentimento ou não, esse tipo de processo é considerado obsessivo? – perguntou Ana.

– Considerando a Lei de Afinidades, os semelhantes acabam se atraindo e criando para si um conjunto mental característico aos interesses do grupo; e que evolui para uma sintonia vibratória, não raras vezes, de uma perfeição dantesca, que acaba por ressoar pelos ambientes afins. O que observamos, no caso desse espírito que assumiu o papel de mestre, é uma interação entre os hóspedes e o hospedeiro, gerando necessidade e integração entre eles, que acabam por originar relações parasitárias de ambas as partes, difíceis de serem desfeitas, tal a simbiose que acontece. Toda relação com propósitos que se afastam das Leis Divinas pode ser considerada obsessiva, toda relação em que o respeito às individualidades se anula pode ser considerada doença, e acaba por se manifestar em ambos os lados da vida – completou Fábio.

– Em casos como esse, como poderemos auxiliar? Pois, pelo que entendi, esses espíritos estão em sintonia bastante estreita. – perguntou Maurício.

– Você está certo, meu jovem amigo, essa sintonia que tem origem na afinidade moral entre as partes é bastante grave em sua manifestação; volto a citar trecho do mesmo artigo de Jorge Andrea da Silva que, acredito, é bem simples e lógico:

> Analisar os fatos e tentar compreender sua dinâmica face a cada indivíduo em particular é o que reputamos ser da mais alta importância, incluindo-as nos quadros nosológicos da psiquiatria para serem mais bem avaliadas pela ciência. Não podemos relegar tantos fatos comprovados ao desconhecimento como casos neuróticos ou psicóticos. Claro que os modelos de tratamento psiquiátrico não podem ser relegados, temos que lançar mão das aquisições científicas de nosso tempo como coadjuvante terapêutico. Nas obsessões, os modelos psicológicos transpessoais representam valiosos suportes em busca de equilíbrio e ajuste.

– Nesse artigo, nesse trecho em particular, ele se refere ao ser encarnado, mas pelo que ando aprendendo no mundo dos espíritos, as ferramentas são semelhantes, visto a compreensão da continuidade da vida, não é mesmo? – refleti com bom humor.

– E quanto aos pensamentos do homem que visitamos? – perguntou Ana.

– Você está se referindo ao planejamento que o pai faz, mentalmente, para o filho concebido? – perguntou Fábio.

– Isso mesmo! Senti certa insegurança com o futuro, as telas mentais projetadas por esse irmão são terríveis – comentou Ana.

– O futuro não está escrito; assim como ele, outros têm o desejo de manter a humanidade na escuridão. Espíritos ignorantes, não intelectualizados e éticos, são fáceis de ser conduzidos, e aqueles que aspiram ao poder enxergam esse fato com muita clareza – falei.

– Eu sei disso, mas será possível à humanidade voltar a viver uma nova e terrível Idade das Trevas? – perguntou Maurício.

Demétrio, entristecido, comentou:

– Apenas nós, habitantes desse amável planeta, poderemos decidir isso. Esse processo dependerá de nossas escolhas, se continuaremos a não aceitar as nossas responsabilidades sobre nossos atos, e sobrecarregar a Deus com nossa preguiça, dessa forma seguindo os falsos profetas; ou, então, assumir que amanhã viveremos consequências de nossos atos de ontem e hoje, aprendendo com esse sofrimento, aprendendo e educando nossa inteligência.

– Isso assusta bastante; observando as escolhas das grandes massas, percebo que ainda vivemos de promessas e delírios, aceitando milagres inexistentes que apenas nos arremessam à escuridão. Vejam só as multidões que seguem hipnotizadas por esses lobos em pele de cordeiro, que se dizem servidores do Cristo. Haverá, outra vez, o ranger de dentes? – questionei com lágrimas nos olhos.

– Isso mesmo, meu amigo, não acontece interrupção no caminhar da vida, mas apenas visões diferentes da mesma história – comentou Ineque, que se juntava a nosso grupo. – Viveremos a mesma história, de várias formas e maneiras, enquanto não conseguirmos discernir entre a verdade e a falsidade dos conceitos humanitários. E não poderemos jamais reclamar das lições recebidas; seremos aqueles que optaram por viver essa história.

– E nós e aqueles que já compreendem que há um novo caminho, uma nova forma de viver essa história? Estava saudoso do amigo, está tudo bem com nossos amigos Paulo e Anita? – perguntou Maurício.

– Estaremos em melhor situação, poderemos ser aqueles que auxiliam, e não aqueles que necessitam de auxílio. O processo evolutivo acontece sempre com os menos ignorantes estendendo as mãos àqueles que sofrem na retaguarda da dor, da mesma forma que acontece conosco, assistidos por esses amigos abnegados que nos devolvem a esperança e a fé. Estou aqui por esse assunto, Maurício. Anita ainda não consegue se manifestar através da fala, e isso a tem deprimido bastante. Inácio irá auxiliá-la daqui a alguns minutos. Paulo anda com problemas graves, seus assessores instigados por Torquemada traçam tenebroso plano de assassinato, precisamos intervir antes que consumem esse ato hediondo – informou Ineque.

Fábio propôs uma prece em louvor ao Pai, agradecidos pelas benesses recebidas nesse dia maravilhoso, como também pedindo auxílio aos nossos amigos, que passamos a amar como parte de nossa família espiritual, nossa verdadeira origem.

CAPÍTULO XXXIII
Recomeço

856. O Espírito sabe, por antecipação, qual o gênero de morte que deve sofrer?

– *Sabe que o gênero de vida por ele escolhido o expõe a morrer mais de uma maneira que de outra. Mas sabe também quais as lutas que terá de sustentar para a evitar, e que, se Deus o permitir, não sucumbirá.*

(*O Livro dos Espíritos* – Livro III – Capítulo X, Lei de Liberdade – Item VI, Fatalidade)

Santos e Alberto marcaram um encontro em sofisticado restaurante da capital paulista; logo que chegaram, o maître, solícito, encaminhou-os a uma sala reservada. Acomodados e já bebericando um alcoólico, começaram a conversar sobre o assunto que os interessava.

– Precisamos fazer e é urgente, estamos perdendo o controle daquele moleque, ele parece hipnotizado por aquela menina sem graça – comentou Alberto.

– É, eu estou sabendo, andei lá pelo terreiro de Mãe Soninha, ela falou que o menino está sob a guarda dos iluminados, sei lá o que é isso, mas ela disse que não há muito jeito de fazer ele voltar. Parece que esses iluminados tocaram os sentimentos de remorso do desgraçado. Nem parece mais aquele encapetado que mandou matar três, ou melhor, matou três. Ele parecia possuído nesse dia, dava até gosto de ver – falou Santos.

– O desgraçado do Albério estava lá também, não é? Você nunca me contou essa história direito. Resolveu abrir o bico hoje, por quê? – Perguntou Alberto.

– Raiva do seu irmão. Morreu me devendo uma nota preta e nunca ninguém assumiu os encargos, fui falar com o moleque e ele disse não ter nada com isso; mas, nada como um dia atrás do outro, sabia que ia precisar de meus serviços e não tardou muito. Engravidou aquela moleca safada da Ivete, aquela prostituta adolescente que vivia atrás dele na igreja, então dei uma surra nela até botar sangue para fora. Depois dei uma graninha para ela ficar calada, e assunto resolvido – falou Santos, rindo alto.

– É, companheiro, nós temos histórias boas, não é? E você sabe o que virou aquele pastor que substituiu o Albério, o nome dele é João, não é? – perguntou Alberto.

– Quando seu irmão bateu as botas, tenho certeza de que ele tinha ido caguetar as artes do danado; então, caiu nas graças dos grandões, aí, eu deixei por isso mesmo, mas a vontade era de dar um corretivo no dedo-duro – reclamou Santos.

– Parece que ele anda de caso com a mãe do Paulo. O que será que vai dar uma espírita e um evangélico, ainda por cima pastor? – debochou Alberto.

– Mas vamos ao que interessa. Vamos dar fim ao moleque, ou não? – perguntou Santos.

– Vamos sim, deixamos ele terminar a gravação do álbum novo e damos um jeito nele, tem que parecer acidente mesmo. Assim vamos rachar de ganhar dinheiro, álbum novo e desgraça nova, não vamos mais precisar trabalhar na vida. Ele está sozinho, tocou até a mãe, não tem para quem darmos satisfação – completou Alberto.

– Melhor ainda, ele nem lê o que ponho para assinar, podemos dar um jeito de ele reconhecer a gente como herdeiro. Você ainda tem amizade com aquele juiz boa gente? Mas... precisamos tomar cuidado, a danada da Amanda anda atrás do menino e, nessa fase carente, ele aceitou a companhia dela; também não podemos esquecer da moleca – lembrou Santos.

– Já entendi aonde você quer chegar, deixa comigo que o serviço de herdeiro já tá pronto. E você vê se não dá mancada e acaba incriminando a gente nessa morte; quanto a Amanda e Anita, se as duas estiverem com ele na hora da morte, que Deus os receba em sua santa paz – ironizou Alberto.

Os dois meliantes continuaram a conversa assistidos de perto por Torquemada, que nos olhava desafiador. Apenas oramos em benefício de todos os envolvidos nessa trama tão vil.

Voltamos à casa espírita que nos acolhia enquanto trabalhávamos na crosta terrestre. Reunimo-nos para definir a ação necessária dentro do que acontecia aos nossos assistidos.

– Anita esteve conosco por um bom tempo, como sempre a menina é bastante emotiva, e apesar de ter sido socorrida a tempo, o ataque que sofreu por parte de Celso fragilizou-a bastante. Na realidade, o problema da fala que apresenta é escolha da própria, ela não quer falar, sabe que no momento em que se comunicar pela fala serão feitas muitas perguntas sobre o ocorrido, e ela se recusa a acusar o rapaz. Ela nos disse que, durante o ataque, percebeu a presença de algumas entidades malévolas que acabaram por dominar a mente do moço, e que compreende o descontrole dele, visto que, durante o período em que estiveram juntos, o que mais atrapalhava o relacionamento dos dois era o medo da interferência de Paulo – informou Inácio.

– Quando soube que Paulo viria para a cidade na apresentação do *show*, ele deve ter ficado bastante inseguro, o que bastou para que os espíritos empenhados em manter a dor presente na vida desses amigos agissem e planejassem esse ato horrendo – comentei entristecido.

– Vocês sabem de Celso? – perguntou Maurício.

– Ele estava fora da cidade, bastante perturbado, seus pais o encontraram hospedados perto de uma praia que a família frequentava quando ele era pequeno. Ele resolveu se entregar para a polícia acreditando que Anita e os pais haviam denunciado o fato, mas a família chegou antes de ele tomar essa ação. Entraram em contato com os pais de Anita, muito assustados pelo relato do rapaz, e foram informados de que nada de mais grave aconteceu; inclusive, foi prometida a eles uma conversa sobre o assunto, mas que não haveria denúncias públicas – informou Ineque.

– A família compreendeu o desespero do rapaz, não que isso justifique a atitude dele, que deverá ser reparada de uma forma ou outra – completou Inácio.

– O que poderemos fazer para auxiliar nossos atendidos na atual ação planejada por Alberto e Santos? – perguntou Ana.

– Amanda é a mais receptiva a nossa presença. Podemos tentar alertá-la para o perigo eminente – sugeriu Maurício.

– E o quanto estaremos invadindo o livre-arbítrio dos envolvidos? – perguntou Maurício.

– Como assim? Eu não entendi sua pergunta – questionou Ana.

– Sabemos que todos os acontecimentos de nossas vidas têm uma finalidade evolucionista, qual será a maneira que essas pessoas planejaram seu desencarne? – explicou Maurício, mostrando certa insegurança no assunto.

– Seja qual for esse momento ou forma para o desencarne, nada justifica um ato de crueldade. Mesmo que os envolvidos, ou apenas um deles, tenham pedido a experiência da morte violenta, essa forma não foi planejada. Isso seria conflituoso com o que andamos estudando. O processo de evolução das criaturas visa, principalmente, à perfeição; e então, nossas ações devem ser sempre guiadas por isso, baseadas nas leis naturais, que nos indicam a melhor forma de agir. Evitar atos insanos é uma das metas de nosso trabalho. Lembremos as lições evangélicas propostas por Jesus, a caridade e o perdão, assentados no amor verdadeiro, o qual deve nortear as ações de seus seguidores – lembrou Demétrio, que acabava de se unir a nossa equipe.

– Desculpem, mas às vezes ainda fico bastante confuso com o direito de agir nas escolhas de nossos atendidos – justificou-se Maurício, mostrando estar envergonhado de sua pergunta.

– Não se preocupe, meu jovem amigo, não raras ocasiões você verbaliza o que não temos a capacidade de expor como dúvida. Pode acreditar que sua ação sempre é um ponto positivo em nossas histórias – falei e abracei o rapaz que tanto encanta esse espírito em aprendizado cristão.

Os dias seguintes foram mais tranquilos, inclusive o *show* que Paulo exibiria foi adiado devido a problemas vividos pela comunidade local. Uma grande tempestade havia caído repentinamente e alagado a maior parte da cidade praiana.

Paulo informou as autoridades locais que toda a renda do espetáculo seria destinada a socorrer as famílias desabrigadas. Alberto e Santos, enraivecidos com a atitude do rapaz, resolveram apressar a execução do plano maléfico.

Alberto havia conseguido que Paulo assinasse o testamento reconhecendo-os como seus herdeiros e, com a ajuda de autoridades corruptas e um bom dinheiro, tudo já estava conforme a lei pedia.

Naquela noite, diante de uma multidão, composta principalmente de jovens, Paulo seria assassinado a tiros. Os meliantes contavam com a confusão que se formaria para que o atirador ficasse anônimo.

Resolvemos que estaríamos junto à equipe espiritual responsável por manter a paz entre as pessoas presentes no campo de esportes da cidade, identificaríamos o assassino e faríamos o possível para impedir a ação deste.

No dia da exibição pública de Paulo, deslocamo-nos para o estádio da grande cidade praiana; as filas nos portões de entrada eram longas, a maioria das pessoas eram jovens, demonstrando bastante animação com o evento. Aos poucos e com organização, as pessoas foram entrando e se acomodando em seus lugares, cantavam alegres as músicas mais populares do cantor. Perto da hora determinada para o início do *show*, passaram a repetir o nome de Paulo, pulavam e gritavam, sensação próxima do êxtase.

Paulo foi anunciado pelo mestre de cerimônias, e o público o ovacionava em delírio, as meninas ainda bastante jovens, encantadas com a presença sedutora do rapaz, emocionavam-se, chegando às lágrimas.

Paulo pediu ao público um minuto de silêncio, pedido que foi atendido imediatamente; então, aproximou-se do microfone e bastante emocionado começou a falar:

– Boa noite a todos vocês que estão aqui, hoje, para prestigiar o cantor Paulo. Estou bastante emocionado, olhando para vocês, percebo, pela primeira vez, o quanto isso é importante para mim; sempre os tive como algo normal e rotineiro de minha vida, nunca questionei a mim mesmo o alcance de minha ações em suas vidas. Acredito que nos últimos tempos não tenho sido um bom exemplo, alguém em quem vocês deveriam confiar, só tenho feito burradas, escolhido algumas ações bastante desequilibradas, como o uso de alcoólicos e mesmo drogas. Tenho usado o sexo de maneira arbitrária, como ação de fuga da minha realidade; mas algumas coisas andam acontecendo em minha vida, que acabaram por despertar em mim, esse louco infeliz, algumas ideias melhores. Nos últimos dias consegui ouvir e entender algumas coisas que minha mãe, Amanda, tenta me fazer compreender desde que eu era um moleque malcriado; reencontrei uma namorada muito amada, que não via há muitos anos, mas de quem nunca me esqueci, Anita. Estou aqui hoje com vocês inteiro, de corpo e alma, e vou cantar de verdade, com o coração e a razão desperta, e será uma homenagem a todos aqueles que até hoje partilham esse caminho comigo. Prometo aqui e agora que nunca mais usarei nenhuma substância que possa fazer mal ao meu corpo e a minha mente, como também peço apenas uma coisa a todos vocês: que tenham uma vida produtiva, responsável e honrada, porque o resto acontece. Anita, venha aqui comigo! – Paulo pediu à namorada, sorrindo.

Anita, encabulada, entrou no palco devagar, olhando para a multidão que a aplaudia. Emocionada, deixou que as lágrimas escorressem dos seus olhos. Paulo foi ao seu encontro e a abraçou, amoroso e delicado, levantando seu rosto e beijando seus lábios trêmulos. Emocionado, olhou aquele rosto angelical e confiante, sentiu-se feliz e livre, e por um instante pensou:

"Posso morrer agora que partirei feliz, mas se posso ainda fazer uma escolha melhor, também lutarei por essa vida que posso imaginar que existe, e a qual nunca consegui entender. Deus me dê mais um pouco de tempo, por favor!"

Nesse instante, Anita viu um indivíduo no meio da multidão apontando uma arma para Paulo; tentou ainda desviá-lo, mas ele, por acreditar que fosse um gesto impulsivo por estar encabulada, forçou a permanência no mesmo lugar. A equipe espiritual conseguiu se aproximar do atirador e, envolvendo seu braço, provocou ligeiro tremor, suficiente para desviar a trajetória da bala disparada. O rapaz desabou no chão, atingido nas costas. Anita gritava em desespero. Jovens que estavam perto do infeliz portador da desgraça avançaram sobre ele e o agrediram violentamente. Seguranças que estavam a serviço logo o retiraram das mãos da turba enlouquecida pela raiva; policiais se juntaram a ele e o levaram para fora do estádio, com destino à delegacia mais próxima.

O silêncio aterrador abateu-se sobre o local; a multidão, antes frenética e alegre, agora demonstrava medo e apatia. Os jovens perderam o brilho no olhar e percebemos, admirados e encantados, a preocupação genuína com o ídolo que amavam, fluidos amorosos foram direcionados ao jovem e o envolveram fortalecendo o corpo e o espírito, parcialmente desdobrado. Uma senhora tomou o microfone jogado ao chão e iniciou uma prece sincera em benefício de Paulo; juntamo-nos à multidão e oramos por aqueles que iniciariam uma nova e construtiva fase em suas vidas.

Imediatamente, uma equipe médica se deslocou para o palco, e com energia afastaram Anita e Amanda, que se recusavam a deixar o rapaz sozinho. Paulo, parcialmente liberto da matéria densa, observava, ainda confuso, a movimentação de todos.

Inácio e mais dois membros de sua equipe de socorro ajudaram Paulo em bendito desdobramento, enquanto seu corpo sofria as consequências da violência.

Envolvidos em doce energia de amor, acompanhamos o rapaz, Anita e Amanda ao hospital local.

CAPÍTULO XXXIV
Despertar

857. Há homens que enfrentam os perigos dos combates com uma certa convicção de que a sua hora não chegou; há algum fundamento nessa confiança?

– *Com muita frequência o homem tem o pressentimento do seu fim, como o pode ter o de que ainda não morrerá. Esse pressentimento lhe é dado pelos seus espíritos protetores, que desejam adverti-lo para que esteja pronto a partir ou reerguem a sua coragem nos momentos em que se faz mais necessário. Também lhe pode vir da intuição da existência por ele escolhida, ou da missão que aceitou e sabe que deve cumprir.*

(*O Livro dos Espíritos* – Livro III – Capítulo X, Lei de Liberdade – Item VI, Fatalidade)

Assim que Paulo chegou ao hospital, o médico de plantão percebeu a necessidade de uma cirurgia urgente para retirar a bala que havia se alojado junto à coluna dorsal e próxima à medula.

– Por favor, quem é responsável por Paulo? – perguntou o médico para as pessoas presentes na recepção.

– Sou eu, sou a mãe dele. Como está meu filho, doutor? – disse Amanda.

– O caso é bastante grave, o rapaz foi atingido por uma bala de grosso calibre, e ela se alojou junto à coluna dorsal, os exames que fizemos mostram que a medula pode ter rompido, só não podemos definir se esse rompimento foi total ou parcial, mas precisamos proceder a retirada da bala, pois esta continua oferecendo riscos maiores enquanto se encontra no corpo do rapaz – informou o médico.

– Doutor, meu filho pode ficar paraplégico? – perguntou Amanda, demonstrando receio.

– A paraplegia ocorre quando as vias motrizes do sistema piramidal do sistema nervoso periférico, a nível da medula espinhal, são interrompidas medial e bilateralmente. A paralisia afeta os membros inferiores, ou toda parte inferior do corpo; mas, no momento, devemos nos preocupar em salvar a vida do rapaz, as sequelas decorrentes do problema serão tratadas à medida da necessidade. Temos na cidade um excelente cirurgião, ele é de outro estado, mas encontra-se por aqui para um congresso médico; peço a sua autorização para chamá-lo a estudar o caso do seu filho – explicou o médico.

– Por favor, doutor, que seja feito o melhor por ele, não se preocupem com a parte financeira – falou Amanda, bastante emocionada.

O médico voltou à sala médica de emergência, e Amanda se juntou à Anita; nesse instante, Sara e o marido chegavam ao hospital.

As duas amigas se abraçaram e choraram juntas. Anita se juntou a elas e, pela primeira vez em vários dias, falou:

– Não se preocupe, Amanda. Deus sempre é bom demais conosco, Paulo sairá dessa mais forte e mais consciente do que foi até o momento.

Álvaro, que se mantinha a uma certa distância, aproximou-se, abraçou as três mulheres e falou com emoção, que transparecia em sua voz:

– Ah! Os caminhos de Deus são tão perfeitos que às vezes eu acabo por me admirar dos efeitos emocionais que podemos ter uns sobre os outros. Paulo está lá, naquela sala entre a vida e a morte, mas mesmo assim acaba de devolver a esperança para minha filha. Prometo a vocês que serei para ele um pai, acompanharei de perto a sua trajetória, e serei como a sua consciência despertando; acredito que descobrirei sentimentos nunca antes experimentados.

Sara abraçou e beijou o marido com alegria e falou para a querida amiga Amanda:

– Desse jeito ele acaba de ganhar mais uma mãe, não é?

Amanda apenas abraçou os amigos. Com lágrimas escorrendo pelos olhos, falou preocupada:

– Preciso avisar o João, ele ficará triste se não o fizer.

– Quem é João? – perguntou Anita.

– Ele é pastor da igreja onde Paulo começou a carreira de cantor, voces lembram dele? – respondeu Amanda.

– Acho que lembro, ele era jovem perto de Albério e parecia não compartilhar as mesmas ideias – comentou Álvaro.

– É ele mesmo. Nos últimos anos, depois que me separei de Sérgio, nós passamos a nos conhecer, ele me ajudou muito durante um período depressivo que precisei vencer. Hoje, nós moramos juntos e pretendemos nos casar – contou Amanda.

– Você é evangélica, deixou a Doutrina dos Espíritos? – perguntou Sara.

Amanda, sorrindo, respondeu:

– Todo mundo que fica sabendo de nosso relacionamento faz essa pergunta de imediato. Não, eu não me converti, como eles dizem, continuo a ser espírita e a frequentar a mesma casa. Eu respeito a forma como ele demonstra a sua fé, e ele a minha. Conversamos muito sobre essas duas maneiras que, de início, parecem antagônicas, e descobrimos mais e mais que não há nada tão diferente assim. Apenas o conceito da reencarnação que fica meio estranho nas fés evangélicas, mas também isso é decorrente da manipulação dos evangelhos pelo homem. Confesso que tenho aprendido muito com o João e ele fala que também aprende muito comigo.

– Que relação bonita, Amanda. Teremos muito prazer em conhecer mais de perto o João. Quero que você venha para minha casa, o Álvaro irá levá-la ao hotel para que pegue as suas coisas e as do Paulo e deixe-as lá em casa – falou Sara.

– Agradeço muito mesmo, será muito bom estar com vocês nesse momento e não sozinha num quarto anônimo de um hotel.

Amanda falou com João através do celular, e ele se prontificou a embarcar no primeiro avião com destino à cidade praiana. Álvaro prontificou-se a buscar o novo amigo no aeroporto, como também hospedá-lo em sua casa.

Enquanto isso, Torquemada insistia em permanecer no ambiente hospitalar, acompanhando de perto a conversa entre o grupo de amigos. Várias vezes tentou invadir a sala destinada aos atendimentos emergenciais, mas os trabalhadores do plano espiritual daquela casa de socorro aos encarnados não permitiram que concluísse o ato. Paciente, ficava ali, observando e colhendo informações no em futuro poderiam lhe ser de valia.

Aproximamo-nos dele, numa tentativa de algum contato mental, porém ele nos ignorou por completo, fingia não perceber nossa presença. A determinado momento percebemos que sua expressão facial mudou, parecia atormentado por pavor extremo. Balançou a cabeça e urrou como um animal selvagem ferido. Aproximamo-nos de seu campo vibratório e percebemos uma projeção mental vinda de um espírito melhor que nós mesmos; este acalentava-o com uma doce canção de esperança, aparentemente muito antiga.

Mentalizei o espírito feliz que intentava o socorro a esse querido irmão tão sofrido, vítima de seus próprios infortúnios; senti doce letargia e percebi a grandeza desse amor fraterno. Feliz, informei os amigos da Boa-Nova, nosso irmão Torquemada sentia-se tocado pelo mais sublime dos sentimentos.

Unidos, oramos em benefício de todos aqueles que atendíamos amorosamente como seareiros do Pai.

Demétrio veio encontrar-se conosco, pedindo que o acompanhássemos a mais uma visita à comunidade reencarnacionista Origem de Fogo, os dragões iriam reunir-se mais uma vez, agora sem a presença de Torquemada, que seria excluído do grupo.

Observamos nosso irmão, que estava ali a nossa frente, obcecado por Paulo; ao nos aproximarmos, percebemos que, realmente, ele não sentia mais nada que não fosse relacionado ao jovem cantor.

Deslocamo-nos para a triste comunidade reencarnacionista; havia um movimento fora do normal, a cidadela que abrigava a instituição estava em polvorosa, espíritos reuniam-se em pequenos grupos comentando os últimos acontecimentos. Observamos a seguinte cena:

– Você viu? Os grandes senhores das sombras irão depor o mestre Torquemada, parece que ele enlouqueceu depois que aquele que renasceu como Paulo o negou sete vezes seguidas.

– Horrível o fato se repetir, semelhante às dores da traição vividas por Jesus.

– Mas os oito dragões do Cristo baniram o mestre, esse não serve mais ao exército santo, segundo informações deixou-se corromper pelos falsos profetas.

– Será julgado perante a corte dos oito que permanecem?

– Não sabemos ainda nem quem será o substituto do mestre Torquemada.

– Se ele nos traiu não merece mais ser chamado de mestre. Agora será apenas um excomungado por Deus.

– Fernando deve assumir o posto e comandar os dragões, é o mais nobre dos seguidores do Cristo.

– Façamos um movimento de apoio ao novo mestre.

– Voce está doido? Se for escolhido outro, seremos mandados ao monte da crucificação como traidores do reino. É melhor esperar e deixar que eles decidam, afinal o que temos a perder? Mortos já estamos.

Continuamos nosso caminho e chegamos a tempo de presenciar o desfile de chegada dos oito dragões. A exemplo de momento já descrito anteriormente, a ostentação de poder e riqueza, ainda tão importante a esses irmãos, podia ser vista a céu aberto. À medida que se aproximavam dos portões da Origem de Fogo, grande quantidade de miasmas ia dominando a paisagem, que se tornava mais e mais sombria.

Apesar de preparados para a presença dessas entidades infelizes, sentimos um frio gélido que penetrava por nosso corpo sutil, ainda matéria, e ainda sujeito a sensações que mantínhamos guardadas em nossas lembranças. Olhei para a passeata que seguia lenta e voraz e senti como toda a felicidade do mundo não mais existisse, apenas o frio e a solidão permaneciam como nossos companheiros eternos.

Senti o toque delicado de meu amigo Maurício em meu ombro; ao fitá-lo, meu olhar espelhava a tristeza que sentia, consciente de que essa dor não era minha, mas mesmo assim me fazia sofrer, pois pensava na desesperança desses irmãos perdidos em seus desvarios de poder e ambição, e não sabiam como é bom ser livre e compreender que somos apenas espíritos criados à imagem de nosso Pai. Tudo é muito simples de ser vivido quando aceitamos a nossa origem; o sofrimento termina na compreensão das oportunidades recebidas e a esperança floresce diante do entendimento das oportunidades que virão.

– Deus os envolva em meus sentimentos!

Falei alto e, com muito amor no coração, estendi os braços à frente e emanei a mais pura energia que envolvia os meus sentimentos. Senti-me tomado de grande sentimento de felicidade e força interior, o qual crescia em tamanho e amorosidade. Olhei a minha volta e, admirado, vi que todos ao meu redor participavam ativamente desse momento. Nossas emanações se juntaram e expandiram em todas as direções, ouvíamos choros e ranger de dentes, mas o Pai amado que nos socorre a cada instante estava ali, agindo em favor de seus filhos queridos. Numerosas equipes de socorristas chegavam e começavam, imediatamente, o trabalho de amor e caridade, para o qual nos preparávamos dia a dia.

Senti-me erguer do chão, ainda os braços abertos, as lágrimas de emoção escorrendo pelo rosto, e os amigos ao meu lado. Olhei ao meu redor e, extasiado, vi a obra de Deus, o futuro da humanidade sendo contado por nossa história de dores e felicidades inenarráveis. Uma grande explosão energética aconteceu no ambiente mais próximo ao solo e a luz do sol penetrou em cada canto daquela cidadela abençoada.

Agora somente ouvia murmúrios, lamentos e choros de redenção. Os veículos de socorro abarrotados de esperança partiam em busca de benditas casas de socorro.

Fechei os olhos e apenas orei:

– Senhor! Senhor! Senhor! – eu não precisava mais pensar em belas palavras, apenas orei, entendendo finalmente o prólogo de *O Evangelho Segundo o Espiritismo*.

> Os Espíritos do Senhor, que são as virtudes dos céus, qual imenso exército que se movimenta ao receber as ordens do seu comando, espalham-se por toda a superfície da Terra e, semelhantes a estrelas cadentes, vêm iluminar os caminhos e abrir os olhos aos cegos.
>
> Eu vos digo, em verdade, que são chegados os tempos em que todas as coisas hão de ser reestabelecidas no seu verdadeiro sentido, para dissipar as trevas, confundir os orgulhosos e glorificar os justos.
>
> As grandes vozes do céu ressoam como sons de trombetas, e os cânticos dos anjos se lhes associam. Nós vos convidamos, a vós homens, para o divino concerto. Tomai da lira, fazei uníssonas vossas vozes, e que, num hino sagrado, elas se estendam e repercutam de um extremo a outro do universo.
>
> Homens, irmãos a quem amamos, aqui estamos junto de vós. Amai-vos, também, uns aos outros e dizei do fundo do coração, fazendo as vontades do Pai, que está no céu: Senhor! Senhor!... e podereis entrar no reino dos céus.
>
> *O ESPÍRITO DE VERDADE*

CAPÍTULO XXXV
Oportunidade bendita

858. Os que pressentem a morte geralmente a temem menos do que os outros? Por quê?

– É o homem que teme a morte, não o espírito. Aquele que a pressente pensa mais como espírito do que como homem: compreende a sua libertação e a espera.

(*O Livro dos Espíritos* – Livro III – Capítulo X, Lei de Liberdade – Item VI, Fatalidade)

Voltamos a nos reunir com a família de Paulo, ainda à espera de notícias. Paulo já estava na sala de cirurgia aos cuidados de renomado cirurgião. João acabara de chegar e juntou-se aos amigos. As horas passavam com lentidão, Amanda caminhava de um lado a outro, amparada por seu companheiro. Todos permaneciam em oração. À entrada do hospital, famílias inteiras estavam aguardando notícias do jovem, também oravam e pediam ao Pai por ele.

A energia liberada por essas almas compadecidas e amorosas era aproveitada pelas equipes de trabalhadores do nosso plano. Os doentes que estavam internados recebiam essa dádiva abençoada e sentiam a melhora para suas dores.

Finalmente, após horas de angustiosa espera, o médico saiu do centro cirúrgico e veio dar informações aos familiares, que o aguardavam em uma sala separada.

– Bom dia, quem são os pais de Paulo?

– Eu sou a mãe dele, meu nome é Amanda. Eu não consegui falar com o pai do Paulo, Sérgio. Ele viajou para fora do país.

– Muito bem, dona Amanda. Sou o dr. Augusto, neurocirurgião especializado em casos como o do seu filho. A cirurgia correu bem e, dentro da gravidade do caso dele, está estável. Conseguimos remover o projétil, era uma bala de grosso calibre, que chegou a lesionar parcialmente a medula, entre a coluna dorsal e a lombar. Depois mostrarei a vocês os exames radiológicos que fizemos. A extensão do trauma e suas consequências deverão ser diagnosticadas nos próximos dias, tudo vai depender da recuperação do paciente, principalmente por causa de edemas que apareceram devido ao trauma sofrido, tanto pelo impacto do projétil como pela própria cirurgia. Ele terá inicialmente alguns problemas de mobilidade nos membros inferiores, isso é certo; mas ainda não sabemos a extensão. Mais tarde o ortopedista que dividiu a sala cirúrgica comigo virá conversar com vocês e falar sobre o tratamento inicial. Estarei ainda na cidade por mais cinco dias, virei ver o progresso de Paulo toda tarde – falou o médico.

– Doutor, nós precisamos conversar sobre os seus honorários – disse Amanda.

– Por enquanto não se preocupe com isso, dona Amanda. Preciso ir agora, tenho uma palestra a fazer daqui a uma hora. No final da tarde estarei por aqui.

– Doutor, o Paulo corre perigo de morte? – perguntou Anita.

– Qual o seu nome? – perguntou o médico.

– Eu sou Anita, a namorada de Paulo – respondeu a menina.

– Veja bem, Anita. Paulo sofreu uma violência muito grande, que ocasionou um forte impacto na coluna medular, um simples movimento pode desencadear algo mais sério; depois há a cirurgia, que é bastante invasiva e debilitante, portanto os riscos existem para pacientes que apresentam esse quadro; mas devemos avaliar também que ele é jovem, saudável e tem muitos motivos para viver, e fará de tudo para que isso aconteça. E ainda aconselho vocês a recorrerem a Deus, que não nos falha nunca – terminou o médico.

– Obrigada, doutor – agradeceu a jovem.

Voltamos à casa espírita que nos acolhia enquanto trabalhávamos junto à crosta terrestre.

– Vinícius, e os dragões também foram recolhidos naquele momento sublime de comunhão com o Pai? – perguntou Maurício.

– Infelizmente somente dois dos oito permitiram a nossa aproximação e aceitaram repensar a maneira como têm dirigido suas vidas até o momento – respondi ao amigo.

– E para onde foram? Já sabemos o que farão de agora em diante? – questionou Ana.

– Creio que não. E penso que devem estar juntos na comunidade dirigida pela entidade que Fernando passou a presidir. Demétrio havia nos prevenido que esse trabalho será longo, pois estamos liderando com irmãos ignorantes quanto à moralidade, bastante intelectualizados e que acreditam fielmente estarem agindo de maneira correta e de acordo com a vontade de Deus – completei a informação pedida pelos amigos.

– E Torquemada, onde se encontra? – perguntou Fábio, que se juntava a nós naquele momento.

– Há pouco cheguei do hospital e ele ainda está por lá, parece hipnotizado pela presença de Paulo naquele recinto de socorro. As equipes que por ali labutam têm nos auxiliado no trato com o irmão. Cuidam dele como o doente que é. Demétrio ficará aqui por uns dias, até o momento em que poderá encaminhar Torquemada a uma casa de recuperação, que está a certa distância do planeta. Belíssimo lugar protegido contra as vibrações de ódio e rancor, sentimentos dos quais irmãos como ele, que delinquiram contra a própria vida, ainda são alvos, e nessas casas são amparados por Deus e recebem a oportunidade de acordar consciências adormecidas pelas escolhas desvairadas – informei aos amigos.

– Bom dia, amigos. Demétrio nos pede a presença no hospital, parece que Torquemada saiu do torpor a que se impôs após o acidente de Paulo – Informou Inácio.

Deslocamo-nos para o hospital, Demétrio e uma equipe de socorristas, que vieram em seu auxilio, tentavam interromper o delírio violento no qual a mente de Torquemada se envolvera.

O infeliz via-se cercado de mil demônios que o julgavam, semelhantes aos júris da Santa Inquisição. Via-se ajoelhado frente aos inquisidores e julgado como herege e feiticeiro, chorava e gritava, tentando fazê-los entender que estavam errados, mas que ele também era um inquisidor eleito pelo próprio papa; rasgava as vestes toscas em busca de sua nomeação pelo papa Sixto IV, gritava em desespero, aproximamo-nos e procuramos ligação fluídica com sua mente caótica. Ele repetia sem cessar:

– Eu sou "o martelo dos hereges, a luz de Espanha, o salvador do seu país, a honra do seu fim", foi assim que o emérito jornalista Sebastian de Olmedo definiu a minha atuação na igreja espanhola. Sou enviado de Deus para purificar a terra, preciso dar fim aos hereges, esses demônios judeus e muçulmanos. Libertem-me, vocês estão enganados, preciso encontrar minha nomeação, eu sempre a trago junto de minhas vestes.

Suavemente nos aproximamos de sua mente, acalmando o medo e o pavor das fogueiras da redenção que flutuavam em sua memória, como um instrumento de vingança e dor. Mentalizamos um dia sereno, de paz, junto ao Criador. Vibramos na calmaria que nos traz o amor bendito do Pai, ele foi acalmando, fechando os olhos e adormeceu nos braços de Demétrio.

Observamos a amorosa cena do pai que recorre o filho pródigo, oramos em benefício da oportunidade de recomeçar a vida, que nunca nos abandona.

Demétrio olhou-nos com gratidão, discreto fez um sinal de agradecimento e sorriu. Graças ao Pai, que nos oferece sempre as maravilhas que sustenta a vida de amor, sentimo-nos envolvidos por gratidão infinita.

CAPÍTULO XXXVI
Aprendizado

859. Se a morte não pode ser evitada quando chega a sua hora, acontece o mesmo com todos os acidentes no curso da nossa vida?

– *São, em geral, coisas demasiado pequenas, das quais podemos prevenir-vos dirigindo o vosso pensamento no sentido de as evitardes, porque não gostamos do sofrimento material. Mas isso é de pouca importância para o curso da vida que escolhestes. A fatalidade só consiste nestas duas horas: aquelas em que deveis aparecer e desaparecer deste mundo.*

859-a. Há fatos que devem ocorrer forçosamente e que a vontade dos espíritos não pode conjurar?

– *Sim, mas que tu, quando no estado de espírito, viste e pressentiste, ao fazer a tua escolha. Não acredites, porém, que tudo o que acontece esteja escrito, como se diz. Um acontecimento é quase sempre a consequência de uma coisa que fizeste por um ato de tua livre vontade, de tal maneira que, se não tivesses praticado aquele ato, o acontecimento não se verificaria. Se queimas o dedo, isso é apenas a consequência de tua imprudência e da condição da matéria. Somente as grandes dores, os acontecimentos importantes e capazes de influir na tua evolução moral são previstos por Deus, porque são úteis à tua purificação e à tua instrução.*

(*O Livro dos Espíritos* – Livro III – Capítulo X, Lei de Liberdade – Item VI, Fatalidade)

Paulo melhorava dia a dia, sentia-se mais forte e mais feliz, como nunca havia experimentado em sua vida. Assistido de perto pelas pessoas que amava, florescia a olhos vistos. Sabia que corria o risco de perder os movimentos das pernas e passar o restante de sua existência terrena preso a uma cadeira de rodas, mas nunca havia sentido tanta liberdade como nesse momento.

Santos e Alberto haviam sido denunciados pelo atirador mas haviam fugido; assim que souberam que Paulo ainda vivia e que o homem que contrataram estava em poder da polícia, juntaram o dinheiro que puderam e sumiram do país.

Torquemada estava sob os cuidados de Demétrio na colônia de recuperação Maria de Nazaré, embalado pelo amor de mães amorosas que marcaram sua passagem pelo mundo, não raras vezes, anônimas em suas lutas por amor e liberdade.

Os dragões já se preparavam para escolher o sucessor de Torquemada; o grupo contava nove membros novamente, após substituir aqueles que deram continuidade a suas vidas eternas.

O comando do grupo Dragões do Cristo tinha sua sede na cidade comandada por Fernando, que era denominada Divino Coração de Jesus; eles se preparavam para uma profunda e terrível ação sobre a sociedade encarnada do planeta.

Os dragões que restaram elegeram mais três representantes, que se nomeavam como inquisidores famosos da Espanha: o inquisidor-geral Fernando de Valdés Salas, e ainda Vidal Marin e Juan Enguera.

Alguns anos se foram entre excelentes aprendizados de amor, que acabaram por transformar mais e mais esse espírito ainda tão ignorante de sua própria origem e em busca de sua origem divina. Introspectivo, pensava que alguns dos nossos queridos amigos, irmãos eternos, com os quais convivemos em nossas experiências na matéria ainda desconhecem a maravilha da evolução que desfrutamos nesse bendito plano imaterial, nos auxiliando a compreender a realidade de nossa tarefa como espíritos a caminho da casa do Pai. Cada dia tem valor inestimável nesse processo transformador, que nos faculta a individualização por meio de novas vivências no mundo dos espíritos. Há 47 anos terrenos encerrei adorável encarnação, e nesse período vivendo por aqui, aprendendo e transformando algumas ideias que me pareciam tão imutáveis, entendi que todo instante é oportunidade para que nos esforcemos por nos transformar em seres melhores; como também tem a função de nos afastar do passado, quando direcionamos nosso aprendizado em busca da evolução moral. Procurar o antigo companheiro sem aceitar as suas modificações de pensamento e atitude diante da vida é acreditar que o mundo não possui uma rota evolutiva, mas sim que está estático para agradar as nossas expectativas tão restritas pela vontade deficitária, assentada no orgulho e na vaidade.

Aceitar o processo de transformação pessoal e comunitário é entender as Leis Naturais, tão bem elucidadas em *O Livro dos Espíritos.*

O meu pensamento vem se transformando conforme o aprendizado adquirido a partir da observação da vida, que segue sem interrupções doentias, trazendo experiências que me levam a uma constante reflexão. Esta soma-se a estudos edificantes da convivência amigável entre espíritos que se afinizam conosco, mas, sobretudo, da cooperação de seres melhores que nos tutelam a caminhada em busca de respostas a questionamentos tão salutares.

Ao avaliarmos o que andamos vivenciando por aqui, no mundo natural dos espíritos, lembrei-me de um texto redigido quando eu ainda me encontrava preso à matéria densa, o qual reproduzo a seguir, como prova do homem que fui e ainda vive em minha mente, mas não numa vivência estática e improdutiva, mas sim num processo constante de adaptação a uma nova ordem sempre em mutação. Assim, quem procura o encarnado entre as linhas que redijo não me verá, pois não aceita o natural movimento da vida, que renova a cada dia o ser imortal:

> O HOMEM pensa que o homem é uma obra perfeita. E nem pode deixar de sê-lo, uma vez que foi criado à imagem e semelhança de Deus. Da onisciência aliada à onipotência, não virão obras falhas e defeituosas. Cumpre, porém, notar que as obras de Deus são vivas. Ora, onde há vida, há movimento e crescimento.
>
> A excelsa sentença da Gênesis: "crescei e multiplicai-vos", encerra o segredo da vida, uma vez que não nos atenhamos apenas ao sentido literal daquelas palavras. Crescer e multiplicar não se refere somente ao número ou à quantidade, mas também, e particularmente, à qualidade. Naquele simbólico "sopro" que Deus infundiu à argila, encontra-se o dinamismo vital que vem da eternidade e marcha para o infinito.
>
> "Para a frente e para o alto", eis a legenda gravada em cada átomo do Universo. Os defeitos e prejuízos humanos atestam, portanto, não a imperfeição da obra, mas apenas o estado atual de acabamento em que a mesma se encontra.
>
> O homem não é uma estátua modelada e acabada pelo buril do estatuário. O homem é obra viva, inteligente e consciente de si própria. A estátua nada sabe de si mesma: sua forma, seus contornos, suas linhas e suas expressões são fixas, imóveis, inertes. O Supremo Artista não age assim. Infunde vida às suas obras; e estas, uma vez vivificadas, se agitam, crescem, sobem e transcendem, aperfeiçoando-se e aprimorando-se sempre.
>
> O homem mesmo há de colaborar com Deus na obra de seu crescimento e de sua evolução. Daí o mérito e o demérito de cada um. De outra sorte, o homem não teria consciência do seu valor, nem estaria aparelhado para realizar o ideal de felicidade que constitui o supremo alvo da vida.

À medida que ele se vai aperfeiçoando, melhor irá refletindo a divina imagem a cuja semelhança foi criado. Só em Jesus, o sublime, o caráter adamantino, o paradigma da perfeição, podemos ver a imagem de Deus refletir-se em sua pureza e excelsitude.

Por isso, ele pode dizer com autoridade: quem me vê a mim, vê ao Pai...

CAPÍTULO XXXVII
Evolução moral

860. Pode o homem, por sua vontade e pelos seus atos, evitar acontecimentos que deviam realizar-se e vice-versa?

– Pode, desde que esse desvio aparente possa caber na ordem geral da vida que ele escolheu. Além disso, para fazer o bem, como é do seu dever e único objetivo da vida, ele pode impedir o mal, sobretudo aquele que possa contribuir para um mal ainda maior.

(*O Livro dos Espíritos* – Livro III – Capítulo X, Lei de Liberdade – Item VI, Fatalidade)

Certo dia, após alguns momentos de reflexão, fui interrompido pelo amigo Maurício, que me trazia notícias de Paulo:

– Vinícius, hoje Paulo participa de sua primeira paraolimpíada, será que podemos ir até o globo e assistir a esse momento?

– Devemos estar a trabalho somente ao alvorecer do novo dia, então vamos logo, também espero partilhar esse momento de alegria.

Deslocamo-nos para o país que recebia os Jogos Paraolímpicos daquele ano e logo identificamos nosso amigo, bastante forte e feliz, seguido de perto por Anita.

Ele faz parte de uma equipe de paraplégicos que disputam algumas modalidades paraolímpicas. Felizes, percebemos a transformação de nosso jovem amigo, a energia que o envolve agrada aos sentidos daqueles que o acompanham. Ao final da apresentação da disputa, apesar de seu grupo perder para outro mais bem preparado, os participantes saem da quadra como vencedores. Anita recebe-o de braços abertos e cochicha algo em seu ouvido.

Paulo arregala os olhos e grita alto:

– Meu filho nasceu! Meu filho nasceu!

Os amigos rodeiam-no com carinho e cumprimentam o casal com alegria e esperança em seus corações. Paulo olha para Anita, e uma lágrima sentida escorre por seus olhos, a moça se aproxima e ele fala baixinho:

– Um dia eu privei pais de viverem o que irei experimentar agora.

Anita acaricia o rosto do rapaz e fala emocionada:

– Está tudo bem, meu amor, você está se recuperando de tudo isso.

– Ainda não, Anita, mas um dia eu terei coragem e o farei.

Maurício olhou para mim e sorrindo falou:

– Para Deus nada é impossível, não é, meu amigo?

– Isso mesmo. A mãe de Anita, Sara, compadecida, ofereceu seus óvulos e Amanda, amorosa, o útero. Aí está mais uma vida a ser partilhada com essa família amorosa.

– O filho deles será ao mesmo tempo filho e irmão. A vida é fantástica, precisamos apenas saber enxergar essa maravilha que Deus nos permitiu vivenciar.

O tempo passa célere, e no processo de redirecionamento de seus atos, Paulo passou a cooperar com a humanidade, seus *shows* passaram a ter objetivos para a caridade; fundou um orfanato, do qual era trabalhador assíduo. Anita e o pequeno André acompanhavam-no, o menino crescia saudável e feliz, amparado por sua família. Era cooperador financeiro e oferecia sua arte a vários outros empreendimentos que visavam ao processo educativo para a humanidade.

– Vinícius, essa nova maneira de conduzir objetivos também abriu novas possibilidades para Paulo, não é mesmo?

– Isso mesmo, ele poderia vivenciar dolorosos momentos de culpa e remorso decorrentes de seu comportamento anterior, bastante desequilibrado; porém, escolheu direcionar seus esforços de maneira reparadora, através do trabalho honesto e caridoso para com os mais necessitados. Sua família tem papel essencial na nova forma de pensar e fazer escolhas, provando a teoria de que o bem sempre estará à frente do mal, transformando as mentes que estão prontas ao despertar, e arremessando essas criaturas a novos e edificantes horizontes – respondi ao jovem amigo.

– Mas... ainda incomoda saber que perante a sociedade ele ainda permanece impune pelos crimes que cometeu, e quanto à família dos jovens assassinados, não terão direito a uma resposta?

– Compreendo sua colocação, e concordo com a justeza de seu pensamento; mas também podemos avaliar a situação vivenciada hoje, houve evolução para esse espírito ainda reticente quanto às suas responsabilidades, mas também acredito que para ele está sendo difícil não haver uma solução social para os crimes que cometeu, e toda essa insatisfação, com certeza, se origina na consciência desperta para a responsabilidade pessoal por seus atos.

Nesse momento, Ana, Fábio, Ineque e Mauro vieram nos convidar para visitar Demétrio na comunidade de recuperação Maria de Nazaré, e também traziam informações a respeito de algumas decisões tomadas por Paulo e Anita.

– Paulo e Anita, após muitas reflexões, decidiram que o jovem deverá se entregar à polícia e confessar seus crimes da juventude; ele andava deprimido e precisava encerrar esse assunto, e a única maneira que encontrou para aliviar a consciência recém-desperta para a gravidade de seus atos foi essa – informou Ineque.

– Incrível! Estávamos falando sobre o assunto neste exato momento, a conclusão dessa tarefa abençoada para mim havia ficado inacabada, diante da gravidade do assunto em questão. Agora sim, acredito que o jovem irá compreender a grandeza do amor de Deus por ele e, finalmente, estará trabalhando por sua evolução moral – falou Maurício com lágrimas nos olhos.

– Também me alegro por essa decisão de Paulo. Devemos orar para que seja fortalecido nessa caminhada – comentei emocionado.

– E o que acontecerá agora? – perguntou Maurício.

– Ele deverá enfrentar momentos angustiosos e difíceis, mas estará amparado por seus familiares e também por um excelente advogado, sem contar com a simpatia conseguida do plano espiritual por sua renovação moral. Com certeza será levado em conta o trabalho social que realiza, a idade em que o crime foi praticado e ter sido voluntária a sua confissão. O menino se sentirá mais livre e mais forte com essa decisão. Oremos por essa família que aos poucos se harmoniza com sua origem divina.

Emocionados, oramos em benefício de nossos amigos. Após esses momentos amorosos de doação de nossos mais nobres sentimentos, decidimos visitar Torquemada.

Deslocamo-nos para imediações do espaço próximo ao planeta. Paramos por uns instantes para observar o planeta azul que nos acolhia carinhosamente em seu seio protetor. Percebi, extasiado, pequenos pontos luminosos que se deslocavam em várias direções, deixando um rastro de luz a sua passagem. Olhei para meu querido amigo e mestre Ineque com um olhar de indagação, e ele sorriu e falou num sussurro respeitoso:

– São espíritos melhores que trabalham pela humanidade,

que, ao se deslocarem, modificam os fluidos mais densos; daqui do alto, nos parecem pequenos cometas da esperança.

Sorri diante da comparação. Seguimos nosso caminho entre as belezas do universo. Chegamos ao local escolhido por espíritos melhores para construir a belíssima comunidade de recuperação destinada a abrigar espíritos que se comprometeram de forma bastante grave com as Leis Naturais, ou seja, aqueles que delinquiram contra si mesmo. Ali, afastados dos desejos ainda tão humanos, teriam bendita oportunidade de recuperar o controle de suas vidas por meio do entendimento, ainda precário, da beleza da Criação.

Atravessamos um belíssimo portal, que se assemelha ao brilho refletido pelo diamante mais puro, trabalhado em mil faces. A luz resplandecia e se movia através da escuridão do espaço sideral.

– Tão perto da Terra e tão diferente de tudo que já conheci. Que maravilha! Que prodígio edificado por mentes melhores – comentei embevecido pelo espetáculo do amor latente em cada um de nós.

Atravessamos o magnífico portal, paramos e observamos, emocionados e admirados, o ambiente semelhante aos belos jardins encontrados no planeta, mas tão diferente ao mesmo tempo. O colorido era vívido e envolvia cada gota do orvalho matinal.

Continuamos o caminho e nos deparamos com uma sala de repouso, envolvida por uma cúpula de luz azulada, que abrigava alguns espíritos adoentados e em terríveis estados de deformação; estavam felizes, assistidos por criaturas divinas semelhantes aos mais perfeitos lírios do campo, que volitavam, alegres, indo e vindo em busca de socorrer a dor.

Demétrio veio ao nosso encontro e, amoroso, abraçou cada um de nós e nos convidou a adentrar um singelo espaço que abrigava a figura diminuta de Torquemada.

Emocionados, percebemos a dor que envolvia aquela criatura arrependida do mal que havia imposto à humanidade. Encolhido em si mesmo, olhou-nos, envergonhado, e abaixou a vista. Aproximei-me dele, seguido por meus amigos; posicionamo-nos a sua volta e passamos a doar amor e paz a nosso irmão. Então, lembrei a canção que ouvira chegar a ele, e que tanto o havia emocionado, quando ainda era socorrido pelo amor de Deus.

Timidamente, comecei a cantarolar; aos poucos os amigos juntaram suas vozes ao louvor amoroso.

Sentimo-nos elevados ao espaço, a canção fluía e criava a nossa volta emanações amorosas, nunca dantes imaginadas por nós. Olhei a minha volta e percebi que estávamos soltos no espaço, que refletia admirável fenômeno energético. Torquemada abriu os olhos e viu-se refletido em cada um de nós. Elevou o tronco com dificuldades e juntou sua voz ao canto sublime.

Brilhante onda fluídica ganhou o espaço em direção ao planeta e iluminou consciências adormecidas; olhamos e percebemos que a comunidade reencarnacionista Divino Coração de Jesus estava sendo beneficiada pelo despertar de Torquemada.

O mundo é luz que nos desperta, que nos envolve e possibilita excelentes oportunidades de educação para o espírito eterno, mas acima de tudo é o reflexo do amor de Deus por cada de seus filhos.

Lembrando o alerta de um querido amigo da humanidade, André Luis: "Em você existem as causas da sua derrota e vibram as forças de seu triunfo", sorri feliz, e a esperança ainda tímida que brotava em meu coração floresceu como nota musical que alimenta o amor e a serena paz daquele que entende que está a caminho.

Fortaleça sua crença no Pai Amado e transforme sua vida solitária em dádiva de luz, amor e perdão. Deus nos ilumine nesta caminhada bendita!

Ribeirão Preto, 20 de fevereiro de 2013